国家出版基金资助项目
中宣部2018年主题出版重点出版物
"中华民族伟大复兴中国梦"系列丛书

ZHONGGUO SHEHUI ZHUYI XIANDAIHUA DE FAZHAN LICHENG

中国社会主义现代化的发展历程

丛书主编：郑德荣　李　蓉　孔德生

孔德生　彭　波／著

吉林出版集团股份有限公司
全国百佳图书出版单位

图书在版编目（ＣＩＰ）数据

中国社会主义现代化的发展历程 / 孔德生，彭波著.-- 长春：吉林出版集团股份有限公司，2018.12（2025.1重印）
（中华民族伟大复兴中国梦系列丛书 / 郑德荣，李蓉，孔德生主编）

ISBN 978-7-5581-6056-1

Ⅰ.①中… Ⅱ.①孔… ②彭… Ⅲ.①社会主义建设—现代化建设—研究—中国 Ⅳ.①D61

中国版本图书馆CIP数据核字（2018）第266936号

中国社会主义现代化的发展历程
ZHONGGUO SHEHUI ZHUYI XIANDAIHUA DE FAZHAN LICHENG

总 策 划：	姚玉和　杨学忠
策　　划：	周海英　耿　宏　刘文辉
丛书主编：	郑德荣　李　蓉　孔德生
本册著者：	孔德生　彭　波
责任编辑：	宫志伟　矫黎晗
责任校对：	崔博华　矫黎晗　金　昊
装帧设计：	长春金鼎设计印务有限公司
技术编辑：	傅广岩　张　帅　刘美丽　李　鑫
出　　版：	吉林出版集团股份有限公司
发　　行：	吉林出版集团社科图书有限公司
电　　话：	0431-81629725
印　　刷：	唐山楠萍印务有限公司
开　　本：	710mm×1000mm　1/16
字　　数：	200千字
印　　张：	15
版　　次：	2018年12月第1版
印　　次：	2025年1月第4次印刷
书　　号：	ISBN 978-7-5581-6056-1
定　　价：	35.00元

如发现印装质量问题，影响阅读，请与印刷厂联系调换。

目 录

引 言 ·· 001
  一、社会主义现代化建设的历史进程 ··· 001
  二、社会主义现代化建设的丰富内涵 ··· 005
  三、社会主义现代化道路是中国实现现代化建设目标的唯一路径 ··· 007

第一章　中国进入现代化发展道路的前提与基础 ····································· 009
  一、中国近代化的艰难起步 ··· 010
  二、中国共产党的现代化蓝图 ··· 029

第二章　社会主义建设的全面展开和对现代化建设的艰辛探索 ············ 046
  一、"一化三改"与社会主义制度的确立 ··· 047
  二、探索中国式社会主义现代化建设的良好开端 ···································· 061
  三、社会主义现代化建设在曲折中艰辛探索 ·· 075

第三章　社会主义现代化的开端与发展 ·· 082
  一、中国社会主义现代化建设重回正轨 ··· 083
  二、改革开放的起步 ·· 090
  三、开辟中国特色社会主义现代化建设新局面 ······································· 101

第四章　社会主义现代化的跨世纪发展 …… 126
一、在严峻考验中坚持中国社会主义现代化建设 …… 126
二、改革开放和社会主义现代化建设的深入发展 …… 128
三、中国特色社会主义现代化建设的世纪扬帆 …… 147

第五章　社会主义现代化建设在新世纪成功推进 …… 155
一、全面建设小康社会宏伟目标和经济社会的发展 …… 156
二、五大建设和党建新进展 …… 163
三、有效应对重大挑战，树立良好大国形象 …… 184

第六章　社会主义现代化发展步入新时代 …… 191
一、社会主义现代化进入新时代 …… 191
二、新时代下社会主义现代化建设的新发展 …… 202
三、以源源不断的现代化建设新成就实现民族伟大复兴 …… 220

结　论 …… 226

参考文献 …… 231

引 言

《中国社会主义现代化的发展历程》着重分析和研究在中国共产党领导下的中国如何走上社会主义现代化发展道路，并且在政治、经济、文化、社会和生态等方面引导了一系列的重大变革，实现了翻天覆地的变化。本书研究内容包括：20世纪中国社会如何实现了近代化、现代化的意识觉醒，中国共产党如何领导中国人民取得新民主主义革命的伟大胜利，实现中国由半殖民地半封建社会向新民主主义社会的转变，又是如何领导中国人民进行社会主义革命，实现向社会主义社会的转变，带领全国人民走上了社会主义现代化的发展道路，以及怎样带领中国实现了由传统形态的社会主义向中国特色社会主义的转变，使中国的社会主义现代化走上了一条高速发展的道路。研究得出结论：中国社会主义现代化的发展历程，继承了自近代以来中国人民实现中华民族伟大复兴的光荣梦想，见证了中华民族从沉沦到崛起的伟大历史进程。

一、社会主义现代化建设的历史进程

中国社会进入近代化和现代化的历程，可谓筚路蓝缕。从1840年到中国共产党诞生之前，中国社会已经逐渐从封建社会转变为半殖民地半封建社会，其政治、经济、文化明显呈现出半殖民地半封建社会的特征。中

中国社会主义现代化的发展历程

国由封建社会向半殖民地半封建社会的转变具有如下特点：第一，这种转变是在外力的打击下被迫实现的；第二，这种转变的过程是渐进的、缓慢的；第三，这种转变就其性质而言，不是使社会进步的，而是使中国陷入了更为深重的民族危机和社会危机。中国沦为半殖民地半封建社会的历史，就是中国人民尽心反抗斗争、寻求国家出路的历史。在对国家出路的探寻中，无数仁人志士逐渐认识到，要救国，就必须使国家尽快地追上西方列强的步伐，实现国家的近代化和现代化。于是，一系列实践先后实施，洋务运动、戊戌变法、辛亥革命，但这些都无法真正实现富国强民的目标。特别是以辛亥革命为标志的旧民主主义革命，虽然推翻了清封建王朝的统治，但没有最终完成以资产阶级共和国代替封建专制统治的旧式资产阶级革命的任务，没有真正让中国走上近代化发展的正轨。于是，以新中国取代半殖民地半封建的旧中国，让中国真正走上国富民强发展道路的任务，就历史性地落在了中国共产党的肩上。自诞生之日起，中国共产党就把实现社会主义作为解决近代中国社会基本矛盾、对中国社会进行彻底改造，从而使中国走上国富民强发展之路的唯一途径。

但是，创立初期的中国共产党还处于幼年阶段，它虽然认识到民主革命和社会主义革命的区别，但还不懂得新旧民主主义革命的界限，对中国的国情缺乏深入的认识，对革命的基本问题缺乏深刻的了解，还不太懂得怎样将马克思主义基本原理与中国革命实践相结合，进而揭示中国革命自身发展的规律。加之共产国际的错误指导，年幼的中国共产党遭受了第一次大革命的失败。大革命失败后，中国共产党并未气馁，而是继续进行改造中国社会的探索。在开辟农村革命根据地、进行土地革命的伟大实践中，以毛泽东为代表的中国共产党人创造性地把马克思主义基本原理成功地与中国革命的具体实践结合起来，创造性地开辟了一条以农村包围城市、武装夺取政权的具有中国特色的革命新道路。随着革命新道路的开辟，中国革命开始走向复兴。在此过程中，以毛泽东为代表的中国共产党人提出了关于新民主主义革命和社会的理论，为中国社会最终实现近代化乃至现代化的变革指明了一条现实可行的道路。中国共产党带领全国人民取得了新民主主义革命的伟大胜利，建立了真正独立民主的人民共和国，从根本上改变了中国的社会制度，建立了全新的生产关系，为中国向着社会主义方向和国家现代化目标迈进创造了前提。

中华人民共和国的成立，标志着中国在近110年的沉沦后，终于在中国共产党的领导下，完成了新民主主义革命并开始走上追赶世界发达国家的现代化征程。在当时，实现现代化的路径只有两条，一条是以欧美为代表的资本主义现代化路径，另一条是以苏联为代表的社会主义现代化路径。而要在新中国成立后短短数年内就改变中国贫穷落后的局面，中国共产党人从国家安全需求出发，选择了优先发展重工业的现代化发展战略，选择了以苏联为参照的社会主义现代化发展路径，并同时创造性地提出了党在过渡时期的总路线，进行社会主义革命。1956年，中国共产党领导全国人民胜利完成了对生产资料私有制的社会主义改造，建立了社会主义的根本制度，从而在中国这样一个落后的农业大国里，成功实现了从半殖民地半封建社会经过新民主主义到社会主义的伟大历史变革，并为社会主义现代化发展奠定了坚实的制度基础和经济基础。此后，中国共产党带领全国亿万人民在短短数十年间进行现代化建设，建立起了独立的比较完整的工业体系和国民经济体系，取得了举世瞩目的成就。但随着时间的推移，由于过于追求重工业的高速发展，我国的社会主义现代化建设在经济发展结构上严重失衡。面对这一问题，以毛泽东为核心的党的第一代中央领导集体在党的八大期间虽然有过较为清晰的认识，并对如何"以苏为鉴"走出一条中国式社会主义道路进行了有益的探索，但令人遗憾的是，由于1957年以后党的指导思想不断向"左"的方向发展，这一有益的探索逐渐偏离了正确方向，此后的社会主义现代化建设在很长一段时期内历经了曲折。

从1978年党的十一届三中全会至今的40年间，是中国社会主义现代化建设所经历的又一次伟大历史变革的时期。这场伟大的历史变革涉及政治、经济、文化、社会、生态和其他有关社会主义现代化建设的各个领域，其全面性和根本性可谓让中国的社会主义现代化建设走上了高速发展的道路，是中国的"第二次革命"，为实现中华民族伟大复兴中国梦和社会主义现代化强国的目标奠定了坚实的基础。

在这场社会变革的伟大实践中，以邓小平为核心的党的第二代中央领导集体，在总结新中国成立以来社会主义现代工业化建设正反两面经验教训的基础上，在研究外国现代化建设经验和辨析世界形势的基础上，开辟了一条具有中国特色的社会主义发展道路。此后，中国共产党带领全国各族人民，从容应对来自各方面的困难和挑战，妥善处理和解决了关系国家发展的一系列重大问题，成功使中国社会主义现代化建设迈入21世纪。经过坚持不懈的努力，我国社会生产力快速发展，经济总量跃升到世界第二位，综合国力大幅度提升，人民生活明显改善，国际地位和影响力显著提高。伟大的时代孕育伟大的思想，伟大的思想照亮现代化发展的航程。党的十八大以来，以习近平为核心的党中央以巨大的政治勇气和强烈的责任担当，带领全国各族人民书写了实现中华民族伟大复兴的新篇章，我国的社会主义现代化建设接续前进，我国的社会主义现代化建设事业取得了全方位的、开创性的历史性成就，发生了深层次的、根本性的历史性变革。在党的十九大报告中，习近平总书记强调指出，中国特色社会主义进入新时代。这就意味着，我国进入了决胜全面建成小康社会、进而全面建设社会主义现代化强国的新时代。

二、社会主义现代化建设的丰富内涵

社会主义现代化建设为中国的各个领域都带来了空前的变革。其变革之巨大、变革之艰辛、影响之深远，都在中国历史上写下了浓重的一笔。

从中国社会的政治变革来说，中国共产党领导全国人民，在以现代化为目标的社会主义政治建设中不断奋斗，经过艰苦卓绝的新民主主义革命，实现了由一个没有独立、自由、民主的半殖民地半封建国家到独立、自由、民主、统一的伟大的社会主义国家的伟大变革。工人阶级领导的、以工农联盟为基础的人民民主专政的政权日益巩固，具有中国特色的人民代表大会制度和共产党领导的多党合作制不断完善。人民当家作主，成为国家的主人，各民族团结统一，社会政治稳定。社会主义的政治文明在政治体制机制的深化改革和民主政治建设中不断稳步前进。

从中国社会的经济变革来说，中国共产党领导人民在以现代化为目标的社会主义经济建设中接续奋斗。经过新民主主义革命，实现了由半殖民地半封建的经济制度向新民主主义经济制度的变革，又经过对个体农业、手工业和资本主义工商业的社会主义改造，逐步建立了以社会主义公有制和按劳分配为主要特征的社会主义基本经济制度；通过改革开放以来的经济体制改革，建立了适合社会主义初级阶段生产力发展状况的，以公有制为主体、多种所有制经济共同发展的基本经济制度和按劳分配为主体、多种分配方式并存的分配制度；实现了由高度集中的计划经济体制向社会主义市场经济体制的转变。独立的、完整的工业体系和国民经济体系的建立使中国的经济在社会主义现代化建设的几十年实践中实现了腾飞，无论是生产力水平，还是综合国力都有了空前的提高。

从中国社会的文化变革来说，中国共产党领导人民，在以现代化为目标的社会主义文化建设中也走过了不平坦的道路。五四时期的中国先进分子在中西古今文化的激烈碰撞中最终选择了马克思主义作为中国革命的指导思想。中国共产党成立后,将马克思主义理论与中国革命实践相结合,始终牢牢把握中国先进文化前进的正确方向,实现了由半殖民地半封建文化向新民主主义文化的转变,建立了以马克思主义为指导思想的民族的、科学的、大众的新民主主义文化。中华人民共和国成立后,中国共产党人始终重视文化建设,并视文化为中华民族的血脉,有力地凝聚人心,汇集智慧,推动社会主义先进文化的强势发展。

从中国社会的社会变革来说,中国共产党领导人民,在社会主义现代化社会的建设实践中,实现了国家面貌由"乡土中国"向"城市中国"的转变。特别是自改革开放以来,中国共产党人逐渐将社会建设提升至与政治、经济、文化建设同等重要的高度。中国共产党顺应人民群众对美好生活的向往,坚持以人民为中心的发展思想,以保障和改善民生为重点,积极发展各项社会事业,使我国的特色现代化社会建设得到进一步发展。

从中国社会的环境变革来说,中国共产党领导人民,在社会主义现代化建设中逐渐重视环境建设。特别是自改革开放以来,党中央逐渐认识到,在实现经济高效发展的同时,切实保护并逐渐改善我国的生态环境,是实现中华民族伟大复兴中国梦的重要内容。为此,中国共产党明确提出,建设生态文明,是中华民族永续发展的千年大计,关系人民福祉,关乎民族未来,并在党的十八大报告中进一步扩展了中国社会主义现代化建设的总体布局,使生态文明建设成为全新"五位一体"布局中的重要一环。2017年,在党的十九大报告中,习近平总书记更是进一步强调,"我们要建设的现代化是人与自然和谐共生的现代化",由此提出了加快生态文明体制改革、建设美丽中国的目标,将对生态文明建设的重视提升至新的高度。

三、社会主义现代化道路是中国实现现代化建设目标的唯一路径

习近平曾指出,"中国梦归根到底是人民的梦,必须紧紧依靠人民来实现,必须不断为人民造福","实现中国梦必须走中国道路"。[①]回溯历史,社会主义现代化道路从来都不是一条横空出世的道路,而是在不断的学习和借鉴中,实现了对世界其他国家既有发展道路的超越,是一条更科学、更具开放性的社会主义现代化发展道路。

这条道路是在中国共产党领导下,立足基本国情,以经济建设为中心,坚持四项基本原则,坚持改革开放,解放和发展社会生产力,建设社会主义市场经济、社会主义民主政治、社会主义先进文化、社会主义和谐社会、社会主义生态文明,促进人的全面发展,逐步实现全体人民共同富裕,以建设富强民主文明和谐美丽的社会主义现代化强国为目标的现代化发展道路。作为这条道路的开辟者,中国共产党自成立之日起就肩负着中华民族先锋队的重担,将人民利益作为一切工作的出发点,带领全国人民探索、开辟并不断拓展这条道路,此谓实现社会主义现代化目标的根本保证。"一个中心、两个基本点"的基本路线是社会主义现代化道路的核心内容。这一基本路线在改革开放后逐渐形成,体现出中国共产党带领全国人民实现现代化建设目标的基本途径。这一基本路线,将经济建设、四项基本原则和改革开放有机结合起来,内在统一于社会主义现代化建设的伟大实践中。"五位一体"是社会主义现代化发展至今所形成的总体布局。这一总体布局具体展开为经济、政治、文化、社会和生态文明五大方面。中国共产党对这一总布局的认识经历了从"两手抓"到"五位一体"这样

---

①习近平:《习近平谈治国理政》,外文出版社,2014,第39,40页。

一个逐步发展的过程。这一不断拓展变迁的过程，突出体现了党中央对社会主义现代化发展认识的逐渐深入和日趋完善。"建成富强民主文明和谐美丽的社会主义现代化强国"①的发展目标，是社会主义现代化道路的价值取向。这一价值取向，是中国共产党自中华人民共和国成立以来在带领全国人民投身于现代化建设的过程中逐渐明晰、丰富起来的。在这一价值取向中，富强、民主、文明、和谐、美丽依次体现出党中央对我国经济、政治、文化、社会与生态建设的美好期盼。

社会主义现代化建设道路，实现了对传统社会主义模式的突破与扬弃，实现了对资本主义发展模式的借鉴与超越，是中国共产党人带领全国人民从中国较为落后的经济文化的具体国情出发走出的一条实现社会主义现代化的具体道路，这条道路深刻体现出以人民根本利益为归依的价值取向，切实符合中国现代化发展的实际国情，既强调"社会主义"，同时也强调"中国特色"，具有民族性特征。与此同时，这条道路不是一条因循守旧的道路，而是紧随时代步伐，不断开拓创新，能够获得强大的生命力的道路。社会主义现代化道路之所以得到全国人民的高度认同，究其原因，在于这条道路抓住了时代发展的脉搏，反映出时代任务的变迁，并伴随着时代的律动，依托时代的主题推动自身不断发展。此外，这条道路并非故步自封、僵化封闭，而是一条开放型的发展道路。它将中国的社会主义现代化建设融入世界的发展浪潮中，使中国既可以充分利用世界文明成果又能够摒弃其中的不利影响，逐渐在激烈的国际竞争中占有一席之地。

---

① 习近平：《决胜全面建成小康社会　夺取新时代中国特色社会主义伟大胜利——在中国共产党第十九次全国代表大会上的报告》，人民出版社，2017，第29页。

第一章
中国进入现代化发展道路的前提与基础

现代化是人类社会文明长期发展的趋势和必然结果，也是中国人民自19世纪中叶以来梦寐以求、为之不懈奋斗的目标。在中国，寻找现代化实现路径的过程，就是中国人民从站起来、富起来到强起来的过程，就是中华民族从沉沦于"东亚病夫"的称呼到拯救民族于危亡之际、再到中华民族伟大复兴历史性飞跃的过程。在这一过程中，做着"天朝上国"迷梦的晚清时代的中国人在欧美列强的枪炮声中惊醒，开始睁眼看世界，努力触摸世界的现代化脉搏并将实现国家与民族的现代化作为矢志不渝的奋斗目标。自此，无数仁人志士为了国家与民族的生存和发展，艰辛求索，前仆后继，英勇抗争，终于找到了一条适合中国社会实现现代化的道路，打开了中国社会迈向现代化的大门。面对近代以来民族独立、人民解放和国家繁荣富强、人民共同富裕等重大历史任务，中国共产党人接续奋斗，带领全国各族人民从中国特殊国情出发，深化认识，通过自己的经验，开创了独具中国特色的革命和建设道路，最终找到了一条适宜于中国经济社会发展的社会主义现代化道路，并在这条道路上不断推进中国的社会主义现代化进程。

一、中国近代化的艰难起步

(一) 鸦片战争后近代中国社会的演变

1. 晚清的衰败

中国是一个历史悠久的东方大国。在绵延2000多年的封建制度中，中华民族以其勤劳和智慧，创造出了灿烂辉煌的古代文明。研究表明，从公元1000年到公元1500年间，无论是农业生产力、工业生产力，还是商业、都市财富以及人民生活水准等方面，中国都远超欧洲，走在世界文明前列。特别是中国古代四大发明，更是成为这个古老的东方帝国令人津津乐道的"烫金名片"。从历史上看，中国传统社会的政治、经济、意识形态结构，适应封建中国社会的发展水平，因而在当时取得了较好的发展效果，并对世界文明的进步和发展贡献颇多，从某种程度而言推进了世界现代化的步伐。马克思对此曾指出："火药、指南针、印刷术——这是预告资产阶级社会到来的三大发明。火药把骑士阶层炸得粉碎，指南针打开了世界市场并建立了殖民地，而印刷术则变成新教的工具，总的来说变成科学复兴的手段，变成对精神发展创造必要前提的最强大的杠杆。"①

1840年以前，中国是一个建立在传统农业高度发达基础上的封建社会。直到1840年以工业文明为基础的西方列强打开中国大门以前，中国社会仍然按照自身的农业文明发展规律向前发展，并达到较高水平。在这一时期，中国社会的发展有以下特点：经济上，以传统农业为基础的社会经济高度发达，农业进入精耕细作阶段，农田的单位面积产量较高，农业剩余可以养活大量人口，维持庞大的城市和国家机构的正常运行；与农业高度发达相一致的手工业、商业和金融业也很发达，明中叶以后大量白银内

---

① 《马克思恩格斯全集》（第四十七卷），人民出版社，1979，第427页。

流即是一例。这种传统农业文明高度发达的另一个表现是经济体制表现出的高级形式,即土地可以作为商品自由买卖,地主和大量自耕农并存,租佃制和雇佣制普遍存在,家庭财产继承在诸子间相对平均,国家税制相对统一和完善。政治方面,从管理效能和相互制约角度看,政治体制表现出较高级的形态。传统中国社会的政治体制到清代已经相当完备。第一,形成了统一而庞大的政府行政管理体系。其特点是条块结合、分级管理。第二,政府具有较强的经济职能,除了承担国防和维护经济秩序的公共工程和社会事业外,还通过官营工商业和专卖制度,将工商业纳入政府控制。第三,阶层之间的流动性比较大,形成了一整套管理选拔、考评和调任制度。特别是科举制度,不仅打破了贵族和豪强对政府机构的垄断,而且将教育纳入了官僚选拔程序,"学而优则仕""白衣可致卿相",使社会的优秀人才进入了政府管理阶层。一言以蔽之,农业文明高度发达的中国,社会结构体现出"超稳定"的大国特点。

然而,为什么在这种"超稳定"的状态下,中国却未能率先发展资本主义,进入近代化发展阶段?针对这一问题的探讨,可得出多个答案。我们可以从中国传统社会的隐患为切入点进行观察。在以资本主义为代表的工业文明影响和进入中国之前,中国的社会经济基本上呈现出一种周期性的"恢复—发展—繁荣—停滞—衰退",然后再进入"恢复"这样一个螺旋式的发展状态。这种周期性的发展状态,在政治上表现为朝代的更替,在经济上就集中表现为土地占有关系的变化,即土地由自耕农为主的分散占有,逐步流向官僚和地主手中。这种土地的逐步集中,一方面造成官僚和地主的奢侈腐败,另一方面则使农民难以维持简单再生产,直至土地集中所引发的上述现象导致农民起义。在思想文化方面,中国经过千年的发展,早已形成了以儒家文化为核心和以科举制度为导向的,以治理国家和教化人民、规范秩序为特点的世俗思想和文化。而对于自然科学和技术进步，程朱理学的代表人物朱熹就认为，中国真正的学问是"穷天理，明人伦，讲圣言，通世故"。对于研究和认识自然界和生产技术等学问，朱熹指出："乃兀然存心于一草木一器用之间，此是何学问？如此而望有所得是炊沙而欲成其饭也。"可以说，中国古代的科学具有明显的"伦理化"倾向，对于现代化发展而言有至关重要作用的自然科学和技术进步，则基本上不在知识分子的考虑范围内。在第一次鸦片战争后，两江总督伊里布的谈判代表张喜在其著作《探夷说帖》中的一则轶事就鲜明地表现出这一特点。当张喜第一次参观英国的动力蒸汽机时，英国翻译马礼逊问道："贵国之人，亦能此否？"张喜回答："天朝之人，用心不在于此。"马问："彼之用心何事？"答曰："我国用心在文章。"中国这种重义理而不重视科技的科举文化，无疑阻碍了中国科学的发展，因此虽然有发达的农业和商业为基础，仍然没有产生欧洲那样的工业革命，继而引领中国向现代化发展。此外，最致命的，当属清王朝统治者自身的闭关锁国。独特的地理环境造就了中国"天朝上国"的大国地位，其西北面是崇山峻岭和茫茫大漠，东南面是一望无际的太平洋，天然的地理屏障使中国人常以世界中心自居，俯视周边经济和文化落后的土著和夷人，发达的经济和文化成了维系"朝贡贸易体系"的基石，由于隔山、隔海，"闭关锁国"的清王朝并不了解西方文明的发达和威胁。因此，当晚清的统治者仍做着"德威远被"的天朝迷梦时，中国已经落后于世界的先进潮流，即将迎来"三千年未有之大变局"。

与中国继续沉迷于"天朝上国"迷梦形成鲜明对比的，是西方世界在向着现代化目标发展过程中的快速崛起。在走出黑暗的中世纪后，欧洲国家率先于14至15世纪开辟新航路，打破了世界各地之间相对隔绝的状态，世界开始成为一个相互影响、相互联系的整体，世界市场开始形成。此后，在17世纪中叶，以英国为代表的欧洲国家先后爆发资产阶级革命，并在此后接连完成工业革命，新的生产方式在资本的推动下迅速强大起来。资产阶级经过血与火的原始积累和世界范围内的殖民掠夺，"在它的不到一百年的阶级统治中所创造的生产力，比过去一切世代创造的全部生产力还要多，还要大"①。生产力的巨大发展，使得人类社会的物质文明和精神文明发生了历史性的改变。资产阶级开始向着近代化、现代化的发展目标行进。19世纪前期至19世纪六七十年代，第一次工业革命大大推动了资本主义国家的发展和殖民扩张，为了获取更大的利益，这些国家开始在全球范围内加紧进行侵略扩张和殖民掠夺，许多国家沦为其殖民地和半殖民地，资本主义世界市场初步形成。在这一时期，幅员辽阔、资源丰富、人口众多的中国，自然成为西方列强垂涎和争夺的市场。

当西方国家一日千里进行现代化革新时，中国的近代化脚步却停滞不前。在此时，中国仍处于封建社会晚期。清王朝统治者对世界大势浑然不知，仍以"天朝上国"心态，将中国之外的国家一概视为"夷狄蛮戎"，视西方的先进科学技术成果为"奇技淫巧"，不屑一顾。在虚骄傲慢、漠视世界发展大势的同时，中国自身的政治、经济、文化、军事发展全面滞后。到19世纪初期，清王朝由盛转衰的颓势已日益加深，整个国家衰相尽显，危机四伏。"三千年未有之大变局"即将到来。

2. 列强入侵与中国沉沦

1840年，完成工业革命的英国成为当时世界上最为强大的资本主义国家。为继续巩固其在世界上的霸主地位，英国竭力向海外扩张、掠夺殖民地。为获取暴利，改变对华贸易长期的入超状态，英国殖民者用走私鸦片的方式，从中国掠走3亿至4亿银圆。②鸦片的走私不仅造成中国白银大量外流和财政危机，还导致银贵钱贱，加重了劳动人民的负担，更是直接毒

---

①马克思、恩格斯：《马克思恩格斯选集》（第一卷），人民出版社，1995，第277页。
②参见《中国近现代史纲要》（高等教育出版社2018年版）第11页。

害中国人的身心健康。为此,清政府实行禁鸦片措施,特别是1839年6月林则徐虎门销烟,更是发出了中国人禁毒的最强音。但是,英国政府却借口中国禁烟损害其外贸收入,发动了侵略中国的鸦片战争,用坚船利炮打开了中国的大门。

1840年6月,英国侵华舰队入侵中国,封锁了珠江口和广东海面,腐朽落后的清军,虽有数量上的优势,却在英军坚船利炮的攻击下节节败退。此后两年,清政府屡战屡败,终于在1842年,英军进逼南京城下,清政府被迫签订中国近代史上第一个丧权辱国的不平等条约——中英《南京条约》,割让香港岛,开放广州、厦门、福州、宁波、上海为通商口岸,赔款2100万两白银。鸦片战争成为中国历史的转折点。从此,西方侵略者纷至沓来,穷凶极恶地对中国发动了一次又一次的侵略战争。

1856年,在第一次鸦片战争结束14年后,危机再次从海上袭来。英法联军悍然发动侵略中国的第二次鸦片战争,并于1860年10月攻占北京,抢劫并焚毁清朝皇帝的离宫圆明园。1894年,觊觎中国已久的后发资本主义国家日本借中国藩属国朝鲜东学党起义之机,在丰岛海面向中国运兵船只发动突然袭击,中日甲午战争由此爆发。在洋务运动中被装备起来的号称亚洲第一的北洋水师在甲午海战中全军覆没,陆军更是一败再败。面对深重的民族危机,中国于1899至1900年爆发了一场规模浩大的反帝爱国的义和团运动。这场运动的迅猛发展使得帝国主义列强惊恐万分。1900年5月,奥、英、法、德、意、日、俄、美八国联合调兵入京镇压义和团,发动了罪恶的侵华战争,并于1900年8月侵入北京城。中国带着国都被攻破的耻辱进入20世纪。中法战争、中日甲午战争、八国联军侵华战争……几乎每一场战争都伴随着一个更为丧权辱国的不平等条约的签订:《天津条约》《北京条约》《马关条约》《辛丑条约》……一次次的侵略战争,进一步暴露出清政府的腐败无能和中国的积贫积弱,加剧了西方资本—帝国主义对中国的争夺。到20世纪初，中国虽然在形式上保持了独立，但在实质上却完全沦为几个帝国主义国家共同宰割下的半殖民地，"四万万人齐下泪，天涯何处是神州？"①中国在此时被西方列强推向濒临被瓜分的境地，面临着空前严重的民族危机。

中国在帝国主义列强现代化坚船利炮的打击下，一步步沦为半殖民地半封建社会。这一社会形态既不是完全的封建主义社会，更不是发达的资本主义社会，而是在帝国主义和封建主义两方势力相结合的条件下，逐步形成的一种从属于资本主义世界体系的畸形的社会形态。伴随着半殖民地半封建社会的形成，中国社会正常的发展进程被打断，中国的国情发生了深刻的变化。

在经济上，这一时期，中国既有封建主义经济，又有资本主义经济，还有大量的个体经济，而在其中，封建主义经济仍然是中国经济的主要形式。其主要生产方式，仍然是由封建地主阶级将大量所占土地分为若干小块租佃给无地和少地的农民，用旧式的手工劳动进行耕种，农业生产力处于十分低下的水平。封建社会中占主导地位的自给自足的自然经济虽然逐渐遭到破坏，但封建的土地关系，即封建剥削制度的根基——地主阶级对农民的剥削，不但依旧保持着，而且同官僚买办资本和高利贷的剥削结合在一起，在中国的社会经济生活中仍占明显的优势。而在资本主义经济中，帝国主义资本、民族资本和买办性的官僚资本三者共存，其中帝国主义资本垄断了国民经济的命脉，使得中国在经济上日渐成为外国资本主义的附庸，民族资本主义虽然有了某些发展，但在中国整体经济中所占比重很小，且深受帝国主义、封建主义和官僚资本主义三重压迫，没有可能成为中国社会经济的主要形式。总而言之，半殖民地半封建的中国社会，经

---

① 谭嗣同：《有感一首》，《谭嗣同全集》，中华书局，1981，第540页。

济发展在地区、城乡、部门等各个方面都体现出极端不平衡的局面，这是近代中国现代化道路上的桎梏，不利于中国自身经济的健康发展。

在政治上，这一时期，中国已不再是一个完全独立的主权国家，领土与主权的完整遭到严重破坏，司法和行政的统一不复存在。自1840年鸦片战争后，晚清政府先后与西方列强签订千余条不平等条约，以英、法、美为代表的欧美资本—帝国主义列强按照"一体均沾"原则，在华均拥有领事裁判权。领事裁判权这一政治性的侵略，严重破坏了中国法制的独立性。除领事裁判权外，关税自主权、内河航行权、掠夺华工权、驻军权、传教权、办学权、办报权等也被西方列强牢牢掌控。这些特权，成为外国侵略者在华攫取各种经济特权和利益的重要手段。与此同时，帝国主义还与封建势力相勾结，残酷镇压中国人民的进步运动，使中国人民没有独立与民主。中国政府的内政、外交、财政、军事无一不受到列强的操纵和控制，各大国驻华公使馆事实上成为清政府的"太上皇"。在外国列强实行"以华治华"方针的情况下，代表中国地主阶级和买办资产阶级利益的清政府，则日益成为外国资本主义统治中国的工具。

在思想文化上，资本主义列强在对中国实行军事、政治、经济侵略的同时，还对中国进行文化渗透，给中国的传统文化带来了空前的挑战和冲击。文化侵略的目的，在于宣扬西方国家的殖民主义奴化思想，麻醉中国人民的抗争精神，摧毁中国人民的民族自尊心和自信心。在西方文化和中国传统文化这两种异质文化的不断冲突、渗透和融合中，中国人民的生活方式、思维方式、价值观念和道德规范等准则发生了变化。伴随着近代中国半殖民地化程度不断加深，在思想文化领域内，既有崇洋媚外、卖国求荣等带有文化虚无主义的种种表现，也有抱定"祖宗之法不可变"的封建顽固守旧思想。但从根本上看，近代中国的文化发展始终围绕着挽救民族危亡和变革中国这一主题而展开。中国古代文化精华所铸就的民族精神和优良传统，仍然是近代以来先进中国人奋起救亡、追求真理的精神支柱和力量源泉。同时，随着历史的发展，向西方学习，实现中国的现代化，也成为挽救民族危亡和变革中国的应有之义。

在近代中国，帝国主义和封建主义是压在中国人民头上的两座大山。封建主义是帝国主义统治中国的社会基础，帝国主义则是封建主义赖以存在的支柱。帝国主义和中华民族的矛盾，封建主义和人民大众的矛盾，构成近代中国社会的主要矛盾。这些矛盾的加剧及其尖锐化，就不能不导致日益发展的革命运动，进而推翻帝国主义和封建主义的统治，实现民族独立和人民的解放，彻底改变国家贫穷落后的面貌。实现国家繁荣富强和人民共同富裕，也就成为中华民族所面临的两大历史任务。这两大任务中，前者是后者的必要前提，只有先完成前一个任务，然后才能解决后一个问题。于是，就有了近代中国人民反帝反封建的民族民主革命的兴起。

（二）早期救亡图存的努力与近代化机遇的丧失

西方资本—帝国主义的侵略给中华民族带来了巨大的灾难。但是，列强发动的侵华战争以及中国在历次反侵略战争中的失败，从反面教育了中国人民，极大促进了中国人的思考、探索和奋起。经过历次抗争失败的屈辱，中国人逐渐认识到，要彻底改变国家和民族的命运，就必须努力追赶世界先进国家，最终实现国家的近代化发展目标。近代化是什么？如何实现近代化？从第一次鸦片战争开始，中国无数仁人志士在反抗外敌入侵和改革现状的大背景下，对国家的近代化发展目标与实现路径进行了不懈的探索。从军事技术的学习，再到政治体制的改良与革新，再到国民性的改造，这一探索历程可谓筚路蓝缕。从1840年到1919年，回顾这接近80年的探索历程，我们知道，早期国人的近代化探索虽偶有闪光，但在当时的时代大背景下，中国在这一时期曾有过的几次近代化发展机遇都一一丧失，实在令人扼腕叹息。

中国社会主义现代化的发展历程

救国探索之一：技术学习阶段

第一次鸦片战争的惨败，在昏睡的中国封建社会中激起轩然大波，少数中国官吏和知识分子中的有识之士在西方的大炮轰鸣声中惊醒。严酷的现实，使他们开始进行反思。面对三千年未有之大变局，他们敏锐地认识到，中国已不再是那个万国来贺的"天朝上国"，而是被西方蛮夷虎视眈眈的"东方弱国"。国家综合实力特别是科学技术的落后，在第一次鸦片战争中尽显无遗。在第一次鸦片战争中，英国侵华远征军以区区2万兵力，击溃清朝20万大军。在清朝士兵还在使用刀、矛、弓箭等冷兵器时，侵华英军则普遍使用杀伤力更强的步枪和大炮。器物的落后，让他们意识到，中国的发展已经落后于世界先进国家，要救国，必须"睁眼看世界"，只有了解国际形势，研究外国史地，总结失败教训，才能真正找到救国的道路和御敌的方法。

林则徐是近代中国睁眼看世界的第一人，在查封鸦片和进行抗英斗争中，林则徐在广东组织人翻译西方书刊。在广州，他主持节译了英国人慕瑞的著作《世界地理大全》，编成《四洲志》一书，介绍了世界五大洲30多个国家的地理和历史。其后，在林则徐所收集的资料和《四洲志》的基础上，魏源于1843年编成《海国图志》，其内容除了介绍世界各国历史、地理外，还有总结鸦片战争经验教训、论述海防战略战术的"筹海篇"以及西方科技船炮图说等。在《海国图志》中，魏源明确提出了"师夷长技以制夷"的思想，主张学习外国先进的军事和科学技术，以期富国强兵，抵御外国侵略。这也是中国的先进知识分子阶层第一次提出中国的近代化目标和近代化实现路径，即单纯地学习西方先进的军事和科学技术，实现中国的近代化，以期和欧美列强分庭抗礼。此后，在19世纪70年代以后，王韬、薛福成、郑观应等人又先后出版《扶桑游记》《出使日记》《盛世危言》，将中国人对于近代化的认识提升了一个层次。在这些著作

第一章　中国进入现代化发展道路的前提与基础

中,他们主张,中国近代化的实现不仅要学习西方的科学技术,同时也要吸纳西方的政治、经济学说。如郑观应在《盛世危言》中就提出要大力发展民族工商业,同西方国家进行"商战",设立议院,实行"君民共主"制度等主张。这些主张对于此后中国着力于政治体制上的救国探索而言无疑具有启蒙作用。在这一时期,对于西方科学技术的追赶占据了救国理念的主流。他们的著作,带来了全新的世界观念,证明中国并非"天下之中国",惊醒了一直沉醉于"天朝上国"迷梦的中国人,并为他们打开了一扇通向外部世界的窗口。中国人也得以第一次面对诸强环伺、充满竞争和威胁的现代世界。

由此可见,在第一次鸦片战争结束后的10年间,中国的地主阶级、先进知识分子开始睁眼看世界,开始积极了解西方,接受西方。这是中国开始面向近代化的第一步,也正是中国踏上近代化历程的宝贵契机。如果当时的晚清政府能够正视自身的弱点,抓住时势所赐予的契机,接受先进知识分子的建议,奋发图强,晚清的近代化是完全有可能实现奋起直追的。但是,清政府并未从战争的失败中清醒过来,认为英国"其所以兵犯顺者,非谋逆也,图复其通商也",幻想只要答应英国的"通商"要求,就可以太平无事。自然地,他们视以近代化为目标的发展与改革为"多事",继续在醇酒与美人中逍遥自在,使得晚清丧失了宝贵的发展机遇,直到1860年第二次鸦片战争结束后,偶有醒悟的晚清执政者才开始稍微正视近代化这一国家发展目标。

第二次鸦片战争结束后,西方列强一度对华采取"合作政策",而在国内,伴随着太平天国运动和捻军的相继被镇压,农民起义也相对沉寂了30年,中国迎来了难得的稳定发展时期。在这一时期,西方列强加速发展,开始了第二次工业革命,中国面临着更为严峻的外部挑战。紧迫的形势下,为了挽救清政府的统治危机,封建统治阶级中的开明派成员如奕䜣、曾国藩、李鸿章、左宗棠、张之洞等，主张引进、仿造西方的武器装备和学习西方的科学技术，并创设近代企业、兴办洋务。由此，中国的近代化发展序幕被正式揭开。晚清思想家冯桂芬在其著作《校邠庐抗议》中就将这一时期的近代化发展理念总结为"以中国之伦常名教为原本，辅以诸国富强之术"。这一总结，后来被进一步概括为"中学为体，西学为用"，即以中国封建伦理纲常所维护的统治秩序为主体，用西方的近代工业和技术为辅助，并以前者来支配后者。从19世纪60年代到90年代，洋务派高举"自强""求富"的大旗，大力发展洋务事业，集中国家之力优先发展军事工业，同时也试图"稍分洋商之利"，在大部分采取官督商办形式下，发展若干民用企业。伴随着先进生产方式的出现，国人不再以"奇技淫巧"的眼光看待西方的先进技术和器物，而是将其视为模仿、学习的对象，中国的近代化发展风气得到改善，这在客观上对中国的早期工业和民族资本主义的发展起到了一定程度上的促进作用。然而，洋务运动历时30多年，并没有使中国富强起来，甲午战争一役，洋务派苦心经营多年的北洋水师全军覆没，标志着洋务派苦心经营的洋务运动以失败告终。究其原因，除了有顽固派官僚"以夷变夏"的反对外，洋务派在洋务运动中意图以近代化的生产技术维护巩固清王朝封建统治，而非真正引领国家走上资本主义现代化道路，是洋务运动失败最为重要的原因。他们的"富强"目标，由于缺乏一套切于实际的、合理的、可操作的实施程序而陷于空幻。他们兴办的洋务企业具有浓厚的封建性和买办性，未能促进资本主义的发展，反而为帝国主义的经济侵略提供了便利条件。由此可见，单纯地以科学技术的学习和赶超为途径，是无法使中国实现近代化的发展目标的。

救国探索之二：体制的改良阶段

甲午战争一役以中国的惨败告终，同时也宣告了"中学为体，西学为用"观念和政策的破产，日本成功的经验证明了中国不仅要在技术上学习

第一章　中国进入现代化发展道路的前提与基础

西方，还需要从制度上学习西方。19世纪90年代以后，中国的民族资本主义有了初步发展，新兴的民族资产阶级迫切要求挣脱外国资本主义和国内封建主义的双重压迫和束缚，为在中国发展资本主义开辟道路。甲午战争后，中国的民族危机进一步加深，瓜分豆剖，迫在眉睫，激发了新的民族觉醒。挽救民族危亡，成为中国各阶层人民面临的最大课题。以康有为、梁启超和谭嗣同为代表的维新派，站在了救亡图存和变法维新的前列。他们率先发出救亡图存的呼声，宣扬其救国思想，把中国的近代化发展理念又推进到了一个新高度，即不但要求学习西方的科学技术，而且还要以西方资本主义的政治制度和思想文化为目标，进行本国政治体制的自我改良，力图把古老的封建专制国家变成一个君主立宪的资产阶级现代化国家。

民族危机的加深和维新思潮的激荡，促使光绪帝下定变法的决心。1898年6月11日，光绪帝颁布了《明定国是》诏书，宣布变法。光绪帝先后颁布了几十道新政诏书、谕令，从6月11日光绪帝颁布《明定国是》诏书起，到9月21日慈禧发动政变止，共103天，故历史上称此次运动为"百日维新"。在戊戌维新这场爱国救亡运动中，维新派在民族危亡的关键时刻，高举救亡图存的旗帜，要求通过变法发展资本主义，使中国走上近代化发展的富强道路。这一贯穿强烈爱国主义精神的运动，不仅推动了中华民族的觉醒，同时也推动了中国的近代化进程。它让人们意识到，近代化的实现，不仅要着力于科学技术，同时也要着力于政治制度，可谓直接推动了近代化思想在中国的启蒙和解放。在实践层面，戊戌变法在经济、政治、思想文化方面，将中国人对于近代化的发展理念提升了一层。在经济上，维新运动力图冲破中国传统的封建生产关系的桎梏，倡导推动资本主义在中国的发展以加速生产力的发展。在政治上，维新运动力图摆脱帝国主义与封建专制的羁绊，主张用君主立宪制替代君主专制制度。在思想文化上，维新运动大力传播西方资产阶级的社会政治学说和自然科学知识，从而将顽固的封建主义思想壁垒打开了一个缺口，有利于民主思想在中国的传播，推动了人们的思想解放，符合中国近代化的发展大势。

然而，这次自上而下的维新变法运动，最后也没有逃脱被封建顽固势力扼杀的命运。维新派在变法中不敢彻底否定封建主义，仍然对帝国主义的支持抱有幻想，惧怕发动人民群众，仅仅依靠官僚士大夫和知识分子进行变革。所以，当以慈禧为首的顽固守旧派发动反击和镇压时，维新派只能眼睁睁看着变法的失败。1898年9月21日，慈禧"临朝训政"，继而逮捕和屠杀维新派。康有为、梁启超在英、日友人帮助下逃出国门；9月28日，谭嗣同等六人被杀于北京菜市口，史称"戊戌六君子"。其他维新派和大批参与新政及倾向变法的官员，或被判刑、罢官，或被抄家、放逐。政变后，新政措施除保留京师大学堂外全部被取消。持续103天的戊戌变法夭折，晚清实现近代化的发展机遇又一次被扼杀。

救国探索之三：体制的革命阶段

戊戌变法的失败，标志着以政治体制改良为特征的近代化路径探寻的结束。此后，在民族危机不断加深、社会矛盾不断激化的背景下，以孙中山为代表的革命派在中国掀起了一场轰轰烈烈的资产阶级革命运动。这场革命的发生，具有历史的必然性，它是当时中国人民近代化意识不断加强，争取民族独立、振兴中华深切愿望日益强烈的集中反映，是当时中国人民为救亡图存而前赴后继、顽强斗争的集中体现。这场革命，标志着中国人再一次探索近代化路径，即以自上而下的体制革命达到近代化发展目标的探寻的开始。

中华民族是带着八国联军侵占首都北京的耻辱进入20世纪的。《辛丑条约》的签订，标志着以慈禧太后为首的清政府彻底放弃了抵抗外国侵略者的念头，"量中华之物力，结与国之欢心"，晚清政府已经成了洋人

第一章 中国进入现代化发展道路的前提与基础

的朝廷。而在国内,晚清政府的所作所为让国人对其更加失望,在国内要求体制变革的呼声日益高涨的情况下,清政府于1901年宣布开始实行"新政",并陆续推行一些改革,如设立商部、学部、巡警部等中央行政机构等。1906年,清政府又宣布"预备仿行宪政",并在两年后颁布《钦定宪法大纲》,制定了一个仿效日本实行君主立宪的方案,同时规定了9年的预备立宪期限。然而,这些改革措施不仅没有拯救清王朝,反而激化了社会矛盾,加重了危机。清政府实行改革的目的,并非愿意裁减自身权力,实现政治体制的改良,带领国家真正走上近代化发展的道路,而是为了继续延续其封建统治。在实践上,清王朝往往借立宪之名加强皇权,这不仅使立宪派大失所望,也使统治集团内部因为满汉矛盾和中央与地方矛盾的尖锐而分崩离析,改良道路走不通,唯一可走的,就只有革命的道路了。

1894年,孙中山在檀香山建立兴中会,立誓"驱逐鞑虏,恢复中华,创立合众政府"。这是中国历史上第一个资产阶级革命团体,标志着以孙中山为代表的资产阶级革命活动的开端。1904年,孙中山在《中国问题的真解决》一文中明确指出,只有推翻清王朝的腐朽统治,"以一个新的、开明的、进步的政府来代替旧政府","把过时的满清君主政体改变为'中华民国'",才能真正解决中国问题。此后,随着一批新兴知识分子的努力,各种宣传革命的书籍报刊纷纷涌现,民主革命思想在中国得到广泛传播。1905年,统一的资产阶级革命政党——中国同盟会在东京成立,成为资产阶级民主革命的领导核心。同年11月,在《民报》发刊词中,孙中山将同盟会的纲领概括为"民族、民权、民生"三大主义,旗帜鲜明地提出了建立民主共和国和发展资本主义的奋斗目标。"三民主义"的提出,初步地描绘出了中国还不曾有过的资产阶级共和国方案,是一个比较完整而明确的资产阶级民主革命纲领。它力图解决中国的民族独立、政治民主和社会经济进步与发展等各种问题,是19世纪末20世纪初,马克思主义在中国生根之前关于中国近代化发展道路的一种最为进步和完整的学说。它的提出，对于推动革命产生了重大而积极的影响，也代表着中国开始了通过走资产阶级革命道路来实现近代化发展目标的尝试。

资产阶级革命政党成立后，以孙中山为代表的资产阶级革命派为武装推翻清王朝的反动统治进行了坚持不懈的努力。从创办刊物宣传资产阶级民主革命思想到同资产阶级改良派论战，再到发动武装起义，无不显示出资产阶级革命派的新风貌。武昌起义打响了辛亥革命的第一枪，并掀起了革命的高潮，华夏各地都燃起了革命的烈火，腐朽的清王朝迅速土崩瓦解。1912年1月1日，中华民国临时政府在南京宣告成立，2月12日清帝被迫退位，在中国延续了两千多年的封建帝制终于覆灭，中华民国也由此诞生。这是近代中国人民反帝反封建斗争的重大胜利，是中国民族资产阶级按照西方资产阶级共和国方案改造中国的一次伟大实践。辛亥革命的成功，使民主共和理想深入人心，唤起了民族意识的觉醒。民国肇造，民主政治推行，无数爱国志士用青春和热血灌溉的共和国之花，终于结出了希望之果。中国人民也在近代化征程中实现了第一次历史性巨变。

然而，尽管辛亥革命取得了巨大的成功，但最终却仍以失败告终。北洋军阀首领袁世凯在帝国主义和国内反动势力以及旧官僚、立宪派的共同支持下，步步紧逼，胁迫革命党人向他交权并最终窃夺了辛亥革命的果实。南京临时政府仅存在三个月就夭折。在掌权后，袁世凯对内专制独裁，对外出卖国家主权，民国只剩下一块空招牌。资产阶级革命志士孜孜以求的救国目标得而复失，中国社会仍然属于半殖民地半封建性质，革命党人的资产阶级道路救国方案实际宣告破产。

救国探索之四：新文化运动和五四运动对国民性的改造

自1840年以来，为了挽救国家的危亡，中国的先进分子历经千辛万苦，向西方取经，意图寻找到实现近代化的途径。但是，向西方学习的努力却在实践中一而再、再而三地碰壁。辛亥革命以后,清王朝被推翻,中国名义上建立了资产阶级共和国,但是整个政权却把持在带有封建性质的北洋军阀手中。这使得人们陷入了深深的绝望、苦闷和彷徨中。一些先进的知识分子认为,以往少数先觉者为实现国家近代化的救国斗争之所以成效甚微,很大一部分原因在于中国国民对之"若观对岸之火,熟视而无所容心"。因此,"欲图根本之救亡",必须改造中国的国民性。他们决心发动一场新的启蒙运动,以启发国民的理智,使人们从封建思想的束缚中解放出来。这一运动后来被称为新文化运动,而在几年后,五四运动的爆发,更是将这场对国民性的改造推向顶点。

新文化运动以1915年陈独秀在上海创办《青年杂志》(后改名《新青年》)揭开帷幕。1917年,蔡元培出任北京大学校长,聘请陈独秀、李大钊、鲁迅、胡适等人任教北大,使《新青年》杂志和北京大学成为新文化运动的主要阵地。在新文化运动中,新文化运动的倡导者提出了"破除迷信"的口号,号召人们"冲决过去历史之网罗,破坏陈腐学说之囹圄",以求得思想的解放。毫不讳言,新文化运动和五四运动在思想文化上奠定了20世纪中国社会真正走向近代化变革的基础。新文化运动更为重要的作用,是让"德先生"(Democracy)和"赛先生"(Science),即民主和科学的口号深入人心,并产生了深远的影响。

新文化运动的倡导者们在社会上掀起了一股思想解放的潮流,这股潮流冲决了禁锢人们思想的闸门。当闸门被打开,各种新思想的涌流就不可遏制地涌了进来。在这一时期,1917年俄国十月革命的一声炮响,给中国送来了马克思主义。它昭示了世界通往现代化的发展途径,并非只有资本主义一条,无产阶级和其他劳动群众一旦觉醒起来、组织起来,完全可以依靠自身的力量创造出维护绝大多数人利益的崭新的社会制度。这使得彷徨和苦闷的中国先进分子看到了民族解放和实现现代化的希望。在十月革命以后、五四运动前后的中国思想界，产生了一批赞成俄国十月社会主义革命、具有初步共产主义思想的知识分子。社会主义开始在中国形成了一股有影响的思想潮流。1919年，巴黎和会上中国外交的失败，直接导致了五四运动的爆发。这场运动，表现出反帝反封建的彻底性，是一场真正的群众运动，它促进了马克思主义在中国的传播及其与中国工人运动的结合。由于五四运动所表现出来的上述新的历史特点，它也就成了中国革命的新阶段即新民主主义革命阶段的开端。中国人民寻求实现国家近代化的路径也进入了这一新阶段。

（三）1919年以前中国近代化艰难历程的历史反思

"以史为镜，可以知兴替。"在不断的理性反思中，历史可以让我们通晓自己的过去，可以使我们吸取教训，拨开迷雾，指导未来。中华民族是背负着国都被西方列强攻占的巨大耻辱进入20世纪的，在20世纪初，中国已经完全堕入半殖民地的深渊，国家积贫积弱，人民饥寒交迫，面临着亡国亡种的威胁。当我们在今天站在全球化的高度回顾19世纪中国的沧桑历史时，就会发现有许多问题值得我们进行深入思考。其中最重要的问题之一，就是当欧美各国争先恐后进入第一、二次工业革命，完成整个国家的近代化甚至现代化转型时，中国为何几次错失加入其中的良机？而当"救亡图存"的呐喊响彻天际时，中国的现代化转型为何又如此困难？

第一，西方资本—帝国主义的侵略，是阻碍中国进行现代化转型的根本原因。毛泽东对此曾作出过很生动的总结，他指出："自从一八四〇年鸦片战争失败那时起，先进的中国人，经过千辛万苦，向西方国家寻找真理。洪秀全、康有为、严复和孙中山，代表了在中国共产党出世以前向西方寻找真理的一派人物。那时，求进步的中国人，只要是西方的新道理，什么书也看。向日本、英国、美国、法国、德国派遣留学生之多，达到了惊人的程度。国内废科举，兴学校，好像雨后春笋，努力学习西方。我自

第一章　中国进入现代化发展道路的前提与基础

己在青年时期，学的也是这些东西。这些是西方资产阶级民主主义的文化，即所谓新学，包括那时的社会学说和自然科学，和中国封建主义的文化即所谓旧学是对立的。学了这些新学的人们，在很长的时期内产生了一种信心，认为这些很可以救中国，除了旧学派，新学派自己表示怀疑的很少。要救国，只有维新，要维新，只有学外国。那时的外国只有西方资本主义国家是进步的，它们成功地建设了资产阶级的现代国家。日本人向西方学习有成效，中国人也想向日本人学。在那时的中国人看来，俄国是落后的，很少人想学俄国。这就是19世纪40年代至20世纪初期中国人学习外国的情形。帝国主义的侵略打破了中国人学西方的迷梦。很奇怪，为什么先生老是侵略学生呢？中国人向西方学得很不少，但是行不通，理想总是不能实现。多次奋斗，包括辛亥革命那样全国规模的运动，都失败了。国家的情况一天一天坏，环境迫使人们活不下去。怀疑产生了，增长了，发展了。"[1]可以说，中国人民经过近百年的探索、拼搏和奋斗，通过血的教训终于认清了帝国主义侵略中国的本质，懂得了殖民地半殖民地国家要想走上近代化甚至现代化道路必须首先摆脱帝国主义控制、争取民族独立的重要性；懂得了主权的可贵，只有可以行使本民族的主权，落后国家实现近代化才有了先行条件；懂得了西方现代化之路行不通。中华民族只有奋起反抗侵略，把帝国主义赶出国门，完全摆脱殖民主义统治的枷锁，中国才能走上复兴道路。

第二，中国各阶级的局限性，是救国探索失败的主观原因。对于当时中国传统阶级而言，统治阶级皇权派没能顺应历史发展的潮流打开国门，拥抱世界发展大势，寻找出一条利国利民、富国强民的现代化发展道路，从而失去了历史所给予的机遇。皇权派主张的君主立宪体制的失败，

---

[1]《毛泽东选集》（第四卷），人民出版社，1991，第1469–1470页。

使得家天下的封建专制制度完成了其历史使命，彻底退出历史舞台。而以地主阶级开明派洋务派为代表的封建官僚阶层，尽管兴办并发展了一定的资本主义企业，但他们进行现代化实践的前提是为了维护和挽救封建统治的需要，并没有打破封建传统认识的桎梏，使得中国的现代化脚步刚一迈出就陷入封建主义泥沼中难以自拔。而地主阶级的知识分子，虽是最早睁眼看世界、发出"师夷长技以制夷"口号的人群，但根植于传统文化基因而作出的"中学为体，西学为用"的道路选择，注定使中国的现代化实践进入死胡同，成为他们带领中国继续前进的羁绊。而农民阶级，身处社会底层，往往成为变革中国的一支不可忽视的重要力量。历史上一次次无奈的揭竿而起，只是为了满足"耕者有其田"的生存诉求，他们对于"均贫富"的大同社会的向往远远甚于对现代化发展的向往，加之缺乏先进文化的武装，他们的起义往往在剧烈破坏既有社会经济政治结构的同时又无法建立一个更为先进的新政体。因此，成为封建王朝更替的推动力量的农民阶级，难以肩负起发展道路选择的重任，但农民阶层一次次起义的历史告诉了有识之士，任何忽略农民诉求的制度设计和道路选择，都是不合理、不完善的。最后，以孙中山为代表的新兴资产阶级，在看到封建王朝的腐朽和卖国嘴脸后，毅然举起体制重铸的革命大旗，推翻了统治中国数千年的君主专制制度，走上了资本主义道路，实现了20世纪中国的第一次历史性巨变，为中国的进步打开了大门。但遗憾的是，面对西方资本主义国家对中国的疯狂掠夺和殖民地定位的复杂局面，具有妥协性和软弱性的资产阶级革命派没能处理好国内外的双重矛盾，没能解决农民土地问题，没能提出反对帝国主义的口号和措施，更不敢发动广大人民群众参与革命，因此也难以胜任领导中国人民实现现代化的重任。

第三，必须从国情出发，走有中国特色的现代化道路。正确地确定中国社会性质，透彻地了解中国国情特点，是解决中国一切问题的最基本的根据。近代中国国情的基本特点,不仅决定了中国革命的发展规律和道路,也决定了中国现代化道路的选择,就是从革命解决旧的国家政权和生产关系入手。只有这样,才能为进行大规模的经济建设创造前提,为进一步解放生产力、发展生产力开辟道路,才能使国家繁荣富强、共同富裕成为可能。这就是半殖民地半封建社会条件下有中国特色的现代化道路。而这条道路的选择只有在中国共产党诞生以后,在中国共产党的正确领导下,在马克思列宁主义科学理论指导下,在继承前人开创的革命事业的基础上才能实现。这是历史的结论。

二、中国共产党的现代化蓝图

(一)中国革命的艰辛历程

1. 中国共产党的成立背景

20世纪初中国社会阶级关系的变化和新的革命力量的成长,为新的人民革命的到来创造了客观的社会基础。尤其是无产阶级的壮大,为中国共产党的诞生奠定了阶级基础。与此同时,20世纪初发生的第一次世界大战,对西方资本主义制度和文明的冲击,俄国十月社会主义革命的胜利和欧亚革命浪潮的高涨,为我国的人民革命提供了必要的时代条件和国际环境。一方面,中华民国的成立并没有给人们带来预期的民族独立、民主和社会进步,多党制、议会制这一套从西方照搬过来的东西被证明在中国不能解决任何实际问题;另一方面,以帝国主义列强在中国的争夺为背景,国内军阀的割据和混战愈演愈烈。在这种情况下,中国先进知识分子接受和传播马克思主义并建立中国共产党,就具有现实可能性。而将这种可能性转变为现实,则是在五四运动的推动下实现的。对于这帮先进知识分子来说，沉重的失望代替了原来的希望，旧路不通，必须另寻新路。一场更大的革命风暴正在孕育，而五四运动以前的初期新文化运动所提出的"德先生"（Democracy）和"赛先生"（Science）在中国社会上掀起了一股思想解放潮流。而后，五四运动的爆发，成为中国革命史上具有划时代意义的大事件，工人阶级从此走上历史舞台，开始影响中国此后的发展，标志着中国新民主主义革命的伟大开端。毛泽东曾指出："五四运动的杰出的历史意义，在于它带着为辛亥革命还不曾有的姿态，这就是彻底地不妥协地反帝国主义和彻底地不妥协地反封建主义。"①五四运动后，研究和宣传社会主义逐渐成为进步思想界的主流。在经过一段时间的比较后，中国的先进知识分子最终选择了马克思主义的科学社会主义。随着马克思主义在中国的传播及其同中国工人运动的初步结合，建立新型的工人阶级革命政党的任务被提上了日程。

2. 大革命运动

在中国工人运动与马克思列宁主义初步结合的基础上，中国共产党第一次全国代表大会于1921年7月23日在上海秘密召开，会议正式宣告了中国共产党的成立。中国共产党的成立，是中华民族现代化发展史上的一个开天辟地的大事件。中国共产党一经成立，就将实现共产主义作为党的最高理想和目标，义无反顾地担负起了带领中华民族走向现代化、继而实现中华民族伟大复兴的历史使命。中国共产党的成立，深刻改变了近代中华民族现代化发展的方向和进程，深刻改变了中国人民的前途和命运，深刻改变了世界发展的趋势和格局。它使中国人民从此有了坚强的领导核心，预示着中国反帝反封建斗争必将走出一条正确的道路并最终达到胜利的目标。

---

① 《毛泽东选集》（第二卷），人民出版社，1991，第699页。

第一章 中国进入现代化发展道路的前提与基础

中国共产党成立后,在1922年至1923年集中力量发展工人运动。在党的领导下,以1922年1月香港海员罢工为起点,掀起中国工人运动的第一个高潮。在持续十三个月的时间里,全国共掀起大大小小罢工100余次,参与人数在30万以上,充分显示出工人阶级的力量。[①]这一时期的工人运动,让中国共产党认识到:要战胜强大的敌人,仅仅依靠工人阶级孤军奋战是不够的,必须争取一切可能的同盟者;没有革命的武装斗争,仅仅依靠罢工或者其他合法斗争也是不行的。正是带着这些经验教训,中国共产党进入了以国共合作为基础的大革命时期。

1924至1927年,一场以推翻帝国主义在华势力和北洋军阀为目标的革命运动席卷中国大地。这场大革命运动声势之浩大,发动群众之广泛,在中国近代历史上前所未有。大革命是在国共两党第一次合作的背景下爆发的,是中国人民对帝国主义和封建军阀统治长期以来积郁的愤怒和仇恨的集中爆发。第一次国共合作形成后,国民革命军开始了"打倒列强,除军阀"的北伐战争。广大的农民、工人被组织和动员起来,形成了历史上空前广泛而深刻的群众运动。1927年3月,国民革命军攻占上海和南京,完全控制了长江中下游以南各省,北伐形势大好。但是,蒋介石却在此时转为大地主大资产阶级代言人,勾结中外反动势力,于1927年4月12日在上海发动反共政变,以"清党"为名,在东南各省大规模捕杀共产党员和革命群众。同年7月15日,时任武汉国民政府主席的汪精卫在武汉召开"分共"会议,并在其辖区内对共产党员和革命群众实行搜捕和屠杀。第一次国共合作全面破裂,持续三年多的轰轰烈烈的大革命最终失败。大革命虽然失败,但它仍然具有深远的意义。通过大革命,中国共产党所提出的反帝反封建主张为更多人知晓,成为广大人民的共同呼声,中国共产党在群

[①]参见《中国近现代史纲要》(高等教育出版社2018年版)第123页。

众中的政治影响迅速扩大，党的组织得到快速发展，千百万工农群众开始在党的领导下组织起来，党开始掌握一些军队。三年多的大革命历程中，中国共产党经受住了深刻的锻炼和严峻的考验，这为下一阶段的革命斗争奠定了坚实的基础。

3. 在土地革命中开辟农村包围城市的道路

1927年大革命失败后，国内政治局势陡然逆转，原来生机勃勃的中国南部一片腥风血雨。蒋介石在南京建立政权后，经过一系列新军阀混战，建立起全国范围内的统治。这一政权同北洋军阀一样，仍然是一个代表大地主大资产阶级利益的独裁专制政权。在这样的政权统治下，中国共产党要完成反帝反封建的民主革命目标，就必须首先直接反抗国民党的反动统治。这时，年轻的中国共产党遭受到了自成立以来不曾遇到过的严峻考验。在严峻的生死考验面前，中国共产党党员毫不动摇自己的信念，他们从地上爬起来，擦干净身上的血迹，掩埋好同伴的尸首，选择迎着狂风恶浪坚持战斗。1927年8月1日，南昌起义爆发，打响了武装反抗国民党反动统治的第一枪，标志着中国共产党独立自主地领导革命战争、创建人民军队和武装夺取政权的开始。南昌起义6天后，中共中央在汉口召开紧急会议（即八七会议），彻底清算了大革命后期陈独秀右倾机会主义错误，确定了土地革命和武装反抗国民党反动统治的总方针。从此，中国共产党人在黑暗中高举革命的旗帜，以血与火的抗争回答国民党的屠杀政策。同年9月9日，毛泽东领导的湘赣边界秋收起义爆发，起义军公开打出了"工农革命军"的旗帜。10月7日，毛泽东率领秋收起义部队到达井冈山，开始了创建井冈山革命根据地的斗争。在不断扩大井冈山革命根据地的斗争实践中，以毛泽东为主要代表的中国共产党人，从中国国情出发，遵循马克思列宁主义与中国实际相结合的原则，依靠实践经验的积累，发挥革命的首创精神，创造性地走出了一条具有中国特色的革命新路，即农村包围城市、武装夺取政权的革命新道路。这条道路，表现出以毛泽东为代表的中国共产党人开辟新道路、创造新理论的革命首创精神，实现了马克思主义中国化的第一次历史性飞跃，将处于险境的中国革命引向通途。在这一理论的指引下，中国共产党积极建立新型的人民军队和农村革命根据地，开展土地革命，实行工农武装割据，用革命的武装反抗国民党的反动统治。这是大革命失败后中国共产党人启动中国革命航船，复兴中国革命大业，完成反帝反封建的新民主主义革命任务的一次历史性抉择。

随着革命新道路的开辟，中国革命开始走向复兴。大革命失败后似乎已陷入绝境的中国共产党，经过艰苦的斗争，又重新壮大起来了。伴随着土地革命的深入发展与反"围剿"的不断胜利，农村革命根据地得到了巩固与扩大。1931年12月1日，中华苏维埃共和国成立。这是中国共产党领导广大群众建立全国性质政权的一次伟大尝试，反映出了党和广大群众建立新生政权，推进革命发展的迫切愿望。在其后几年时间里，苏维埃政府在政权、军队、经济和文化等方面的建设上作出了积极尝试，取得了一定的成绩，积攒了宝贵的经验和教训。这为日后党建立陕甘宁边区政府，创建中华人民共和国，以及建设社会主义新中国，都起到了重要的借鉴作用，提供了十分宝贵的历史经验。

中国革命的复兴和发展并不是一帆风顺的。大革命失败后，在纠正陈独秀右倾机会主义错误的同时，由于对中国情况的复杂性和中国革命的长期性缺乏认识，党内开始滋长"左"的急躁情绪。伴随着革命局势的好转，加上共产国际的错误领导，"左"的急性病又逐渐发展起来。从1927年7月大革命失败到1935年1月遵义会议召开之前，"左"倾错误曾先后三次在党中央的领导中取得统治地位，最严重的当属以王明为代表的"左"倾教条主义错误。这些错误给中国革命带来了极其严重的危害，其最大的恶果，就是使红军在面对国民党军队第五次"围剿"中遭到重大失败，部队与根据地损失达到90%。1934年10月，红军被迫撤离根据地，实行战略大转移，进行长征。

长征开始后，面对自第五次反"围剿"以来节节失利、濒临绝境的严酷事实，广大干部和指战员逐渐醒悟，转而支持毛泽东的正确主张。在长征的过程中，中共中央大部分领导人对于中央军事指挥的错误问题基本取得一致意见。1935年1月中旬，中共中央政治局在遵义召开政治局扩大会议，集中解决了当时具有决定意义的军事上和组织上的问题，同意了以毛泽东为代表的正确意见，批评了博古、李德在第五次反"围剿"中的错误。会议不仅增选毛泽东为中央政治局常委，使毛泽东进入了中央最高领导层，还成立了由周恩来、毛泽东、王稼祥组成的三人小组，负责指挥全军的军事行动。遵义会议确立了以毛泽东为代表的马克思主义的正确路线在党中央的领导地位，在事实上确立了以毛泽东为核心的党中央的正确领导。这次会议在极其危急的情况下挽救了中国共产党、中国红军和中国革命，成为党的历史上一个生死攸关的转折点。这为党和革命事业转危为安、不断打开新局面提供了最重要的保证。遵义会议所取得的来之不易的结果，是在中国共产党同共产国际联系中断的情况下，独立自主地取得的。这表明中国共产党认识到，马克思主义指导中国革命的真谛在于运用中国化的马克思主义，这也标志着中国共产党开始从幼年走向成熟。此后，中国共产党在以毛泽东为代表的马克思主义正确路线领导下，沿着有中国特色的革命道路，克服重重困难，一步步地引导中国革命走向胜利。从大革命失败到全面抗战的十年，是中国共产党从幼稚走向成熟的重要阶段。在这一时期，中国共产党经受了严峻的考验，在常人难以想象的险恶环境中，不屈不挠埋头苦干，度过了最黑暗的时刻，奇迹般地开创出新的局面。十年的革命实践证明：那种理论脱离实际、照搬照抄外国经验的教条主义，或由一个远离中国的国际指挥中心来指挥中国革命的做法，都是错误的。在这十年中,中国共产党在指导思想上虽然几度犯过"左"的错误,但终于依靠自己的力量纠正错误,汲取教训,实行正确的路线、方针和政策,实现从土地革命战争到抗日民族战争的转变,将中国的革命推向新的阶段。

4. 十四年抗战首创百年纪录

19世纪60年代明治维新以后,日本开始走上资本主义道路,并逐渐发展成为军国主义国家,成为亚洲的战争策源地。1931年,蓄谋已久的九一八事变爆发,日军入侵中国东北,而国民党政府却仍坚持"攘外必先安内"方针,对日本侵略者采取"不抵抗主义"和妥协退让政策,致使110万平方公里的中国领土沦陷。在占领东北后,日军随即开始入侵中国华北地区,并于1935年制造华北事变,加紧实施其既定侵华方针。在中日民族矛盾进一步激化、全国抗日救亡运动高涨之际,1936年12月12日,爱国将领张学良、杨虎城为停止内战,共同抗日,在"哭谏"无效之后,毅然实行"兵谏",扣留了前来逼迫张、杨二人攻打陕甘红军的蒋介石,西安事变发生。事变发生后,中国共产党从民族大义出发,坚决主张并最终促成了西安事变的和平解决。国共十年内战由此结束,开始实现第二次国共合作,抗日民族统一战线初步形成。

1937年7月7日,卢沟桥事变爆发,日本发动全面侵华战争。中国开始奋起进行全民族抗战,在东方开辟了世界上第一个大规模的反法西斯战场。在抗战中,中国国民党指挥的正面战场和中国共产党领导开辟的敌后战场协力合作,形成了共同抗击日本侵略者的战略局面。同国民党实行的片面抗战路线不同,中国共产党从一开始就主张实行全面抗战路线。为此,中国共产党坚持全力开辟敌后战场,将游击战提升至战略层面加以重视,坚持抗战、团结、进步的原则方针,大力进行抗日民主根据地建设,推进大后方的抗日民主运动和进步文化工作,并通过延安整风强化党的自身建设，始终站在抗日斗争的最前线，以自己的坚定意志和模范行动，在全民族抗战中发挥了中流砥柱的重要作用。在中国共产党的努力下，在祖国危急存亡的紧急关头，中华儿女表现出空前的民族觉醒和民族团结，以血肉之躯铸成了捍卫祖国的钢铁长城。

1945年4月，在抗战行将胜利之际，中共七大召开。本次大会将以毛泽东为主要代表的中国共产党人把马克思列宁主义基本原理同中国具体实际相结合所创造的理论成果，正式命名为毛泽东思想，并将毛泽东思想规定为党的一切工作的指针。毛泽东思想是马克思主义中国化的第一个重大理论成果。中国共产党在毛泽东思想的引领下达到空前的团结和统一，找到了推翻"三座大山"、实现人民当家作主的正确道路，取得了一个又一个的胜利。1945年8月15日，日本宣布投降，中国人民经过艰苦卓绝的十四年浴血奋战，付出了巨大的民族牺牲，终于迎来了抗日战争的最终胜利。这是1840年以来中国反抗外敌入侵所取得的第一次完全胜利，为中华民族由近代以来陷入深重危机走向伟大复兴确立了历史转折点。抗战的胜利，彻底粉碎了日本军国主义殖民奴役中国的图谋；抗战的胜利，促进了中华民族的大团结，形成了伟大的抗战精神；抗战的胜利，开辟了中华民族复兴的光明前景，中国人民在抗战锤炼中认识到，只有实现民族独立和人民解放，建立一个真正由人民当家作主的新中国，才能实现民族复兴，人民幸福；抗战的胜利，使中国的国际地位得到显著提高，也为中国赢得了崇高的民族声誉。

5. 夺取新民主主义革命的胜利，建立中华人民共和国

中华民族经过十四年浴血奋战赢得抗日战争的伟大胜利后，又面临着建立一个什么国家的斗争。中国共产党代表着全国人民的根本利益，力图通过和平的途径来建设一个独立、民主、富强的新民主主义中国，来实现中国的现代化目标。但代表大地主大资产阶级的国民党集团，却企图抢夺

第一章 中国进入现代化发展道路的前提与基础

抗战胜利果实,用内战的方式来剥夺人民已经取得的权利,使中国的社会退回抗战前一党专制独裁的反动统治。一场关系中国是走向光明还是走向黑暗,能否最终实现现代化的大决战不可避免。

1945年抗战胜利后,中国共产党充分考虑了人民群众和平建国的强烈要求,因势利导,在对时局的宣言中明确提出"和平、民主、团结"三大政治口号。为争取和平民主,毛泽东不顾个人安危,接受邀请偕周恩来、王若飞赴重庆与国民党当局进行谈判。毛泽东亲赴重庆,充分显示中国共产党谋求和平的真诚愿望,受到全国人民的热烈欢迎和社会舆论的高度赞誉。经过43天复杂而艰苦的谈判,同年10月10日,国共双方签署《政府与中共代表会谈纪要》即《双十协定》,确认和平建国的基本方针,同意"长期合作,坚决避免内战,建设独立、自由和富强的新中国",召开政治协商会议等。1946年1月,在政治协商会议中,以周恩来为首的中共代表团与中国民主同盟等民主党派和无党派民主人士的代表密切合作,同国民党当局认真协商,推动政协会议达成和平建国的五项协议。但是,中国人民期盼已久的和平建国并没有到来。国民党政权所代表的大地主大资产阶级经受不住也不能容忍任何的民主改革,始终不愿意放弃通过战争来削弱和消灭人民革命力量的企图,在重庆谈判期间就加紧部署全面内战,并不断制造摩擦。通过对局势的认真分析,中国共产党提出:蒋介石准备大打,我军必须战胜蒋军的进攻,才能争取和平前途。1946年6月底,国民党军以进攻中原解放区为起点,悍然挑起了全国性的内战。

内战全面爆发时,中国共产党面临的形势是极为严峻的。此时,国民党军队总兵力人数达到430万,且拥有美国援助的大量新式武器,在军队数量、装备和战争资源等方面,明显占有优势。正是凭着军力和经济力的优势,蒋介石声称,这场战争"一定能速战速决"。在严峻的战争形势面前,敢不敢以革命战争来迎击反革命战争?能不能在战争中打败国民党反动派？这是中国共产党必须回答的两个根本性的问题。中国共产党在对国内外形势、战争性质进行清醒估计和科学分析之后指出：蒋介石的进攻不但必须被人民解放军打败，而且能够被人民解放军打败。如果不打败蒋介石，中国将变成黑暗世界，民族的前途将被断送。贪腐严重的国民党违背全国人民迫切要求休养生息、和平建国的意愿，执行反人民的内战政策，背离人心，就注定了将走向最终的失败。毛泽东由此提出"一切反动派都是纸老虎"，中国人民的小米加步枪能够战胜蒋介石的飞机加坦克。为此，党中央制定了粉碎国民党军事进攻的各项方针政策。在政治上，放手发动群众，团结一切可能团结的力量，建立最广泛的人民民主统一战线。在军事上，坚持集中优势兵力、各个歼灭敌人的作战原则。经过人民解放军一年的作战，战争形势发生重大变化，人民军队先后挫败国民党军的全面进攻和重点进攻，战争形势发生了有利于人民的变化。1947年6月30日，刘邓大军发起鲁西南战役，揭开了人民解放战争战略进攻的序幕。而在国统区内，以学生运动为先导的人民民主运动也迅速发展，成为配合人民解放战争的第二条战线。国统区反内战、反饥饿、反独裁的运动，与战场上国民党军的溃败，共同奏响着蒋介石政权最后的挽歌。1948年上半年，人民解放战争进入夺取全国胜利的战略决战阶段。1948年9月至1949年1月，人民解放军先后组织了辽沈、淮海、平津三大战役，摧毁了国民党赖以维持其反动统治的主要军事力量，大大加快了解放战争在全国胜利的进程。1949年4月21日，人民解放军发起渡江战役，并于4月23日解放南京，延续了22年的国民党反动统治宣告覆灭。

（二）从新民主主义到社会主义的社会发展战略

国情，是一个国家制定其社会发展战略的根本出发点。换言之，国情决定了一个国家的社会发展走什么样的路。近代中国身处半殖民地半封建的泥沼之中，要真正走出一条现代化发展道路，就必须以中国的基本国情

第一章　中国进入现代化发展道路的前提与基础

为基本依据。中国共产党以实现国家和民族的现代化为己任，誓言要走出一条富有实效的现代化发展道路。在革命实践中，他们从中国的具体国情出发，从感性到理性，在对中国的认识不断深化的过程中，形成了关于中国革命和社会发展的相关战略。

1. 从国民革命到土地革命战争时期，社会发展战略思想有了雏形

中国社会发展战略思想形成的第一阶段是在国民革命到土地革命战争时期。在这一时期，以毛泽东为代表的中国共产党人相继发表了《中国社会各阶级的分析》《中华苏维埃共和国执行委员会与人民委员会对第二次全国苏维埃代表大会的报告》《中国共产党第二次全国代表大会宣言》等系列文献。作为俄国十月革命后，在五四运动基础上诞生的以马克思列宁主义为指导的工人阶级先锋队，中国共产党自成立之日起就明确提出，要用无产阶级的革命军队推翻资本家的阶级政权，并建立无产阶级专政，实行社会主义。在1922年党的二大上，中国共产党集中通过了对于中国社会经济政治状况的分析，明确指出，"加给中国人民最大痛苦的是资本帝国主义和军阀官僚的封建势力"，因此，"反对这两种势力的民主主义的革命运动是极有意义的"，即对内消除内乱，打倒军阀，建设国内和平；对外推翻国际帝国主义压迫，达到中华民族完全独立。由此，党的最高纲领是实现社会主义、共产主义，最低纲领是民主革命。这样，经过民主革命而达到社会主义的两步走思想在党的文献上被首次提出。这一思想既有社会主义这一长远奋斗目标，同时又明确规定不能"毕其功于一役"即刻进行社会主义革命，而是分两个阶段进行。这一战略构想将中国革命分两步走，表明中国共产党人在探索中国革命和中国社会发展战略上迈出了可喜一步，突破了自近代以来中国无数仁人志士在寻求国富民强的现代化道路上所不解的历史难题。然而在此时，中国共产党尚属幼年，加之历史的局限性，虽提出两步走方略，但对两步走的关系认识尚存在模糊之处，

对于无产阶级及其政党在民主革命中的地位及作用的认识还受制于旧资产阶级民主革命的影响,因而没能真正解决中国革命两步走的问题。此后,以毛泽东为代表的中国共产党人,在逐渐深入的革命实践中纠正了"二次革命论"的错误思想。1926年,毛泽东发表《中国社会各阶级的分析》一文,以马克思主义的观点,首次对中国社会各阶级的地位和政治态度进行科学分析,明确强调:"一切勾结帝国主义的军阀、官僚、买办阶级、大地主阶级以及附属于他们的一部分反动知识界,是我们的敌人。工业无产阶级是我们革命的领导力量。一切半无产阶级、小资产阶级,是我们最接近的朋友。那动摇不定的中产阶级,其右翼可能是我们的敌人,其左翼可能是我们的朋友——但我们要时常提防他们,不要让他们扰乱了我们的阵线。"[①]而在土地革命战争时期,在农村革命根据地建立红色政权时,毛泽东仍坚持按照实际制定经济政策。在1934年召开的第二次全国工农兵代表大会上,针对当时中央苏区的经济政策,毛泽东就明确指出:"现在我们的国民经济,是由国营事业、合作社事业和私人事业这三方面组成的"[②],"我们对于私人经济,只要不出于政府法律范围之外,不但不加阻止,而且加以提倡和奖励"[③],"尽可能地发展国营经济和大规模地发展合作社经济,应该是与奖励私人经济发展,同时并进的"[④]。

2. 中国革命发展战略的确立

随着革命的深入发展,中国共产党逐渐明晰了中国革命的发展战略,并随之提出了中国社会发展的宏伟蓝图。其思想主要表现在毛泽东所著的《中国革命和中国共产党》《新民主主义论》《论联合政府》《论人民民

---

① 《毛泽东选集》(第一卷),人民出版社,1991,第9页。
② 《毛泽东选集》(第一卷),人民出版社,1991,第133页。
③ 《毛泽东选集》(第一卷),人民出版社,1991,第133页。
④ 《毛泽东选集》(第一卷),人民出版社,1991,第134页。

第一章 中国进入现代化发展道路的前提与基础

主专政》以及《中国人民政治协商会议共同纲领》。红军长征结束后,中国共产党在陕北系统地总结了两次国内革命战争的经验教训,在抗战时期,又深刻、系统地研究了中国国情。毛泽东在此基础上开始设计新中国的蓝图,并进一步论述了中国革命的性质、对象、任务、动力和前途等基本问题,创造性地提出了"新民主主义革命"和"新民主主义国家"等概念。一个国家的革命性质和革命的发展方向,是由这个国家社会性质和社会的主要矛盾所决定的。在这一时期,毛泽东运用历史唯物主义的观点,以其严谨的理论逻辑和精妙的论述,在其著作中得出明确结论:帝国主义和中华民族的矛盾,封建主义和人民大众的矛盾,这两对矛盾及其斗争,贯穿整个中国半殖民地半封建社会的始终,乃是近代中国社会的主要矛盾。由此,中国共产党人确立了经由新民主主义达到社会主义的这一中国革命发展战略和具有中国特色的革命道路。这就是"中国共产党领导的整个中国革命运动,是包括民主主义革命和社会主义革命两个阶段在内的全部革命运动;这是两个性质不同的革命过程,只有完成了前一个革命过程才有可能去完成后一个革命过程。民主主义革命是社会主义革命的必要准备,社会主义革命是民主主义革命的必然趋势。而一切共产主义者的最后目的,则是在于力争社会主义社会和共产主义社会的最后的完成"[①]。

对于新民主主义革命,毛泽东将其界定为"无产阶级领导的,人民大众的,反对帝国主义、封建主义和官僚资本主义的革命"。它既区别于资产阶级旧民主主义革命,又区别于无产阶级领导的社会主义革命。前者是资产阶级领导的以建立资本主义社会为目的的革命;后者以建立新民主主义国家,走向社会主义为目的。两者的共同点都是反对帝国主义、反对封建主义;两者根本区别的决定性因素则是无产阶级领导权问题。新民主

---

① 《毛泽东选集》(第二卷),人民出版社,1991,第651-652页。

义与社会主义的区别在于革命对象和任务不同，因而对待资本主义的基本政策也不同。共同点都是在无产阶级领导下才能实现的，是共产党领导中国革命不可分割的两个阶段。无产阶级（通过共产党）的领导权是夺取新民主主义革命胜利并转变为社会主义革命、把中国由新民主主义社会过渡到社会主义社会的根本保证。而新民主主义革命胜利后建立的人民民主专政的中华人民共和国，乃是共产党赖以实现革命转变并和平过渡到社会主义的国家政权。就这样，中国共产党在不断的革命实践中，明确了从新民主主义到社会主义的发展战略，为此后中华人民共和国现代化的发展奠定了理论基础。

3. 中国社会发展宏伟蓝图的形成

20世纪中国社会发展的主题是现代化。近代中国陷入落后挨打、未能走上现代化发展道路的根本原因，在于帝国主义和封建主义相互勾结，在中国进行残暴压迫、剥削和反动统治。因此，要走上国家的现代化发展道路，实现国富民强和民族伟大复兴，就必须以推翻"三座大山"、建立真正独立民主的人民共和国为前提。只有从根本上改变了中国的社会制度，建立全新的生产关系，才能解放生产力，发展生产力，逐步走上现代化强国之路。

以毛泽东为核心的党的第一代中央领导集体，在新民主主义革命时期就把发展经济、实现工业化作为强国之本，将工业化作为新中国的奋斗目标。尚在井冈山革命根据地时期，毛泽东就极为重视经济建设，1934年1月在江西瑞金召开的第二次全国工农兵代表大会上，毛泽东就指出：当前，"在全中国卷入经济浩劫，数万万民众陷入饥寒交迫的困难地位的时候，我们人民的政府却不顾一切困难，为了革命战争，为了民族利益，认真地进行经济建设工作。事情是非常明白的，只有我们战胜了帝国主义和国民党，只有我们实行了有计划的有组织的经济建设工作，才能挽救全国人民出于空前的浩劫"①。为了发展井冈山革命根据地的经济，苏维埃政府在当时允许并鼓励资本主义经济的存在与发展，并强调，"在中国革命目前的阶段上，资本主义的发展是不可避免的。一切消灭资本主义以及实现'军事共产主义'的企图，都是有害的"②。而在抗战时期，毛泽东进一步将发展工业提升至战胜帝国主义入侵、实现国富民强的重要位置。在1945年党的七大报告中，毛泽东分析强调："没有一个独立、自由、民主和统一的中国，不可能发展工业。……没有工业，便没有巩固的国防，便没有人民的福利，便没有国家的富强。"因此，"在新民主主义的政治条件获得之后，中国人民及其政府必须采取切实的步骤，在若干年内逐步地建立重工业和轻工业，使中国由农业国变为工业国"③。中华人民共和国成立前夕，毛泽东在《在中国共产党第七届中央委员会第二次全体会议上的报告》中进一步总结强调："在革命胜利以后，迅速地恢复和发展生产，对付国外的帝国主义，使中国稳步地由农业国转变为工业国，把中国建设成一个伟大的社会主义国家。"④在这篇党的历史上第一次使用"现代化"概念的文献中，毛泽东突破了以往仅从文化维度探讨中国发展现代化的桎梏，从经济社会发展的角度将工业化和社会主义联系在一起，无疑为中国社会发展指出了一条明路。此后，中华人民共和国的成立，就让中国共产党的现代化发展理念进入实践阶段。

（三）中华人民共和国的诞生宣告现代化建设新纪元的到来

1949年10月1日，中华人民共和国正式成立，揭开了中国历史的新篇章。

---

① 《毛泽东选集》（第一卷），人民出版社，1991，第134页。
② 《建党以来重要文献选编（1921–1949）》（第十一册），中共文献出版社，2011，第74页。
③ 《毛泽东选集》（第三卷），人民出版社，1991，第1080–1081页。
④ 《毛泽东选集》（第四卷），人民出版社，1991，第1437页。

中国社会主义现代化的发展历程

中华人民共和国的成立,标志着自1840年鸦片战争以来殖民主义、帝国主义同封建统治者勾结起来奴役中国人民的历史和内外战乱频仍、国家四分五裂的历史从此结束,无数仁人志士抛头颅、洒热血,为之奋斗的民族独立、人民解放的基本历史任务胜利完成;中国改变了半殖民地的性质,成为真正具有独立主权的国家;中华民族从此以崭新的姿态屹立于世界民族之林,中国人民从此站了起来,成为新国家、新社会的主人,并在中国共产党的带领下开始了为实现国家繁荣富强、人民共同富裕的现代化发展而奋斗的新征程。中华人民共和国的成立具有重大而深远的意义。

中华人民共和国的成立,意味着中国共产党带领中国人民建立起了工人阶级领导的、以工农联盟为基础的人民民主专政的国家政权。这是中国历史上从未有过的人民当家作主的新型政权。它从根本上结束了极少数剥削者统治、奴役广大劳动人民的历史,让广大劳动人民成了国家真正的主人,使中国人民的政治地位得到根本改变。中华人民共和国的成立,实现和巩固了全国各族人民的大团结,实现和巩固了全国各阶层的大团结,为建设一个独立、统一、民主、富强的新中国注入了强大的民族凝聚力。

中华人民共和国的成立具有世界意义,中国共产党在约占世界人口1/4、领土面积世界第三大的中国,建立起人民民主制度,并将逐步建立社会主义制度,这就大大加强了世界和平民主和社会主义阵营的力量,改变了第二次世界大战后国际冷战格局中的力量对比,从而对世界产生了广泛、深远的影响,对人类和平、民主、正义、进步事业作出了历史性贡献。

中华人民共和国的成立,标志着中国共产党的地位也发生了根本性的变化,它开始从领导人民为夺取全国政权而奋斗的党,变为领导人民掌握全国政权、进行社会主义革命和建设,并长期执政的党。

中华人民共和国的成立,凝聚了几代中国人的鲜血、光荣与梦想,是中国由近代衰落走向强盛的历史转折点,中国共产党使中国从经济基础到上层建筑都发生了根本性的变革,开始了20世纪中国第二次历史性巨变,为中国在共产党的领导下朝着社会主义方向和国家现代化目标迈进创造了前提。随着社会生产力获得前所未有的解放和发展,中国不仅赢得了政治上的民族独立,而且将逐步地实现经济上的独立,为在中国建设社会主义现代化奠定必要的物质基础。

第二章
社会主义建设的全面展开和对现代化建设的艰辛探索

  1949年中华人民共和国成立，标志着中国在世界现代化的浪潮中经历了近110年的沉沦后，终于在中国共产党的领导下，完成了新民主主义革命并开始走上追赶世界发达国家的现代化征程。在当时，实现现代化的路径只有两条，一条是以欧美为代表的资本主义现代化路径，另一条是以苏联为代表的社会主义现代化路径。在国际冷战的大背景下，作为一个新生的社会主义大国，中华人民共和国自诞生之日起就改变了世界的政治格局。因此遭到了以美国为首的西方国家的政治敌视和经济封锁，中国的国家安全在这一时期特别是朝鲜战争时期遭到严重威胁。近代以来的沉痛历史教训告诉中国人民："落后就要挨打。"而要在新中国成立后短短数年内就改变中国贫穷落后的局面，带领着全国亿万人民进行国家建设的中国共产党人却面临着资金短缺的现状。因此，当我国出于国家安全需求必须选择以重工业为优先的现代化发展战略时，也就选择了与这一战略相配套的社会主义计划经济体制，使资源配置由市场决定向政府统一决定过渡。这一抉择，在新中国成立后的短短数十年间就建立起了独立的比较完整的工业体系和国民经济体系，取得了举世瞩目的成就。但随着

第二章　社会主义建设的全面展开和对现代化建设的艰辛探索

时间的推移，过于追求重工业高速发展，使我国的经济发展结构严重失衡。面对这一问题，以毛泽东为核心的党的第一代中央领导集体在党的八大期间虽然有过较为清晰的认识，并对如何"以苏为鉴"走出一条中国式社会主义道路进行了有益的探索。但令人遗憾的是，由于1957年以后党的指导思想不断向"左"的方向发展，毛泽东提出的"以苏为鉴"的目的并未根本达到。新中国在成立后的头30年里，对现代化建设的探索不可谓不艰辛。

一、"一化三改"与社会主义制度的确立

中华人民共和国成立后面临着新的严峻挑战，为此，中国共产党带领中国人民，在新中国成立后的短短三年间，迅速完成民主革命的遗留任务，开展国民经济建设恢复工作，巩固了民族独立，维护了国家主权和安全，并加强了中国共产党的自身建设，取得显著成就。在进行有计划的经济建设的同时，以毛泽东为代表的中国共产党人把马克思列宁主义的普遍原理同中国革命的具体实践相结合，创造性地提出了一条过渡时期总路线，开辟了一条适合中国国情的社会主义改造道路，实现了我国的社会性质由新民主主义到社会主义的转变。通过对生产资料私有制的社会主义改造，社会主义制度得以在中国全面确立，为中国的现代化建设奠定了制度基础。

（一）社会主义工业化建设的起步

中华人民共和国成立后，中国共产党带领全国人民，仅用了短短三年时间即完成了国民经济建设的恢复工作，并同时完成了土地改革的任务。中国共产党人以优异的成绩向世人表明"我们不但善于破坏一个旧世界，

我们还将善于建设一个新世界"①。何为新世界？先进的社会主义现代化国家就是以毛泽东为核心的第一代中国共产党人心中的新世界。但在当时要进行这样的现代化建设，中国共产党还面临着很多困难。从国内角度看，物质资本和受过教育的人才资本稀缺，市场发育不完全，工业化水平低，重工业极不发达，区域经济发展差异较大；而在国际上，美苏两国在冷战的大背景下持续对峙，朝鲜战争爆发后，中国更是遭到了以美国为首的西方世界的敌视与封锁。在积贫积弱的经济基础和恶劣的外部条件下，中国如何克服这些禁锢国家现代化发展的障碍，成为中国政府所面临的重要问题。1952年，伴随着民主革命遗留任务的完成和国民经济的恢复，集中力量为实现第二项历史任务，即走上现代化发展道路，实现国家的繁荣富强和人民的共同富裕，被突出地提上了党和国家的议事日程。但是没有强大的国防，就要挨打；要想有强大的国防，就要有强大的军事工业；要想有强大的军事工业，就必须有强大的重工业。总结起来，中国要真正走上现代化发展道路，就必须以强大的重工业为支撑，这就意味着中国共产党人必须带领全国人民，从新中国特殊国情出发，把中国从一个落后的、半殖民地半封建的农业国转变为一个先进的工业国，从而使国家走上现代化发展的正途。对于国家工业化发展，毛泽东曾在新中国成立前特别强调："现在我们能造什么？能造桌子椅子，能造茶碗茶壶，能种粮食，还能磨成面粉，还能造纸，但是，一辆汽车、一架飞机、一辆坦克、一辆拖拉机都不能造。"②而在新中国成立后，毛泽东更是在其亲自修订的党在过渡时期总路线宣传提纲中进一步强调："因为我国过去重工业的基础极为薄弱，经济上不能独立，国防不能巩固，帝国主义国家都来欺侮我们，这种痛苦我们中国人民已经受够了。如果现在我们还不建立重工业，帝国

---

① 《毛泽东选集》（第四卷），人民出版社，1991，第1439页。
② 中共中央文献研究室编《毛泽东文集》（第六卷），人民出版社，1999，第329页。

第二章 社会主义建设的全面展开和对现代化建设的艰辛探索

主义是一定还要来欺侮我们的。"①这足以见证中国人对于国家实现现代化发展、真正实现国富民强的迫切渴求。

1952年,中国从战争的破坏中恢复后开始建设国家,明确提出了以重工业优先发展为目标的战略,目的就是让中国能够早日屹立在世界的强国之林,不再受外国的欺凌。在任何一个发展中国家,发展重工业都将面临建设周期长、生产重工业的机器设备必须依赖于进口、一次性投入大这三大基本问题。与此同时,中国在此时作为一个贫穷落后的农业国家,经济发展也面临三大问题:第一是社会生产剩余少。由于社会剩余少,国家所能利用的资金就少。第二是可供出口的产品非常少,而出口少又导致赚得的外汇非常少,所以外汇汇率就会非常高。第三是资金分散,难以动员集中。落后的农业国家不仅剩余很少,而且农业地区相当广阔,这必然造成较少的剩余分散在较为广阔的农村里,动员这些分散的资金进行投资是相当困难的。因此,重工业三个问题和落后的农业国家三个问题之间的矛盾,成为中国共产党人在进行国家工业化建设中所必须解决的问题。究竟应该选择什么样的道路,才能克服矛盾,实现国家的工业化发展目标?在当时,中国共产党人面临着两条道路的选择,一条是资本主义工业化道路,这是欧美国家走通的道路;另一条是社会主义工业化道路,这是苏联走通的道路。如果走欧美国家走通的道路,那么在市场经济条件下,以农业、轻工业的缓慢发展积累资金,中国就没有办法在短时间内建立建设周期很长、需要依靠大量进口技术设备、一次性投资规模很大的重工业项目,国家的现代化发展步伐就会严重迟滞。在这时,苏联的经验为中国提供了一个参考基准。与中国类似,苏联在成立之初也是一个贫穷落后的农业国家,但是在斯大林的领导之下,工业化进程非常快,在很短的时间

---

① 中共中央文献研究室编《建国以来重要文献选编》(第四册),中央文献出版社,1993,第705页。

内就建立起了自己的重工业体系和国防体系。这一体系,在第二次世界大战之中发挥了举足轻重的作用。二战结束后,苏联更是一跃而成为能和美国相抗衡的欧洲第一强国。苏联式的工业化发展路径,充分发挥了社会主义制度具有集中力量办大事、能在短时间内促进社会生产力迅速发展的优越性。而且中国近代以来的历史也告诉中国人民,资本主义道路在中国走不通,如果独立后的中国不搞社会主义,而坚持走资本主义道路,虽然有可能在经济上取得一时的发展,但在实质上难以取得真正意义上的经济独立,继而也很有可能丧失来之不易的政治独立。因此,对于中国这样一个经济文化落后的国家而言,通过社会主义道路实现工业化,无疑是最好的选择。

1953年,我国开始发展国民经济的第一个五年计划,把优先发展重工业作为建设的中心环节。中国近代以来无数仁人志士梦寐以求的工业化建设由此大规模地开展起来。"一五"计划的制定与执行,标志着我国向着现代化发展目标迈出了重大一步,开始把国家富强的梦想逐渐变为现实。"一五"计划于1953年开始正式实施,其指导方针和基本任务是:集中主要力量发展重工业,建立国家工业化和国防现代化的初步基础,集中主要力量进行以苏联帮助我国设计的156个建设项目为中心的、由694个建设单位组成的工业建设;①发展部分集体所有制的农业生产合作社,并发展手工业生产合作社,建立对农业和手工业进行社会主义改造的初步基础;基本上把资本主义工商业分别纳入各种形式的国家资本主义的轨道,以建立对私营工商业进行社会主义改造的基础。截至1957年底,"一五"计划提前完成,使一批包括飞机、汽车、重型机器、精密机器、发电设备、冶金和矿山设备、高级合金钢和有色金属冶炼等国家工业化所必需的基础工业

---

① 参见《中国经济发展四十年》(谢明干、罗元明主编,人民出版社1990版)第32页。

从无到有地建立起来。"一五"计划的提前完成,使一批大型水利建设和小型农田水利工程实现了较大发展。五年间,全国农业以4.8%的速率增产。① "一五"计划的提前完成,使我国初步建立起计划经济体制的雏形,且实现了轻、重两类工业较为协调的发展。这一时期,市场繁荣,物价稳定,人民生活显著改善。最为重要的,"一五"计划的制定和实施,是中华人民共和国实现国家工业化,继而迈向现代化的第一步,也是至关重要的一步。它为新中国建立比较完整的基础工业体系和国防工业体系奠定了初步的坚实的基础,也积累了进行现代化建设的初步的宝贵的经验。

(二)过渡时期总路线的提出和生产资料私有制的社会主义改造

1. 过渡时期总路线的提出

中华人民共和国的成立,标志着中国新民主主义革命的结束和社会主义革命的开始。在完成了民主革命以后就要为在中国建立社会主义社会而努力奋斗,这是中国共产党在其创立初期就确定了的奋斗目标,并且从来没有动摇过。1953年,我国开始了以实施发展国民经济第一个五年计划为中心的大规模经济建设。这一年,中国共产党正式提出了逐步实现国家对农业、手工业和资本主义工商业的社会主义改造的过渡时期总路线,并把这条总路线作为党和国家一切工作的指针。

过渡时期总路线的提出,是以毛泽东为核心的党的第一代中央领导集体经过慎重考虑和反复酝酿提出来的。对于在中华人民共和国成立后如何使这一国家完成从一个落后的农业国向先进工业国转变的问题,对于由新民主主义社会向社会主义社会转变的条件、时间和方式问题,党中央和毛泽东在新民主主义革命时期就有相应的设想。在1949年党的七届二中全会上,党中央就已经作出初步的规划,提出了使中国稳步地由农业国转为工

---

① 参见《中国共产党的七十年》(中共党史出版社1991年版)第282页。

业国，由新民主主义国家转变为社会主义国家的历史任务。在这时，党中央设想，新民主主义革命胜利后，我国要经过一段"相当长久"的新民主主义建设阶段，即大致15年左右的时间，在各种条件成熟后，一举实行资本主义工商业的国有化和农业、手工业的集体化，实现我国由新民主主义社会向社会主义社会的转变。但是，1952年，毛泽东在中央书记处会议上提出："十年到十五年，基本上完成社会主义，不是十年以后才开始向社会主义过渡。"[1]此后，刘少奇、周恩来等也都论述过"从现在逐步过渡到社会主义去"的设想。这就意味着，随着新中国成立后对社会建设实践的不断深入，特别是在恢复国民经济建设的三年间，国际国内出现的一些新情况和新变化，让中国共产党人适时地改变了原有的过渡设想。

首先，在国际方面，冷战使国家间形成了社会主义和资本主义两大阵营。在西方资本主义国家敌视、封锁中国的同时，以苏联为首的社会主义国家则采取了支持和援助的政策，这对于新中国战后的经济恢复和第一个五年计划的实施具有重要作用。"尽管中国在制定具体的经济政策和工作方法时坚持从中国的具体情况出发，苏联的社会主义制度仍然对中国具有重大的榜样作用。"[2]而在朝鲜战争接近尾声之际，党中央也指出，在现有的国际冷战背景下，争取十五年的和平建设时期是可能的。这就为我国的社会主义革命提供了一个较好的外部环境。其次，中华人民共和国成立后，我国的阶级关系和主要矛盾出现变化。随着"三反""五反"运动和全国土地改革任务的基本完成，毛泽东指出："在打倒地主阶级和官僚资产阶级以后，中国内部的主要矛盾即是工人阶级与民族资产阶级的矛盾，

---

[1] 于光远：《从"新民主主义社会论"到"社会主义初级阶段论"》，人民出版社，1996，第83页。
[2]《胡乔木文集》（第二卷），人民出版社，1993，第270页。

第二章　社会主义建设的全面展开和对现代化建设的艰辛探索

故不应再将民族资产阶级称为中间阶级。"①主要矛盾的变化，使党的中心任务也要作出相应的改变。最后，随着国民经济的恢复和初步发展，中国社会的经济成分在公私比例上发生重大变化。周恩来对此指出："社会主义成分的比重一天一天增加，国营经济的领导地位一天一天加强。"②国营经济与合作社经济的不断增长，社会主义因素在经济社会中的决定作用越来越强大。这说明，无论是国际环境还是国内环境，不论是社会阶级关系还是经济关系，我国已经具备了向社会主义过渡的条件。正是从这样的实际情况出发，党中央改变了原来的设想，不是等待长期准备之后再采取实际的社会主义步骤，而是现在就采取社会主义工业化和社会主义改造同时并举的方针，实行以多种过渡形式改造个体经济和私人资本主义经济的具体政策，积极而又循序渐进地完成经济上的社会主义革命任务，初步确立社会主义的经济基础和基本经济制度。在这一思想指引下，党中央于1952年底开始酝酿并于1953年正式提出党在过渡时期的总路线，即："从中华人民共和国成立，到社会主义改造基本完成，这是一个过渡时期。党在这个过渡时期的总路线和总任务，是要在一个相当长的时期内，基本上实现国家工业化和对农业、手工业、资本主义工商业的社会主义改造。"③过渡时期总路线的提出，吹响了中国由落后农业国向先进社会主义工业国转变的号角，我国也随即展开了对生产资料私有制的社会主义改造。此后的历史也证明，党中央提出过渡时期总路线，是符合新中国以现代化为目标进行经济建设和社会发展的实际和规律的，反映了历史的必然性。

---

①中共中央文献研究室编《毛泽东文集》（第六卷），人民出版社，1999，第231页。
②《周恩来选集》（下卷），人民出版社，1984，第107页。
③中共中央文献研究室编《建国以来重要文献选编》（第四册），中央文献出版社，1993，第348–349页。

2. 在改造中确立全民所有制和集体所有制相结合的所有制结构

在社会主义过渡时期，以毛泽东为代表的党的第一代中央领导集体提出了建立全民所有制和集体所有制相结合的所有制结构的思想。在实践上，通过对官僚资本的没收和生产资料私有制的社会主义改造，我国在短期内就建立起社会主义国营经济和社会主义集体经济相结合的社会主义经济。国营经济是社会主义经济体制的重要组成部分。社会主义国营经济在当时有三个来源：第一个来源也是主要的来源，即没收官僚资本；第二个来源是处理一部分外资在华企业；还有一部分是解放区的公营经济。新民主主义革命时期，毛泽东指出，现代轻工业虽然在当时的国民经济中所占比例不多，仅为10%，但却最为集中地被官僚资本主义掌握。将这些资本收归国有，能够使人民政权掌握整个国家经济发展的龙头，带动全国经济的发展。毛泽东强调："这一部分经济，是社会主义性质的经济，不是资本主义性质的经济。"①而对于帝国主义在华资本，毛泽东则指出可分轻重缓急："让它们暂时存在，由我们加以监督和管制，以待我们在全国胜利以后再去解决。"②毛泽东的这些看法，阐明了没收官僚资本、处理外资在华企业的原因、范围以及随之建立的国营经济的社会主义性质等问题。在这一思路指导下，中共中央不断总结经验，在中华人民共和国成立前夕颁布并实行了一系列关于没收官僚资本、建立国营经济的方针政策。到1953年底，社会主义性质的国营经济大批建立，在所有制结构中处于主导地位，开始领导整个国民经济的发展。

对农业、手工业和资本主义工商业的社会主义改造，在中华人民共和国成立后相继展开。"没有农业社会化，就没有全部的巩固的社会主义。"③

---

① 《毛泽东选集》（第四卷），人民出版社，1991，第1431页。
② 《毛泽东选集》（第四卷），人民出版社，1991，第1434-1435页。
③ 《毛泽东选集》（第四卷），人民出版社，1991，第1477页。

第二章 社会主义建设的全面展开和对现代化建设的艰辛探索

实现工业化,是我国成为现代化强国的必由之路,但在我国,分散、落后的小农经济现状不仅制约着农业生产力的发展,更不可能助力社会主义大工业建设。它与国家计划经济建设之间的矛盾,随着工业化的进展而日益显露出来。工业化的发展,使得国家对农产品的需求日益增大。因此,必须按照社会主义的原则对国家的个体农业进行改造,引导农民走上社会主义集体化的道路。与此同时,国家对农业技术改造的支援日益增强,也必然促使个体农业向着合作化方向发展。但是,农业的个体私有化,在我国持续已久,成为人们根深蒂固的观念,要实现对农业的集体所有制改造目标,困难可谓不小。面对这一难题,毛泽东从中国国情出发,灵活运用马列主义关于农业社会主义改造的基本原理,走出了一条示范带动、循序渐进、逐步过渡的农业社会主义改造道路。对农业的社会主义改造,主要是遵循自愿互利、典型示范和国家帮助的原则,重点发展半社会主义性质的初级农业生产合作社,再发展到社会主义性质的高级农业生产合作社。这条道路在改变广大农民生产方式的同时,还保证了农作物的增产。到1956年底,完成农业社会主义改造的农户已有1.17亿户,占全国农户总数的96.3%,其中87.8%的农户加入了高级社,这标志着我国的农业社会主义改造基本完成。从1953年到1956年,全国农业总产值平均每年递增4.8%。[①]

同一时期,党中央以积极领导、稳步前进为指导方针,通过由小到大、由低级到高级的途径,开始了对个体手工业的社会主义改造。手工业在我国国民经济发展中占有相当重要的地位,在1952年我国的手工业产值在工农总产值所占比重为13%,但个体手工业所体现出的分散落后、规模狭小、很不稳固的小商品经济特点,不利于我国工业化进程,因此需要对个体手工业进行社会主义改造,引导其走合作化道路。手工业的合作

[①] 参见《中华人民共和国史》(高等教育出版社、人民出版社2013年版)第55页。

化，采取了积极领导、稳步前进的方针。其组织形式由手工业生产合作小组、手工业供销合作社到手工业生产合作社逐渐过渡，步骤是由小到大、由低级到高级，逐步实现社会主义改造。在改造的同时，党中央还特别强调注意对我国手工艺品特点的保留。1956年年末，全国手工业生产合作社（组）发展到10多万个，入社的手工业者占全体手工业人员的91.7%，我国对手工业的社会主义改造基本完成，社会主义集体所有制在我国普遍建立。[①]

在中华人民共和国成立后的最初三年里，资本主义工商业对于我国国计民生事业的恢复是有着积极作用的。但是，我国私人资本主义经济力量弱小，在资金、原材料和市场方面对国家和国营经济依赖很强，自身的发展受到较大的局限，不可能完成国家工业化的任务。同时，资本主义私有制与其生产的社会化之间存在深刻矛盾，这就决定了国家和资本主义工商业之间必然出现限制和反限制的斗争。特别是在1952年以后，工人阶级和资产阶级、社会主义道路和资本主义道路已成为我国的主要矛盾，这就使得国家有必要采取措施，将落后、混乱、畸形发展、唯利是图的资本主义工商业逐步引上社会主义改造的道路。对于资本主义工商业的社会主义改造，是过渡时期总路线的重要一翼。而在实践上，毛泽东则从我国国情出发，根据马克思恩格斯"赎买"设想，走出了一条有别于苏联的，以和平赎买为特点的对资本主义工商业的社会主义改造道路。这条道路有步骤地把一切对国计民生有利而又为国家所需要的个人资本主义企业，基本上改造为国家资本主义企业，并从初级形式的国家资本主义经济向高级形式的国家资本主义经济发展，然后在时机成熟时又逐步变国家资本主义经济为社会主义经济。与苏联在进行经济所有制改造所实行的没收手段不同，我国对民族资本主义工商业实行了和平赎买政策。这一政策，是中国共产党

[①] 参见《中华人民共和国史》（高等教育出版社、人民出版社2013年版）第55页。

的一大创造，它改变了资本主义生产关系，不仅没有造成社会动荡，反而推动了社会经济的发展，丰富了马克思主义关于国家资本主义的学说。邓小平曾指出："我国资本主义工商业社会主义改造的胜利完成，是我国和世界社会主义历史上最光辉的胜利之一。"①

截至1956年底，三大改造基本完成，我国成功实现了"两个转变"中的第一个转变，由新民主主义社会转变为社会主义社会，实现了中国社会性质的最伟大变革。与此同时，"一五"计划的顺利开展，给我国的工业化建设开了一个好头。"一五"期间，农业生产、交通运输、邮电通信、商业和科学教育文化事业都有很大的发展，人民生活水平也得到一定提高。到1956年，我国各行各业均以蓬勃势头发展，整个国家欣欣向荣，蒸蒸日上，全社会呈现出崭新昂扬的精神面貌。

3. 确定各尽所能按劳分配的社会主义分配原则

马克思主义强调，生产方式决定了分配方式。公有制基本经济制度的建立，势必会引发收入分配制度的变革。毛泽东在收入分配上历来反对平均主义，提倡按劳分配。早在土地革命时期，他就明确指出，"绝对平均主义的来源，和政治上的极端民主化一样，是手工业和小农经济的产物"，"物质的分配也要按照'各尽所能按劳取酬'的原则和工作的需要，决无所谓绝对的平均"。②进入社会主义建设时期，毛泽东又多次强调坚持按劳分配的必要性。他指出："按劳分配和等价交换这样两个原则，是在建设社会主义阶段内人们决不能不严格地遵守的马克思列宁主义的两个基本原则。"③这番话表明，人们的劳动在社会分工既存的现实情

---

①邓小平：《邓小平文选》（第二卷），人民出版社，1994，第186页。
②《毛泽东选集》（第一卷），人民出版社，1991，第91页。
③中共中央文献研究室编《毛泽东著作专题摘编》（上卷），中央文献出版社，2003，第986页。

况下，仍然存在重大差别。与此同时，社会产品远未达到丰富的高度，人民群众的思想觉悟仍待提升。在这一情况下，实现按需分配为时尚早，只有采取按劳分配的办法，才能在既反对平均主义、又反对过分悬殊的情况下，使广大劳动者获得相应的劳动成果，并激发其劳动积极性。而在社会主义建设实践和对苏联《政治经济学教科书》的不断学习中，毛泽东对于按劳分配又提出了许多独创性观点：第一，国家、集体和个人三者的利益关系必须得到正确处理，真正做到"军民兼顾""公私兼顾"；第二，按劳分配，不意味着个人物质利益就是首要考虑的。相反，它应当服从于集体利益。与之相应的，是暂时利益对长远利益的服从，局部利益对全局利益的服从。第三，按劳分配本身也是不断变化的，对于生产关系的理解必须随着生产力的进步不断进步。

4. 确立计划经济体制为我国法定经济体制

1956年，我国在顺利完成对生产资料私有制的社会主义改造的过程中，逐渐形成和完善了一种以高度集中为特征，以行政管理为主要机制的计划经济体制。这一经济体制是中华人民共和国成立之初在面临自身经济落后与帝国主义军事威胁的情况下，为尽快实现经济和工业独立自强的最佳选择。中华人民共和国成立后，毛泽东在谈到我国工业发展水平低下时曾强调，要从经济上彻底摆脱落后挨打的局面，工业和经济的独立完整必不可少。而要以重工业为导向的工业体系的建立并非易事，需要长时间的建设周期，需要大量外汇以进口技术、设备，需要相当大的一次性投入。而作为一个自给自足经济特征明显的落后农业国家，我国的社会经济发展剩余少、外汇储备少、社会资金分散难以集中，这三大特点同重工业建设的三大需求特征形成了鲜明的对比。而计划经济体制，则能在资金、物资、技术力量等方面都比较缺乏的条件下，短时期内最大可能地调动国内经济因素，在积累和消费的适当安排下，取得生产和消费的平衡。有鉴于

第二章　社会主义建设的全面展开和对现代化建设的艰辛探索

此，我国在"一五"计划的开展中逐步确立了实行直接计划和间接计划相结合的计划管理体制，将大小经济活动纳入国家计划当中。与此同时，党中央在1950年开始将各地的财政收归中央，建立起以高度集中、统支统收为特点的国家财政管理体制。与此同时，我国也同时建立起"统一领导、分级管理"的商业管理体制和以计划流通为主体的物资流通体制。上述体制的确立，标志着计划经济体制的初步建立。1954年，这一经济体制被当年所确立的宪法明文规定为我国法定经济体制。自确立以来，计划经济体制在中国实行了近三十年。三十年间，我国投入大约7000多亿元资金，在一穷二白的基础上建设了3000多个大中型项目，[①]初步奠定了现代工业基础；并依靠劳动积累，进行了大规模的农田水利建设，使农业生产条件得到显著改善，农产品产量提高；交通运输和邮电事业也有较大发展，改变了许多地方交通闭塞的落后局面，改善了我国产业结构，使国家经济实力有了很大增强。实事求是地说，计划经济体制在中华人民共和国成立后的短短数十年间就迅速地改变了我国极为落后的面貌，并为其后我国的社会主义现代化建设奠定了坚实的物质基础，可谓功不可没。

（三）过渡到社会主义历史任务的基本实现

1956年，我国对生产资料私有制的社会主义改造取得了决定性的胜利。在国民经济中，全民所有制和劳动群众集体所有制这两种形式的社会主义公有制经济，已经居于绝对的统治地位。伴随着以生产资料公有制占绝对优势的新的经济制度的建立，社会主义经济体制、政治体制、教育科学文化体制基本形成，经济建设和国家工作的各个方面都适应和服务于社会主义经济制度的建立而得到发展和改善。而在政治上，中国共产党发挥着领导全国人民建设社会主义的核心作用。工人阶级在整个国家的领

---

① 参见《邓小平社会主义市场经济理论与中国经济体制转轨》（苏星主编，人民出版社2008年版）第99页。

导地位不断加强，工农联盟以及工人阶级同其他劳动人民的联盟在新的社会主义基础上进一步巩固。社会主义基本政治制度体系已经构建起来，为我国的社会主义现代化建设创造了根本的政治前提。在思想文化上，马列主义、毛泽东思想在全国的指导地位得到进一步加强。在批判封建主义和资本主义腐朽思想的同时，继承和发扬中国传统文化中的优秀部分，同时注意吸收外国发展中的一切有益成果。社会主义的民族的、科学的、大众的文化建设工作得到进一步发展。依据这一客观历史进程，中国共产党在1956年党的八大上确认："社会主义的社会制度在我国已经基本上建立起来了。"[1]

而对于党在过渡时期总路线的任务，党中央指出，生产资料私有制的社会主义改造虽然在1956年基本完成，但在发展生产力上，把我国从落后的农业国变为先进的工业国，建成一个独立的、比较完整的工业体系，完成社会主义工业化任务，至少还需要经过两个"五年计划"才能打下一个较为初步的基础。因此，从这一层面上说，社会主义的工业化建设还有很长一段路要走，并不能随着社会主义改造的完成而宣布成功。由三大改造所建立的新的生产关系，还要适应生产力发展的要求不断进行调整和改革。而在其后的社会主义建设实践表明，社会主义工业化和现代化建设将是一个漫长的历史过程，需要党带领全国人民作巨大的努力，甚至还有之前从未预料到的艰难和曲折。但是，实事求是地说，中国共产党在新中国成立后短短数年间就领导中国人民实现了如此复杂、困难和深刻的社会变革，进入社会主义社会，这是中国在现代化征途中的一个里程碑式的伟大胜利。

---

[1] 中共中央党史研究室编《中国共产党历史》（第二卷）（1949-1978），中共党史出版社，2011，第361页。

第二章 社会主义建设的全面展开和对现代化建设的艰辛探索

二、探索中国式社会主义现代化建设的良好开端

1956年，社会主义改造基本完成。社会主义基本制度的全面确立和第一个"五年计划"的顺利实施，极大地鼓舞着全国人民的热情，在中国共产党的领导下，全国人民以极大的热情投入到大规模的社会主义建设中，努力探索一条适合中国国情的社会主义建设道路，以便使我国实现现代化建设的目标。1956年党的八大召开，在八大中，党中央分析了社会主义改造基本完成后中国社会的主要矛盾，提出了在中国建设社会主义的基本方针和任务，标志着这一探索取得了初步成果。这为我国在党的八大期间探索中国式的社会主义现代化建设奠定了良好基础。

（一）从"以苏为师"到"以苏为鉴"

"一五"建设的顺利实施，使我国的社会主义工业化建设迅速推进并取得巨大进展。但从总体上看，我国的经济社会发展水平，无论是工业、农业、科技，还是其他方面，都还很落后。这就给中国共产党提出了一个崭新的课题：在以实现现代化为目标的社会主义建设中，我国的政治、经济、文化建设应当如何进行建设和发展？"一五"建设所取得的成就，与苏联模式对中国的影响息息相关。在中国这样一个幅员辽阔、人口众多、经济文化落后、地区发展很不平衡的大国，以现代化为目标，建设社会主义，既没有经验，也缺乏足够的理论准备。在这个时候，唯一可借鉴的，就是苏联的建设经验。苏联模式曾对所有社会主义国家的建设事业产生过重大影响。在这一时期全面向苏联学习，不仅是自然的，也是必要的。中华人民共和国成立伊始，党中央就提出"苏联的今天就是中国的明天"的口号，明确提出要以苏联为榜样，建设一个强大的新中国。在"以苏为师"的过程中，以毛泽东为核心的第一代中央领导集体也有着自己的独立思考与创造，在政治上建立起有别于苏联的人民民主专政国体、人民代表

大会制度和共产党领导的多党合作与政治协商制度；在经济上实现了对农业、手工业和资本主义工商业的社会主义改造，并逐步建立起高度集中的计划经济体制；在思想文化上树立起以马克思列宁主义为指导思想的一元化体制，使马克思主义成为我国的主流意识形态，成为体现中华民族凝聚力的精神信仰。上述制度和体制的建立，为此后我国一切进步和发展奠定了坚实的制度基础。

经过"一五"计划执行后三年多的实践，党和国家对苏联模式中的一些缺点和错误逐步有所了解，认识到苏联经验需要学习，但不能完全照搬，必须根据中国自身情况，在实践中探索运用。1956年，在进入全面建设社会主义时期后，党中央在社会主义建设的指导思想上实现了由"以苏为师"到"以苏为鉴"的根本性转变。1956年2月，苏共二十大召开，赫鲁晓夫在秘密报告中尖锐地揭露和批判了斯大林在领导苏联社会主义建设中的一些重大错误，以及对他个人崇拜所造成的严重后果。这一报告在苏联国内和国际上引起极大震动。毛泽东指出，赫鲁晓夫的秘密报告，揭了盖子，捅了娄子。但最为重要的是报告表明，苏联模式并不是一切都正确的，这就为破除迷信，为社会主义各国跳出传统社会主义思维桎梏，独立探索真正符合本国发展所需的道路提供了契机。正如毛泽东指出的，"最近苏联方面暴露了他们在建设社会主义过程中的一些缺点和错误，他们走过的弯路，你还想走？过去我们就是鉴于他们的经验教训，少走了一些弯路，现在当然更要引以为戒"[1]，"过去我们也不是完全迷信，有自己的独创。现在更要努力找到中国建设社会主义的具体道路"[2]。"以苏为鉴"的提出，标志着以毛泽东为核心的党中央开始更多地注重在理论和

---

[1] 中共中央文献研究室编《毛泽东文集》（第七卷），人民出版社，1999，第23页。
[2] 吴冷西：《忆毛主席——我亲身经历的若干重大历史事件片段》，新华出版社，1995，第9-10页。

第二章 社会主义建设的全面展开和对现代化建设的艰辛探索

实践上摆脱苏联模式的桎梏,力争以中国式社会主义建设道路的开辟,实现对苏联模式的突破。在和中央政治局讨论《关于无产阶级专政的历史经验》一文的修改事宜时,毛泽东着重指出:从苏共二十大中得到的最重要的教益,就是"要独立思考,把马列主义的基本原理同中国革命和建设的具体实际相结合。现在是社会主义革命和建设时期,我们要进行第二次结合,找出在中国怎样建设社会主义的道路"[①]。"第二次结合"任务的提出,表明中国共产党人对社会主义现代化建设的认识又提升到了一个新的高度。

通过数年建设经验的积累,党中央在取得经验的同时,对苏联模式的弊端有了初步、客观的认识。党的八大前后,毛泽东通过一系列著作及讲话,从多种角度对苏联模式的弊端作出了实事求是的批评。经济方面,毛泽东认为苏联高度集中、颇为僵化的计划经济体制存在以下弊端:第一,农、轻、重三者比例严重失衡。20世纪50年代初,苏联以牺牲农业和轻工业发展为代价,取得了重工业的巨大进步。农、轻、重比例的严重失衡使得国内食物短缺、物资供应紧张。第二,国家、生产单位和生产者个人关系处理不当。毛泽东指出,苏联所采取的义务交售制等剪刀差政策,过度抽取农民劳动成果,极大损害了他们的生产积极性。第三,高度集中的管理体制特别是中央过度集权导致地方发展积极性受挫。毛泽东认为,集权管理方式的积极正确运用,能够最大限度地发挥社会主义"集中力量办大事"的特点,夯实国家物质基础,加快现代化建设进程。但是,过于强调集权则无法发挥地方生产的积极性,使地方不能对经济建设提出意见。政治方面,毛泽东认为苏联过度集权的政治体制存在以下缺点:第一,中央集权过多,束缚了地方的手脚。他指出:中央过度集权将降低地方的

[①] 吴冷西:《忆毛主席——我亲身经历的若干重大历史事件片段》,新华出版社,1995,第9页。

积极性,"我们现在要注意这个问题,地方政权那么多,不要使他们感到无事可做"①。第二,苏联的一党制使得苏共"一言堂"现象严重。毛泽东指出:苏联式的一党制将使国家无法听到不同的声音,"究竟是一个党好,还是几个党好?现在看来,恐怕是几个党好。不但过去如此,而且将来也可以如此"②。第三,民主法制的不健全使苏联出现了个人崇拜,并导致了严重破坏社会主义民主与法制事件的发生。据邓小平回忆,毛泽东说过,"这样的事件在英、法、美这样的西方国家不可能发生"③。而在思想文化方面,毛泽东认为,苏联的文化发展过于强调意识形态的整齐划一,其教条化的发展体制不允许言论自由,使得文艺创作和学术研究的自由名存实亡。

而在我国,苏联模式在使我国提前完成"一五"计划、取得显著成绩的同时,也暴露出我国在经济建设上存在的问题。第一,产业结构特别是农、轻、重发展比例已出现失衡迹象,使人民生活受到很大影响。从1949年到1955年,尽管新中国的农、轻、重发展均有增长,但重工业增长却"一马当先"达到了农业的五倍之多,而从国家基础建设投资比例看,农业所占比例在1952、1953、1955三年呈逐年减少态势,分别为14.8%、9.8%、6.7%;轻工业所占比例也类似于农业,分别为9.1%、6.2%、5.2%;重工业所占比例则逐年上升,分别为34.3%、38.8%、47.3%。④第二,国防工业和工业建设的关系处理出现问题。受国际冷战环境影响,我国的建设规划不可避免地要以保卫新生政权为优先考虑,将重心倾斜于国防工业建设。受此影响,各类生产要素无法满足农业、轻工业发展所需。同时,

---

① 中共中央文献研究室编《毛泽东传》(第四册),中央文献出版社,2011,第1440页。
② 中共中央文献研究室编《毛泽东文集》(第七卷),人民出版社,1999,第34页。
③ 邓小平:《邓小平文选》(第二卷),人民出版社,1994,第333页。
④ 参见《毛泽东思想与社会主义现代化建设》(周振华著,重庆出版社1993年版)第83页。

国防工业规模的过大发展又导致工业建设的全面紧张。第三，农业生产上出现了上级部门铺派各种非生产性事业等严重影响农业生产自身积累和发展的现象。第四，地方在经济发展中的独立性不足使得其生产积极性降低。对于这些凸显的问题，毛泽东深切感到"苏联的经验只能择其善者而从之，其不善者不从之"①，如果不分利弊而学习，中国将重蹈苏联的覆辙。这一担忧引发了他更深层次的思考。毛泽东反复强调，"各国应根据自己国家的特点决定方针、政策，把马克思主义同本国特点结合起来"，"照抄别国的经验是要吃亏的，照抄是一定会上当的"②。终于在党的八大前期，毛泽东明确提出"以苏为鉴"，实现"第二次结合"的历史任务，并且在经济、政治、思想文化的理论与实践上走出了探索中国式社会主义建设道路的第一步。

（二）"以苏为鉴"，探索中国式社会主义建设道路

经过广泛调查、深入研究，党中央率先于经济领域展开了对中国式社会主义道路的探索。对于这条道路，毛泽东在1956年4月发表了《论十大关系》的报告，明确了将国内外一切积极因素调动起来，化消极因素为积极因素，把中国建设成为一个强大的社会主义国家的方针。在报告中，毛泽东将这一探索视为实现工业化发展目标的中国式道路，并以此为基点，在经济、政治、文化三方面初步形成了以下思想。

1. "以苏为鉴"，探索中国式工业化道路

在经济上，毛泽东提出了以下几点，以实现社会主义工业化建设的更好发展：

第一，实行以农业为基础、工业为主导的工农业并举方针。这一方针的实质是开辟一条与苏联有所不同的中国工业化道路。毛泽东指出，

---

① 中共中央文献研究室编《毛泽东文集》（第七卷），人民出版社，1999，第366页。
② 中共中央文献研究室编《毛泽东文集》（第七卷），人民出版社，1999，第64页。

中国工业化道路问题，"主要是指重工业、轻工业和农业的发展关系问题"①。他认为，我国的经济建设，必须肯定以重工业为中心的战略考量，但鉴于苏联的教训，决不能因为重工业就"忽视生活资料尤其是粮食的生产"②。为此，他明确提出了工农业并举的发展方针，并在1959年庐山会议期间针对农、轻、重问题的一些模糊认识作出明确解释。毛泽东指出，所谓并举，并不否认工业发展快于农业，也不是要平均使用力量，而是必要时可作适当倾斜，达到综合平衡。毛泽东在这一时期进一步提出："过去是重、轻、农、商、交，现在强调把农业搞好，次序改为农、轻、重、交、商。这样提还是优先发展生产资料，并不违反马克思主义。"③为此，在对国际局势持谨慎乐观判断的基础上，毛泽东提出"充分利用沿海工业，大力发展内地工业"这一工业布局思想，强调我国在工业化建设上要注意平衡工业发展布局的问题。与此同时，毛泽东还进一步提出"二五"期间适当放慢国防工业步子，将军政费用降到一个适当比例，增加经济建设费用，只有经济建设发展得更快，国防建设才能有更大的发展。从以重工业为中心，农、轻、重并举到以农、轻、重为序，这条由实践得出的宝贵经验，至今仍然在起作用。

第二，以分权的办法来正确处理经济管理权限问题，进行经济体制改革。毛泽东极为重视苏联模式在经济发展中过于集权的弊端。他认为，社会主义经济要想拥有源源不断的内在活力，就必须同时处理好国家、企业和个人，中央和地方这两种关系。处理好这两种关系的核心，在于放权让利。在处理国家、企业和个人关系上，毛泽东指出，国家和工厂，国家和工人，工厂和工人，国家和合作社，国家和农民，合作社和农民，都必须

---

① 中共中央文献研究室编《毛泽东文集》（第七卷），人民出版社，1999，第240-241页。
② 中共中央文献研究室编《毛泽东文集》（第七卷），人民出版社，1999，第24页。
③ 中共中央文献研究室编《毛泽东文集》（第八卷），人民出版社，1999，第78页。

兼顾，不能只顾一头，否则是不利于社会主义，不利于无产阶级专政的。毛泽东强调："把什么东西统统都集中在中央或省市，不给工厂一点权力，一点机动的余地，一点利益，恐怕不妥。"①为此他提出适当分权让利，实施统筹兼顾的方针，增加企业在发展中的独立性、机动性，保证企业在运营中的适当自主权利，并在国民经济发展的同时提升人民群众生活水平，能够激励企业的发展，提升工人劳动效率，真正使国家、企业和个人的利益需求得到兼顾。在中央和地方关系的处理上，毛泽东提出通过向地方分权来克服权力过于集中的弊病，充分调动地方在经济建设上的积极性、主动性和创造性。毛泽东指出，在巩固中央统一领导的前提下，扩大地方的权力，给地方更多的独立性，让地方办更多的事情。中国面积大、人口多、情况复杂，同时发挥中央和地方两个积极性，比只有一个积极性好得多。毛泽东强调指出："分权正是为了集权，不注意地方，削弱地方的权限，对中央是不利的。"②根据毛泽东的指引，党中央在八大会议期间对我国的行政体制提出改进规划，扩大了地方的管理权限，并且注意改进和加强中央各部的工作。集权管理的优势，极易使中央忽视发扬民主而犯官僚主义和主观主义的错误。适当放权给地方，能够使中央与地方互相影响，既能全面看到大局发展，也能看到并解决更多微观问题，弥补中央不足。

第三，将市场机制引入计划经济中，并在公有制占绝对优势的情况下，允许少量非公有经济存在。陈云提出，要使社会主义生产在大小两个范围都实现合理统筹，就应该改变对于市场的既有排斥态度，在社会主义计划经济的领导下允许自由市场存在。为此他提出"三个主体，三个补

---

① 中共中央文献研究室编《毛泽东文集》（第七卷），人民出版社，1999，第29页。
② 崔焕青、武建奇：《毛泽东的经济思想——理论·实践·发展》，河北人民出版社，1993，第214页。

充"的设想,并在党的八大决议和《关于第二个五年计划的报告》中也有所体现。"二五"计划报告指出:我国应在适当的范围内,利用价值规律来发展不必由国家掌控的工农业生产,更好地满足人民生活所需。党的八大后,毛泽东更是进一步提出"利用价值规律,发展商品经济"的命题。他强调:"商品生产,要看它是同什么经济制度相联系,同资本主义制度相联系就是资本主义的商品生产,同社会主义制度相联系就是社会主义的商品生产。"①这句话表明,毛泽东在当时就已将商品生产与意识形态进行了区别对待。根据这些思想,我国在党的八大后不同程度地对高度集中、政企不分的传统社会主义经济发展体制模式进行了改革探索。直至党的十一届三中全会前,党中央从调整中央和地方经济权限出发,对计划经济体制进行了几次调整。但这种限于计划经济体制内部的调整,由于没有触动计划和市场这一关键问题,因而一直陷于"一统就死,一放就乱,一乱就收"的恶性循环中。但这些经济领域的思考与探索,毕竟标志着我国在中国式工业发展道路的探索中迈出了历史性的第一步,为改革开放后我国最终找到适合我国情况的经济发展道路提供了宝贵的经验。

第四,从工业化到四个现代化,社会主义建设战略目标的确定。中华人民共和国成立初期,党中央更多的是提出实现我国的工业化发展目标。1955年,毛泽东又提出用50年将中国"建成为一个强大的高度社会主义工业化的国家"②。两年后,他进一步提出将中国建设成为一个"具有现代工业、现代农业和现代科学文化的社会主义国家"③,开始涉及现代化的概念。之后,对《政治经济学教科书》的学习,深化了党中央对现代化的认识。毛泽东提出,社会主义建设除了要实现工业、农业和科学文化的现

---

①中共中央文献研究室编《毛泽东文集》(第七卷),人民出版社,1999,第439页。
②中共中央文献研究室编《毛泽东文集》(第六卷),人民出版社,1999,第390页。
③中共中央文献研究室编《毛泽东文集》(第七卷),人民出版社,1999,第268页。

第二章 社会主义建设的全面展开和对现代化建设的艰辛探索

代化目标外,还应该算上国防的现代化。与此同时他还强调,社会主义工业化建设的完成绝非一日之功,要做好充分的思想准备。经历"大跃进"的挫折后,毛泽东及时总结经验教训,从我国当时的国情出发,更为务实地提出:"要使生产力很大地发展起来,要赶上和超过世界上最先进的资本主义国家,没有一百多年的时间,我看是不行的。"[①]从1955年提出的50年到1962年提出的100年,完成社会主义工业化建设的时间虽然推迟了50年,但这一调整,反映出毛泽东和党中央对社会主义工业化建设认识上的发展。在毛泽东的提议下,周恩来于1964年的人大会议上正式提出四个现代化的建设目标,并为此提出了两步走的发展战略。由此,我国社会主义社会总体建设战略目标得到确定,在四个现代化这一宏伟目标中,农业是基础,工业是主导,科学技术是原动力,国防是保障。四个方面密切联系,不可分割。从单纯的工业化发展目标到四个现代化发展目标的转变,表明了毛泽东对我国现代化目标认识的深化和完善。

2. "以苏为鉴",探索中国式政治发展道路

政治方面,苏共二十大使中国共产党意识到,要实现"第二次结合",就必须在我国的政治发展中形成有领导的自由、集中指导下的民主这样一种生动活泼的政治局面,实现中国政治发展的民主有序。对此探索的经验可归结为以下几点:

第一,对我国社会主要矛盾的准确判断。党的八大期间,毛泽东以彻底的历史唯物主义观点指出:认为我国进入社会主义后整个社会就不会存在矛盾的想法是不符合实际的天真想法。社会主义社会仍然存在矛盾,且"基本的矛盾仍然是生产关系和生产力之间的矛盾,上层建筑和经济基础之间的矛盾"[②]。他进一步明确强调,这一基本矛盾不同于旧社会的

[①] 中共中央文献研究室编《毛泽东文集》(第八卷),人民出版社,1999,第302页。
[②] 中共中央文献研究室编《毛泽东文集》(第七卷),人民出版社,1999,第214页。

对抗性矛盾，是既适应又不适应的矛盾，可经过社会主义制度自身实现调节并不断推动经济社会发展。此外，毛泽东以"人民内部矛盾"丰富了社会主义发展理论，提出正确处理这一矛盾是社会主义各国必须正视的重大课题。这一内涵丰富的观点，从矛盾的角度改变了苏联模式对社会主义发展的陈旧观念，表明毛泽东对社会主义建设认识的深入。基于此，党的八大报告明确指出，我国的主要矛盾已经由阶级矛盾转变为落后生产力不能满足社会需要的矛盾，党和国家的工作重心应当及时转移到生产力的发展上。唯有如此，我国才能实现向先进工业国的伟大转变。此后，毛泽东又进一步提出社会主义发展阶段论，将社会主义分为不发达与发达两个阶段。他指出："第一个阶段是不发达的社会主义，第二个阶段是比较发达的社会主义。后一个阶段可能比前一个阶段需要更长的时间。"[1]上述这些内涵丰富的论断，为改革开放后社会主义初级阶段论的提出提供了原则思路。

第二，扩大民主，克服权力过于集中的制度性弊端。毛泽东曾在1956年4月指出，"斯大林在他一生的后期，愈陷愈深地欣赏个人崇拜，违反党的民主集中制，违反集体领导和个人负责相结合的制度"[2]，因而发生了严重的错误。苏联的教训使党中央认识到，人民民主专政的建设，决不能忽视民主，否则就会走向极端。毛泽东对此强调，"过分的集中是不利的，不利于调动一切力量来达到建设强大国家的目的"[3]，因此必须扩大民主。但应该采用怎样的方法来扩大民主？毛泽东与中共中央以少有的开放心态将目光投向了美国等西方国家。八大期间，毛泽东曾以美国为例，指出其在短短一百多年就发展成为一个发达的资本主义国家，在政治制度

---

[1] 中共中央文献研究室编《毛泽东文集》（第八卷），人民出版社，1999，第116页。
[2] 中共中央文献研究室编《毛泽东传》（第四册），中央文献出版社，2011，第1464页。
[3] 中共中央文献研究室编《毛泽东文集》（第七卷），人民出版社，1999，第52页。

第二章　社会主义建设的全面展开和对现代化建设的艰辛探索

上是有可以研究的地方的。周恩来指出:"资本主义国家的制度我们不能学……但是,西方议会的某些形式和方法还是可以学的。"①这一时期,毛泽东明确提出了"长期共存,互相监督"的方针,强调中国共产党需要民主党派发出不同的声音,甚至允许民主党派以"唱对台戏"的方式改进党的领导。与此同时,中国共产党在国家体制上也提出两项措施:一是积极发挥人大代表的监督作用,允许小组会进行辩论,会后发言包括对政府批评的发言都在报纸上公开发表。周恩来视此为对"西方议会的某些形式和方法"的借鉴。另一项措施是试行行政体制改革,适当扩大地方管理权力,发挥中央与地方两个积极性,实行相互监督。党的八大在党的体制上也作出相应改革:一是将党的代表大会改为常任制;二是设立中央书记处,增设副主席和总书记以加强集体领导,避免苏联式的个人专制出现。毛泽东认为,民主对于我国的政治建设极为重要。民主在我国政治制度上的充分体现,能够充分防止出现苏联那样的个人崇拜现象,使群众路线和党的集体领导能够一以贯之。毛泽东对此指出:"我们需要建立一定的制度来保证群众路线和集体领导的贯彻实施,而避免脱离群众的个人突出和个人英雄主义,减少我们工作中的脱离客观实际情况的主观主义和片面性。"②

3. "以苏为鉴",探索中国式文化发展道路

在思想文化领域,中国共产党探索的成果主要体现在以下两个方面。

第一,提出了新形势下对知识分子的政策。随着社会主义建设的大规模展开,知识分子的作用愈发突出。尽管在中华人民共和国成立后,有许多著名的科学家和文学艺术家从海外回归祖国,充实了知识分子队伍,但知识分子在数量上远远不能满足我国大规模经济建设的需要。这就要求

---

①《周恩来选集》(下卷),人民出版社,1984,第208页。
②中共中央文献研究室编《毛泽东文集》(第七卷),人民出版社,1999,第19页。

我国一方面尽快培养国家建设所需的知识分子，另一方面尽可能发挥现有知识分子的作用。但是此时我国却在知识分子工作上存在着估计不足、信任不够、安排不妥、使用不当、待遇不公、帮助不够的问题。针对这些影响社会主义建设大局的问题，党中央于1956年召开关于知识分子问题的会议，周恩来在主题报告中明确指出，社会主义时代比以前任何时代都更加需要充分地提高生产技术，更加需要充分地发展科学和利用科学知识，更加需要发挥知识分子的积极性。中华人民共和国成立后，通过对知识分子的团结、教育、改造，中国知识界的面貌已经发生根本变化。我国的知识分子绝大多数是爱国的。对于他们，要予以充分的信任，加以任用。他强调："信任的中心问题，就是我们要尊重这些知识分子。"[①]1961年，毛泽东进一步强调了知识分子在社会主义建设事业中的重要性，号召全党同知识分子团结一致，为使我国的科技发展在较短时间内赶上世界先进水平而努力拼搏。此后，党中央从世界科技发展大势出发，积极着手制定我国中长期科技发展远景规划纲要，为我国向现代科学进军提供行动纲领。这些讲话与纲领的颁布，使全党上下进一步融洽了同知识分子的关系。众多知识分子以饱满的热情投身于社会主义文化建设中，兴起了一个"向现代科学进军"的建设热潮。

第二，提出"双百"方针以繁荣和发展我国科学文化事业。在加强知识分子工作的同时，"百花齐放、百家争鸣"成为繁荣和发展社会主义科学文化事业的指导方针。中华人民共和国成立初期，我国一度受苏联模式的教条主义桎梏，存在将政治思想问题同科学文化问题混同起来，以行政手段干预科学文化事业发展的现象。针对这一弊端，毛泽东强调，无论文艺工作还是科学研究，必须将政治思想问题同学术性质的、艺术性质的、

[①]中共中央文献研究室编《周恩来年谱（1949-1976）》（上卷），中央文献出版社，1997，第520页。

第二章 社会主义建设的全面展开和对现代化建设的艰辛探索

技术性质的问题区分开来。只有大力提倡独立思考与自由辩论,才能使学术迅速发展。他明确提出:"艺术问题上的百花齐放,学术问题上的百家争鸣,我看这个应该成为我们的方针。"[①]"双百"方针是中国传统优秀文化在社会主义环境下的继承与发展。它摒弃了苏联模式中以行政干预科学艺术发展的方式,提倡建立在科学基础上的尖锐的学术论证,批评和讨论应当以研究工作为基础,反对采取简单粗暴的态度。这一方针倡导学术自由,鼓励大胆学习借鉴中外一切有益的文化发展成果,不断提升社会主义文化发展的高度。它的提出,调动了一切积极因素,激励广大知识分子为实现中国的文化繁荣和科学进步目标而奋斗,借助了党外的批评冲击官僚机构的沉闷空气,使我国的科学文化发展氛围焕然一新,树立了比苏联更为自由、开放的社会主义新形象,更为改革开放后社会主义精神文明建设奠定了坚实的理论基础。

党的八大期间,以毛泽东为核心的中国共产党第一代中央领导集体在20世纪50年代中期中国开始进行社会主义建设道路的探索伊始,就敏锐地提出了根据中国特殊国情探索如何建设社会主义的重大课题,为社会主义建设提供了基本依据、方向和各项具体方针。这是我国向着社会主义现代化发展目标进行不懈探索的最初成果,对于中国的社会主义建设具有长期的指导意义。在回顾这段历史时,毛泽东指出:"前八年照抄外国的经验,但从1956年提出十大关系起,开始找到自己的一条适合中国的路线。"[②]邓小平也曾评价道:以《论十大关系》为代表的一系列相关著作"太重要了,对当前和以后,都有很大的针对性和理论指导意义"[③]。

[①]中共中央文献研究室编《毛泽东思想形成与发展大事记》,中央文献出版社,2011,第635页。
[②]包心鉴:《中国特色社会主义发展道路论纲》,人民出版社,1994,第29页。
[③]中共中央文献研究室编《邓小平年谱(1975-1997)》(上卷),中央文献出版社,2004,第68页。

(三)探索中国式社会主义现代化道路的经验和局限

以毛泽东为核心的党的第一代中央领导集体在党的八大期间明确提出"以苏为鉴",并从经济、政治、思想文化三大领域入手,对"第二次结合"进行了大胆的理论与实践探索,取得了可喜的成果。然而令人遗憾的是,这些可贵的探索并未坚持下来,已经取得的一些认识在党的八大之后或发生动摇,或被直接否定。这一变化的产生同中国共产党在当时缺乏社会主义建设经验,且对社会主义的认识存在局限有着直接的关系。

首先,毛泽东认为,中苏两国社会主义建设原则相同,苏联模式仅仅是在方法上有一些弊端。以苏联为鉴戒,走出中国式社会主义建设道路的根本目的是实现对这些弊端的纠正,而非对苏联模式的否定。如在经济方面,毛泽东虽提出利用价值规律发展商品经济,但他对于价值规律的强调并未跳出计划经济的大框架。他强调,价值规律"不起决定作用,起决定作用的是计划"。这表明毛泽东在当时并没有认识到,社会主义建设不仅在形式上可以有区别,在内容上亦可有所不同。这一点直接导致了"以苏为鉴"在总体上无法突破苏联模式的窠臼,甚至某些探索的出发点还是为了完善这一模式。

其次,受国际上"波匈事件"的影响和国内一些地方少数人闹事的刺激,毛泽东对国内外阶级斗争形势看得过于严重,继而在党的八届三中全会上改变了党的八大对我国主要矛盾的正确判断,认为无产阶级和资产阶级、社会主义道路和资本主义道路的矛盾是我国的主要矛盾,这一判断导致了我国日后的社会主义建设重心逐渐偏向了阶级斗争。而在经济建设上,刚从革命年代走来,缺乏经济建设经验的中国共产党人仍习惯于用革命年代"大兵团作战""群众运动"等战斗性思维对待社会主义建设这一崭新课题。于是,在迅速赶超世界先进国家的急切心态驱使下,党意图用群众运动这一老办法推动经济的高速发展,结果事与愿违,造成了"大跃进"的失误。20世纪60年代初,经过对"大跃进"的深刻反思和全党上下"大兴调查研究之风",党中央和毛泽东对社会主义建设规律有了新的认识。然而,这些正确的认识尚未充分展开,便很快被中苏论战打断。在中苏关系全面破裂的过程中,毛泽东仍然强调"以苏为鉴"。但已与党的八大不同,这时的"以苏为鉴"主旨是为了"反修防修",避免苏联式的修正主义在中国出现。因此,尽管这一时期我国仍然在探索如何走出中国式社会主义建设道路,但探索的重心已发生了偏移,由开展经济建设、发展生产力转变为以阶级斗争为纲,直至发生"文化大革命"这样全局性、长时期的错误。毛泽东提出"以苏为鉴",实现"第二次结合",走出中国式社会主义道路的任务终究没能在这一时期完成。

三、社会主义现代化建设在曲折中艰辛探索

党的八大期间,毛泽东和党中央提出了"第二次结合"的历史任务,并在理论和实践上走出了探索中国式社会主义现代化建设道路的第一步,取得可喜成果。然而这条道路并非坦途,而是充满了艰辛与曲折。由于对社会主义的认识仍受制于传统社会主义观念,毛泽东等党和国家的领导人对于全面进行社会主义现代化建设缺乏充分的思想准备,对经济、政治、文化等方面出现的新矛盾、新问题缺乏细致的调查,因而作出了不符合实际的判断,在指导思想上出现了"左"的错误,导致这些宝贵的探索成果并未被坚持下来。我国的社会主义建设也逐渐受到"左"的思想的侵扰,对中国式社会主义现代化建设道路的探索也在曲折中艰难前进。

(一)经济建设中的急于求成

经济建设中的急于求成,突出地表现在以下三个方面:一是以"鼓足

干劲、力争上游、多快好省地建设社会主义总路线"取代了党的八大提出的正确路线；二是以"大跃进"取代了正常的国民经济发展计划；三是以人民公社的兴办取代了对经济管理体制的正常变革。

第一，关于"多、快、好、省"社会主义总路线的提出。"一五"计划和三大改造的顺利完成，无疑是新中国成立伊始党中央在经济领域所取得的骄人成绩。然而在瞩目的成绩背后，党中央忽视了对改造过程中出现的问题的回顾以及系统总结，在大规模开展社会主义建设后仍习惯于用革命年代"大兵团作战""群众运动"等战斗性思维对待社会主义建设这一崭新课题。随着社会主义建设的全面展开，党中央认为，广大人民群众高涨的建设热情是一股不能忽视的力量。凭借这这股力量，我国完全能够把经济建设搞得更快更好。在迫切希望国家富强的主观愿望推动下，毛泽东和党中央在领导国家的经济建设上，开始出现违背经济客观规律的苗头，更多地强调主观意志的作用，否定了八大提出的综合平衡中稳步前进的经济建设方针，提出了带有浓厚"左"倾色彩的社会主义建设总路线。这一总路线的提出，表明党在经济建设指导方针上出现严重偏差。

第二，"大跃进"的实施。"多快好省"总路线的提出，使得盲目求快的思想打破了我国经济建设正常发展的步骤。在"左"倾思想的逐渐膨胀中，我国的社会主义建设开始一味追求大干快上，高指标、瞎指挥、浮夸风比比皆是，实事求是的原则被束之高阁。在这种不正常的建设氛围中，我国的生产、工作的正常秩序被打乱，农、轻、重比例严重失调，农村大量劳动力被抽调用于炼钢，造成农业丰产不丰收；工业建设受到全民炼钢的严重影响，生产出大量废品、次品。此外，一些地方在高生产指标的影响下，对于自然资源肆意浪费，造成了生态环境的严重破坏。面对"大跃进"给我国经济建设造成的严重损失，党中央开始清醒头脑，认识到经济建设不能脱离实际，刻意追求高速度、高指标，而应该尊重客观规律,实现其波浪式的前进,否则就会适得其反,"图虚名而招实祸"。此后,党中央积极通过"调整、巩固、充实、提高"等方针和措施,恢复了我国经济建设本应有的常态。通过几年的调整,我国的经济发展走出了困境。

第三,人民公社在全国范围的兴办。1957年下半年以后,随着"左"倾思潮的逐渐膨胀,以分权为主要形式的社会主义经济体制改革设想被人民公社的兴办替代。人民公社的兴办,体现出毛泽东和党中央在经济体制变革理念上的两点变化:一是寄希望于人民公社短时间内在全国范围兴办,实现"一大二公"。二是将长期以来所提倡的按劳分配原则束之高阁,进而希望以"一平二调"跑步进入共产主义。人民公社的兴办,由于忽略甚至否定了价值规律在经济发展中的重要作用,使广大人民群众的劳动积极性大受打击。在兴办人民公社早期营造出全国经济一片繁荣的假象后不久,我国的农业生产形势便急转直下。毛泽东和党中央虽一度积极予以纠正,但纠正的势头并未持续太久,1959年开展的反右倾斗争,使正确的纠正势头再度翻转,"左"的错误愈发严重,我国国民经济一度陷入空前困难。在严峻的形势下,我国于1962年提出并积极贯彻实施"调整、巩固、充实、提高"方针,基本刹住和纠正了"共产风"和"急于过渡"的做法,把所有制关系稳定在生产范围内的集体所有制上。这些调整措施,使小商品经济得到恢复,使整个工农业生产有所提高。但在"文化大革命"开始以后,我国在所有制方面进一步贯彻了极左的政策和做法。截至改革开放前,我国的经济基本上没有非公有制经济的立足之地,经济发展极度缺乏活力。

(二)政治发展中对社会主要矛盾的误判

在政治建设上,虽然党中央已在八大报告上明确提出,发展生产力是党和国家的中心任务。但随之突发的"波匈事件"以及国内出现的少数否定社会主义制度的声音，使得毛泽东和党中央逐渐将阶级斗争置于经济发展之上，认为阶级斗争才是我国的主要矛盾。这一判断在此后导致了我国的社会主义建设逐渐偏向了以阶级斗争为导向，尽管在调整国民经济时期党中央和毛泽东在不同程度上有所觉察，但是并未从根本上遏制甚至纠正这一错误导向。相反，在1962年，党的八届十中全会报告进一步将阶级斗争中心化、系统化、绝对化，并相应地将之前对阶级斗争的正确纠正进行彻底否定，加之在中苏论战过程中，毛泽东和党中央不适当地将"以苏为鉴"搬用到对国内形势的估量和工作指导中，强调"反修防修"，避免苏联式的修正主义在中国出现，"左"的偏差越来越严重，以至于"以阶级斗争为纲"的最终提出。阶级斗争在我国愈演愈烈，直至发生了"文化大革命"这样长达十年的大浩劫。在"文化大革命"的十年，我国人民民主专政的政治制度、党的领导制度、人民代表大会制度和司法制度、多党合作制度等都遭到严重破坏，民主法治荡然无存。总之，"文化大革命"将阶级立场绝对化，将新中国成立以来政治运动的弊端发展到极致，使我国社会主义政治制度的一切方面都遭到了严重破坏，民主和法制受到严重摧残，从而导致整个国家和社会遭受空前的政治灾难，给我国社会主义政治制度造成了难以估量的损害。

  对于"文革"，《关于建国以来党的若干历史问题的决议》（简称《历史决议》）早已作出结论：这场所谓的"革命"，严重扰乱了我国探索社会主义建设的步伐，给党和国家以及广大人民群众带来了严重损失。对于"文革"，《历史决议》指出，毛泽东负有主要责任，但他的错误"终究是一个伟大的无产阶级革命家所犯的错误"[1]。对于"文革"，《历史决议》强调，我们除了要看到毛泽东的个人原因，更要从当时复杂

---

[1] 中共中央文献研究室编《关于建国以来党的若干历史问题的决议注释本》，人民出版社，1983，第34页。

的社会历史中找寻问题发生的根源。从历史的原因看，党中央带领全国人民进行"第二次结合"，探索中国式社会主义道路的历史较短，所积累的经验有限。在缺乏必要的思想准备的前提下，面对探索历程中不断涌现的新问题、新矛盾，受制于传统社会主义思维，容易将这些问题划归到意识形态领域，用老办法解决新问题，并且将阶级斗争视为保卫马克思主义纯洁性的重要手段，从而导致阶级斗争的严重扩大化。第二，全面建设社会主义，需要党中央以谨慎的态度处理一切事务。然而就在同一时期，毛泽东个人的威望也达到了高峰。同时由于种种历史原因我们没能将党内民主和国家政治社会生活的民主加以制度化、法律化，这就使得党的权力过于集中于个人，党内个人专断和个人崇拜逐渐滋长，推动了"文革"的发动和发展。

（三）社会主义文化事业的曲折发展和严重挫折

党的八大期间，以毛泽东为核心的中国共产党人提出了"双百"方针用以指导我国的文化事业发展，取得了丰硕成果，为改革开放后的文化建设奠定了一定基础。然而到了1957年，"左"倾错误在思想文化界也逐渐泛滥，许多正确意见，被视为右派进攻言论而遭到错误批判，许多知识分子被错划为右派。1962年，"左"倾路线得到进一步发展，阶级斗争扩大化的苦果首殃及文化领域。在持续不断的政治运动中，大量的学者及其著作受到错误批判，学术的自由探讨更是因为"双百"方针的被破坏而成为妄想，社会主义教育、科学、文化的健康发展严重受挫。此后，党在社会主义文化建设指导思想上的偏误，伴随着党内极左思潮的抬头、泛滥而愈发严重，最终导致了"文化大革命"的发生。"文革"的十年，是我国从古至今积累起来的宝贵的精神文明成果遭受空前浩劫的十年。"文革"当中，毛泽东以"文艺黑专路线"全盘否定了新中国成立以来我国的文化建设成就，并以这一路线在文化领域开展了全面的批判。在所谓"文艺革命"的旗号下，许多优秀的文学作品、电影和戏剧等都被视为"封、资、修"的"毒草"而被打入"冷宫"，文艺园地一片凋零。与"文艺革命"同时并举的是"教育革命"，从1966年开始，大、中学校都"停课闹革命"，大学停止招生。1970年虽开始允许高校复课招生，但却忽视了教育公平原则，主张从工农兵学员中选拔大学生。在学习内容上，也是以阶级斗争为主线。这样的"教育革命"使我国的教育事业几近停滞。实践证明："文化大革命"实属中华文化的一场浩劫。在诸多"革命"口号下，许多珍贵的历史文物和文化典籍遭到毁坏，教育、科学、文化事业受到严重破坏，我国的社会主义文化建设事业出现了停滞甚至大倒退的局面。

十年"文革"浩劫，给我国的经济社会发展带来巨大损失。处于险境的社会发展形势促使党中央进行深刻反思。邓小平对此指出，反思"文革"，重点不在于纠结个人功过，而在于以史为鉴，着眼未来。"没有'文化大革命'的教训，就不可能制定十一届三中全会以来的思想、政治、组织路线和一系列政策。"①

回顾中华人民共和国成立后头三十年的历史，我们在正视并总结这一时期经验教训的同时，也要注意到这一时期国民经济发展所取得的突出成就。在这三十年的探索历程中，我国的经济和工业实现了独立自强，国防工业从无到有，石油、化工、冶金、机械行业均有较大发展。农业方面，我国的农业生产条件在这一时期得到很大改善，农田基本建设得到持续加强，粮食生产和农业生产基本保持了稳定增长。科学技术方面，我国在这一时期成功取得"两弹一星"、杂交水稻、人工牛胰岛素、抗疟青蒿素等多项工程的成功。所有这些成就都充分显示了中国人民在爱国主义、社会主义旗帜下所取得的伟大成绩。但我们必须认识到，这些成绩绝不是"文

---

① 邓小平：《邓小平文选》（第三卷），人民出版社，1993，第272页。

第二章 社会主义建设的全面展开和对现代化建设的艰辛探索

革"所带来的。历史明白无误地表明,如果没有"文化大革命",没有十年浩劫对我国经济社会发展所带来的消极影响,中国共产党在对社会主义现代化道路的探索、对社会主义事业的建设方面会取得更骄人的成就。肯定这些成绩,只在于说明不应该将探索中国式社会主义建设道路的曲折同探索这条道路的历史完全等同起来。无论是革命还是建设,对于中国共产党来说都是崭新的任务。要完成这些任务,自然要解决不断涌现的新矛盾、新问题。这些问题,在马列经典著作中没有答案,在他国经验中也找不到解决的办法。唯有独立自主,不断大胆探索,在荆棘中开辟出一条新路。既然是探索,洞悉一切自然是不可能的设想,遇到风险与曲折是必然的经历。正是在对经验教训的深刻总结中,我们才能更好地应对当前,展望未来。总而言之,探索的道路必然是一条布满荆棘、充满艰辛的道路,不可能在一帆风顺中到达理想的彼岸。只有在成功与失败的不断比较中,才能做到主观认识符合客观真理,才能真正闯出一条科学的前进之路,打开历史发展的新局面。而这正是改革开放前的历史时期中国共产党探索社会主义现代化建设道路的真谛与意义所在。

第三章
社会主义现代化的开端与发展

从1978年党的十一届三中全会开始,中国共产党领导全国各族人民进入了20世纪中国的第三次历史巨变时期。这是我国的社会主义现代化事业经历挫折和失误后走向健康发展的新阶段,是中国的社会主义现代化建设由封闭走向开放、由落后向世界先进跃升的新时期。这一时期的伟大变革,涉及政治、经济、文化乃至人们的思想观念和社会生活的方方面面,是一场根本性的变革,可以称得上是中国的"第二次革命"。这一伟大的社会变革,是以邓小平为代表的中国共产党人对中国的社会主义进行重新认识为开端的。在社会主义改造完成以后,以毛泽东为核心的党的第一代中央领导集体对中国的社会主义建设事业进行了可贵的探索,试图走出一条不同于苏联的社会主义建设道路,以实现现代化发展的目标。毛泽东为此先后发表了《论十大关系》和《关于正确处理人民内部矛盾》等著作。党的八大期间,党中央还提出了一系列建设社会主义的设想和主张,为我国发展社会主义生产力、巩固社会主义制度奠定了基础。然而,在中国进行社会主义建设,实现社会主义现代化建设目标毕竟是一项前无古人的伟大事业,由于当时国际环境的影响和理论准备得不充分,从20世纪50年代后期开始,我国对于适合社会主义建设道路的探索进入了"左"的误区。邓小平指出:"从1957年下半年开始,实际上违背了八大的路线,这一'左',直到1976年,时间之长,差不多整整二十年。"①我国的社会主义现代化建设,由此经历了一段曲折发展的历程。

作为党中央领导集体的重要一员,邓小平不仅参加了中国的革命,也参与了对于如何在中国进行社会主义建设这一伟大课题的设计和构思,因此,他对于新中国成立后我国社会主义建设的种种波折有着切身的感受和体验。邓小平指出:"从1957年下半年开始,我们就犯了'左'的错误。总的来说,就是对外封闭,对内以阶级斗争为纲,忽视发展生产力,制定的政策超越了社会主义的初级阶段。"②其根本原因就在于,我们对"什么是社会主义,怎样建设社会主义"这个问题没有搞清楚。以邓小平为代表的中国共产党人,正是在科学总结我国社会主义建设正反两方面经验的基础上,重新开始了社会主义建设这一伟大课题的设计和构思。

一、中国社会主义现代化建设重回正轨

1976年秋,"文化大革命"以"四人帮"的被粉碎而宣告结束,中国社会现代化发展的历史航船从危险的旋涡中冲向了光明的前程,由此揭开了伟大历史转折的序幕。从粉碎"四人帮"的胜利到党的十一届三中全会的召开,是党和国家逐步扭转"文化大革命"造成的混乱局面、实现伟大

---

① 邓小平:《邓小平文选》(第三卷),人民出版社,1993,第253-254页。
② 邓小平:《邓小平文选》(第三卷),人民出版社,1993,第269页。

历史转折、开辟社会主义现代化建设事业发展新时期的重要历史阶段。随着揭批"四人帮"运动的开展，邓小平重返中央领导岗位，党中央决定恢复高考和召开全国科学大会，各领域的拨乱反正逐步展开。国民经济得到恢复发展，对外关系得到恢复和加强。而关于真理标准问题的大讨论，则冲破了"两个凡是"所带来的思想枷锁，推动了全国范围内的思想解放。1978年年末召开的党的十一届三中全会，则作出了将党和国家工作重点转移到经济建设上来、实行改革开放的历史性决策，实现了党和国家历史的伟大转折。中国由此进入改革开放和社会主义现代化建设的新时期。

（一）在徘徊中前进和关于真理标准的讨论

粉碎"四人帮"的胜利，结束了"文化大革命"的内乱，中国进入了新的历史发展时期。全国人民在经历了十年浩劫后，对党和国家抱有强烈的期待，百废待举、百业待兴。但在此时，指导思想上"左"的错误仍然在继续，"文化大革命"所造成的严重后果及其影响仍然存在，积累了许多严重的政治问题和社会问题。1977年，《人民日报》《解放军报》和《红旗》杂志共同发表社论《学好文件抓住纲》，提出"两个凡是"的方针，即"凡是毛主席作出的决策，我们都坚决维护，凡是毛主席的指示，我们都始终不渝地遵循"。"两个凡是"的提出，使我国彻底纠正"文化大革命"错误的要求和愿望遇到严重阻碍，党和国家的工作出现了徘徊中前进的局面。据胡乔木回忆，"两个凡是"提出后，党内政治氛围十分紧张："提出反对'两个凡是'，比把'四人帮'几个头头抓起来要困难得多。"[①]破除"两个凡是"的紧箍咒，是一个重大的政治问题。遵照"两个凡是"，"文革"的错误就无法被纠正，国家建设就无法回到正轨。"两个凡是"的提出表明，"文革"虽然已经结束，但要彻底消除"左"

[①] 胡乔木：《胡乔木文集》（第二卷），人民出版社，2012，第594页。

在我国政治思想上造成的混乱,带领国家和人民重回社会主义现代化建设正轨,党所面临的任务还十分艰巨。

在中国面临何去何从的紧要关头,复出工作的邓小平对"两个凡是"进行了批评,为党和国家重回社会主义现代化建设正轨而积极斗争。对于"两个凡是",邓小平明确表示反对:"'两个凡是'不符合马克思主义。"① 他强调:"我们必须世世代代地用准确的完整的毛泽东思想来指导我们全党、全军和全国人民。"② 此后,伴随着各个领域拨乱反正的逐步展开,在涉及指导思想方面的根本问题时,几乎都同"两个凡是"的方针发生尖锐冲突。要澄清思想混乱,纠正"文化大革命"的错误,就必须首先解决如何正确对待毛泽东的指示和决策、判定真理的标准到底是什么等根本问题。在邓小平等老一辈革命家的鼓励下,1978年4月,《实践是检验真理的唯一标准》一文在《光明日报》刊登,引发了全国对真理标准的大讨论。人们在激烈的争论中认识到,马克思主义不是让人们墨守成规的僵化教条,而是以不断实践创新实现自我丰富的科学。共产党人不应被所谓的"禁区"束缚住开拓创新的手脚,而应该勇于在新的实践中以新的理论推动社会主义不断向前发展。"两个凡是"与"实事求是"之争,决定了中国今后走什么道路,事关社会主义成败,中华民族兴衰。对"两个凡是"的否定,不仅为党的十一届三中全会实现我国社会建设的大转折奏响了前奏,更为中国共产党彻底摆脱传统社会主义思维桎梏,重新确立马克思主义的思想路线、政治路线和组织路线奠定了理论基础,为中国重回社会主义现代化道路正轨提供了思想先导。

(二)大转折的里程碑

随着真理标准问题讨论的深入和各条战线拨乱反正的开展,在邓小平

---

① 邓小平:《邓小平文选》(第二卷),人民出版社,1994,第38页。
② 邓小平:《邓小平文选》(第二卷),人民出版社,1994,第39页。

的推动和其他老一辈革命家的支持下，1978年底召开的中央工作会议和党的十一届三中全会，就关系党和国家前途命运的大政方针作出了正确的政治决断和战略决策。

1978年11月10日至12月15日召开的中央工作会议原定的主题是讨论经济问题。在开幕会上，党中央明确提出要将全党工作的着重点转移到社会主义现代化建设上来，这一点得到全会的一致赞同。但真理标准的讨论、思想路线的转变以及党内外普遍关心的一系列冤假错案的平反问题并没有被列入会议议程。同样，"以阶级斗争为纲""两个凡是"等错误思想仍然没有得到纠正。这些大是大非问题不解决，是不可能实现工作重点转移的。正值召开中央工作会议之机，陈云仗义执言，把关系到党的前途和命运的重大课题提到会议上来，得到参会者的积极支持和热烈拥护，会议及时转向了讨论新中国成立以来若干重大历史问题包括重大的理论问题。经过反复的讨论，党中央改变了原来坚持"两个凡是"和"以阶级斗争为纲"的"左"倾错误，邓小平在闭幕会上发表了《解放思想，实事求是，团结一致向前看》的著名讲话，对这次会议的最终目的和中心思想进行了鲜明集中的概括，为党的十一届三中全会确立了根本的指导思想。以这篇讲话为起点，党的十一届三中全会在以下几方面确立了社会主义现代化建设的正确方向，伟大的历史转折由此发生。

第一，解放思想，实事求是思想路线的重新确立。党的十一届三中全会，否定了"两个凡是"，开始全面认真纠正包括"文革"时期在内的改革开放前的历史时期的"左"倾错误，并以积极的态度彻底否定了"以阶级斗争为纲"的一整套理论，重新树立了解放思想、实事求是的思想路线，重新科学阐释了社会主义社会的主要矛盾，与之相应地将党和国家一切工作的重心转移到经济建设上。强调生产力水平要想实现大幅度提升，必须积极改变与其不相适应的生产关系和上层建筑。这表明，以邓小平为

第三章 社会主义现代化的开端与发展

核心的第二代党中央领导集体,开始带领全国人民从中国国情出发,重新正确认识我国社会主义的发展阶段。邓小平为此指出:建设社会主义,"不要离开现实和超越阶段采取一些'左'的办法,这样是搞不成社会主义的"①。与此同时,党中央倡导打开国门,作出了改革开放这一历史抉择。这些政策的转变,表明党中央对社会主义现代化道路的探索,进入了一个更为广阔、深层的领域。

第二,确立了把党和国家工作重心转移到社会主义经济建设上来的政治路线。全会适应国内外形势的发展,及时果断地结束了全国范围的大规模揭批林彪、"四人帮"的群众运动,把全党工作的重点和全国人民的注意力转移到社会主义现代化建设上来。党中央在此时明确要求全党必须集中主要精力发展包括农业、科技和教育事业在内的社会主义现代化建设,并同时发出了改变一切不适应生产力发展的改革信号。全会认为,实现社会主义四个现代化,反映了历史和人民的愿望,代表了人民的根本利益。我们能否实现社会主义现代化,这是全国人民最为关心的大事。很快,历史性的大转折同历史性的改革紧紧联系在一起,将党和国家工作重心转移到经济建设上来是一个伟大的决策,是一个历史的必然,对于我国的社会主义现代化建设而言具有深远的意义。

第三,回顾了新中国成立以来经济建设的经验教训。会议认为,毛泽东1956年总结我国经济建设经验的《论十大关系》报告中提出的基本方针,即把国内外一切积极因素调动起来,为社会主义服务,仍然具有重要指导意义。执行这一方针,国民经济就高速地、稳定地向前发展;反之,国民经济就发展缓慢甚至停滞倒退。因此,总结历史经验与教训,恢复和坚持按经济规律办事的行之有效的各项经济政策,采取一系列改革措施,

---

① 邓小平:《邓小平文选》(第二卷),人民出版社,1994,第312页。

在自力更生基础上，采用世界先进技术和先进设备，加强科学和教育，经济建设必将重新高速、稳定地向前发展。

第四，强调民主在社会主义现代化建设中的重要保障作用。邓小平指出，"没有民主就没有社会主义，就没有社会主义的现代化"，"社会主义愈发展，民主也愈发展"。①这表明，经过十年浩劫，党中央已深刻体会到，民主不仅是社会主义现代化建设中必不可少的重要组成部分，还是衡量社会主义先进与否的重要标尺和准绳。它是推动社会主义走向现代化、实现社会主义制度自我完善和发展的精神支撑和动力源泉。与此同时，党中央还意识到，民主的建成不是也不可能是一日之功，它同现代化建设相辅相成，同样是要经过漫长的过程才能实现。从这一思路出发，党中央恢复并加强了党的集体领导制度，形成了以邓小平为核心的党的第二代中央领导集体。

第五，重树党纪国法的权威与尊严。中华人民共和国成立后，我国于1954年颁布了新中国历史上第一部具有社会主义性质的宪法，极大地巩固了新生政权，并奠定了社会主义法制的基础。与此同时，毛泽东和党中央又提出了实事求是、民主与科学相结合、原则性与灵活性相结合、法律面前人人平等等诸多重要的立法原则和思想。这些法律的制定与立法思想的提出，确立了人民当家作主的地位，维护了社会的安定有序，保证了经济社会的持续健康发展，为日后我国建立社会主义法治国家奠定了坚实的基础。但令人遗憾的是，我国的法制建设在1957年下半年开始便受到"左"的干扰，陷入困境。"文革"十年浩劫中，我国的法制建设更是遭到严重破坏。党的十一届三中全会后，中国共产党清楚地认识到法制的极端重要性。邓小平指出："民主和法制，这两个方面都应该加强，过去我们都不

---

① 邓小平：《邓小平文选》（第二卷），人民出版社，1994，第168页。

足。要加强民主就要加强法制。"①从这一思想出发,党中央恢复成立了中央纪律检查委员会,确立了党内政治生活的若干准则,并在同一时期修订宪法,取消了所谓的"大民主",确保了我国的民主政治建设的有序进行。邓小平对此强调:"社会主义民主和社会主义法制是不可分的。不要社会主义法制的民主,不要党的领导的民主,不要纪律和秩序的民主,决不是社会主义民主。"②中国共产党对于民主与法制建设重要性的认识程度如此深刻,是新中国成立以来罕见的。此外,邓小平在1979年提出四项基本原则并旗帜鲜明地指出:四项基本原则是"实现四个现代化的根本前提","如果动摇了这四项基本原则中的任何一项,那就动摇了整个社会主义事业,整个现代化建设事业"。③作为社会主义法制建设必须遵循的纲领,四项基本原则为新时期我国法制建设确立了红线。由此,我国的法制建设实现了伟大转折。

党的十一届三中全会集中解决了我国在社会主义现代化建设中的诸多重大问题,表达了全党和全国人民的意愿和心声,引发了广大党员干部和全国各族人民的共鸣,标志着新中国成立以来中国社会发展历史的重大转折。它标志着党的思想路线的根本性转变,使解放思想、实事求是的正确思想路线得以重新确立,中国的现代化发展列车也得以重回马列主义、毛泽东思想的正确轨道上来。它标志着党的政治路线的根本性转变。社会主义现代化建设从此成为全党的工作重点,对此后中国社会发展和党的历史产生极大影响。它标志着党的组织路线开始发生根本性转变。一大批冤假错案得以平反,干部政策得以落实,领导班子得到调整,民主集中制原则重回正轨,从而使党的思想路线、政治路线得到有力的组织保证。党的

---

①邓小平:《邓小平文选》(第二卷),人民出版社,1994,第189页。
②邓小平:《邓小平文选》(第二卷),人民出版社,1994,第359页。
③邓小平:《邓小平文选》(第二卷),人民出版社,1994,第164、173页。

十一届三中全会是20世纪中国历史第三次巨变开始的标志，它完成了党的工作重点由"以阶级斗争为纲"向以经济建设为中心的转移，开创了有中国特色的社会主义道路，为奔向现代化新征途树起了一座历史丰碑。

二、改革开放的起步

（一）拨乱反正的胜利完成

党的十一届三中全会指出，解决历史遗留问题，必须坚持实事求是、有错必纠的原则。会后，我国在思想路线、政治路线和组织路线上展开了全面的拨乱反正。这是实现历史伟大转折中必须做好的一项任务，也是党和全国人民迫切期望早日完成的一项艰巨任务。为了顺利地把工作重心转移到社会主义现代化建设上来，党中央对在经济建设和阶级斗争关系问题上的"左"倾错误思想，进行了认真的清理。继果断地停止使用"以阶级斗争为纲"的口号之后，党中央重新对社会主义社会的主要矛盾作了正确的阐述。邓小平在1979年3月指出："我们的生产力发展水平很低，远远不能满足人民和国家的需要，这就是我们目前时期的主要矛盾，解决这个主要矛盾就是我们的中心任务。"[①]邓小平明白无误地强调："我们当前以及今后相当长一个历史时期的主要任务是什么？一句话，就是搞现代化建设。能否实现四个现代化，决定着我们国家的命运、民族的命运。"[②]在拨乱反正的过程中，广大干部群众从过去一个时期盛行的个人崇拜和教条主义的精神枷锁中解放出来，党内外思想活跃，出现了努力研究新情况、解决新问题的局面。但与此同时，也有个别地方少数人打着思想解放

[①] 邓小平：《邓小平文选》（第二卷），人民出版社，1994，第182页。
[②] 邓小平：《邓小平文选》（第二卷），人民出版社，1994，第162页。

第三章 社会主义现代化的开端与发展

的招牌，对新中国成立以来中国共产党的错误加以夸大和渲染，企图从根本上否定毛泽东思想和中国共产党的领导。针对这一错误思潮，邓小平发表了题为《坚持四项基本原则》的重要讲话，明确指出，"我们要在中国实现四个现代化，必须在思想政治上坚持四项基本原则"①，这是实现四个现代化的根本前提，"如果动摇了这四项基本原则中的任何一项，那就动摇了整个社会主义事业，整个现代化建设事业"②。邓小平在这篇讲话中所强调的四项基本原则，在实践中逐步成为党的基本路线的两个基本点之一，为改革开放和社会主义现代化建设提供了根本的政治保证。

为了进一步贯彻党的十一届三中全会精神，从根本上纠正"左"的和右的错误倾向，把全党和全国人民的思想统一到十一届三中全会路线上来，党中央认为，必须正确地认识自新中国成立以来中国共产党走过的历史道路，科学地总结党在这个时期的历史经验。在这一精神指引下，1979年11月起，党中央开始着手起草《关于建国以来党的若干历史问题的决议》（简称《历史决议》）。邓小平指出，这个决议总的指导思想有三条："第一，确立毛泽东同志的历史地位，坚持和发展毛泽东思想。这是最核心的一条；……第二，对建国三十年来历史上的大事，哪些是正确的，哪些是错误的，要进行实事求是的分析，包括一些负责同志的功过是非，要做出公正的评价；第三，通过这个决议，对过去的事情做个基本的总结。"③经过一年多的努力，具有重大而深远影响意义的《历史决议》终于完成，并在1981年6月党的十一届六中全会上通过。这次会议以及通过的《历史决议》构成了中国社会发展历史大转折的结束曲。

《历史决议》运用马克思主义基本原理，对新中国成立前28年的历史

---

① 邓小平：《邓小平文选》（第二卷），人民出版社，1994，第164页。
② 邓小平：《邓小平文选》（第二卷），人民出版社，1994，第173页。
③ 邓小平：《邓小平文选》（第二卷），人民出版社，1994，第291-292页。

进行了回顾，对新中国成立后32年的历史，特别是"文化大革命"十年历史，作了基本总结，对一系列重大历史问题作出科学结论。《历史决议》彻底否定了"文化大革命"，指出："'文化大革命'是一场由领导者错误发动，被反革命集团利用，给党、国家和各族人民带来严重灾难的内乱。"①《历史决议》科学分析了"文化大革命"产生的根源，实事求是评价了毛泽东在中国革命和社会建设中的历史地位，充分论述了毛泽东思想作为中国共产党指导思想的伟大意义。

关于毛泽东和毛泽东思想的历史地位，《历史决议》指出，毛泽东是伟大的马克思主义者，是伟大的无产阶级革命家、战略家和理论家。他虽然在"文化大革命"中犯了严重错误，但就其一生来看，他对中国革命的功绩远远大于他的过失，他的功绩是第一位的，错误是第二位的。为中国共产党和中国人民解放军的创立和发展，为中国各族人民解放事业的胜利，为中华人民共和国的缔造和中国社会主义事业的发展，建立了永远不可磨灭的功勋。《历史决议》对毛泽东思想的科学含义作了更加科学、严谨和完整的概括，指出："毛泽东思想是马克思列宁主义在中国的运用和发展，是被实践证明了的关于中国革命的正确的理论原则和经验总结，是中国共产党集体智慧的结晶。"这一新概括把毛泽东思想同毛泽东晚年的错误理论区别开来，有利于坚持与发展毛泽东思想。《历史决议》还对毛泽东思想的内容作出精辟的概括，指出其独创性体现在多方面，其中包括：新民主主义革命、社会主义革命和社会主义建设、革命军队的建设和军事战略、政策和策略、思想政治工作和文化工作、党的建设等理论。《历史决议》还首次提出毛泽东思想的活的灵魂，指出它是贯穿于上述各个组成部分的立场、观点和方法，有三个基本方面，即实事求是、群众路

---

① 中共中央文献研究室编《关于建国以来党的若干历史问题的决议注释本》，人民出版社，1983，第30页。

线、独立自主。

《历史决议》全面、科学、系统地阐述了中国革命、建设和改革的一系列理论和实践问题，内容丰富、分析深刻。《历史决议》是全党集体智慧的结晶，是正确地总结过去、开辟未来的具有划时代意义的经典文献。《历史决议》的通过，标志着党在指导思想上的拨乱反正的胜利完成，这为以十一届三中全会为转折点的革命性变革走向新的航程建构了重要基础，迎来的是进入社会主义现代化建设的伟大新时期。

（二）改革开放号角的吹响

改革开放，是中国共产党在党的十一届三中全会后采取的决定中国社会变革，实现社会主义现代化建设目标的关键一招。改革开放作为中国共产党在社会主义初级阶段基本路线的基本点，体现了我国在1978年以后现代化建设最鲜明的特征。

首先，改革是中国的第二次革命，改革是社会主义现代化发展的直接动力。改革是一场革命，这是邓小平在党的十一届三中全会后一贯强调的。他指出，改革"是一场根本改变我国经济和技术落后面貌，进一步巩固无产阶级专政的伟大革命"①。改革是社会主义制度的自我改进、发展与完善，是在坚持社会主义基本制度的基础上，对不适应生产力发展，不适应现代化发展的具体制度、管理方式和思想观念进行改革。改革不是对原有经济体制的细枝末节的修补，而是对经济发展体制的根本性变革。变革的实质和目标，是要从根本上改变束缚我国经济现代化发展的高度集中的计划经济体制，建立起充满生机与活力的社会主义市场经济体制。改革政治体制，实现由人治到法治的转变，依法治国，建立社会主义民主政治。同时，也相应地对其他体制进行改变，以适应社会主义现代化建设。

---

①邓小平：《邓小平文选》（第二卷），人民出版社，1994，第135页。

中国社会主义现代化的发展历程

无论是从解放生产力、扫除发展生产力障碍的意义来说，还是从政策的重新选择、体制的重新构建这个转变的深刻性和广泛性来说，还是从由此而引起的社会生活和大众观念的转变的深刻性和广泛性来说，改革都是一场新的革命。

改革是社会主义现代化发展的直接动力。改革的目的，是为了解放生产力，发展生产力。邓小平对此先后强调："经济体制，科技体制，这两方面的改革都是为了解放生产力"[①]，"城市改革是全面改革，不仅涉及经济领域，也涉及文化、科技、教育领域，更重要的是还涉及政治体制改革"[②]。而在1992年的南方谈话中，邓小平对改革进行了系统的总结阐述："革命是解放生产力，改革也是解放生产力……社会主义基本制度确立以后，还要从根本上改变束缚生产力发展的经济体制，建立起充满生机和活力的社会主义经济体制，促进生产力的发展，这是改革，所以改革也是解放生产力。"[③]改革也是解放生产力的思想，奠定了改革作为中国第二次革命在我国社会主义现代化建设中极其重要的历史地位。这种历史地位是通过改革对生产力的解放表现出来的。改革解放了经济发展领域各要素的活力，促进了经济的积极、健康、快速发展。将改革视为社会主义发展的直接动力，这是我国在社会主义现代化建设中的创造，是对马克思主义关于社会主义社会基本矛盾学说、社会主义发展动力学说的新发展。

其次，对外开放也是我国在社会主义现代化建设中必须坚持的一项基本国策。这是我国为实现社会主义现代化建设目标的科学选择。在中国近现代史上，从林则徐到孙中山，都曾提出过对外开放的方针。在领导中

[①] 邓小平：《邓小平文选》（第三卷），人民出版社，1993，第108页。
[②] 中共中央文献研究室编《邓小平年谱（1975-1997）》（下），中央文献出版社，2004，第1118页。
[③] 邓小平：《邓小平文选》（第三卷），人民出版社，1993，第370页。

国革命和建设的过程中,毛泽东也曾提出过对外开放的科学构想。但是,由于种种原因,我国未曾实现真正意义上的对外开放。党的十一届三中全会后,邓小平就对世界局势作出了清晰的判断,即"和平与发展是当今时代的主题"。当今的世界是和平的世界,也是发展的世界。随着生产力的发展,随着世界市场和世界经济体系的形成,社会生产日益跃出国界的局限,融入全球化的浪潮。任何一个国家的发展,不能背离开放这一世界经济发展的必然趋势。闭关自守只会导致落后,对外开放是生产社会化、国际化和现代化的客观要求,中国的发展离不开世界,世界的发展也离不开中国。邓小平对此指出:"社会主义要赢得与资本主义相比较的优势,就必须大胆吸收和借鉴人类社会创造的一切文明成果,吸收和借鉴当今世界各国包括资本主义发达国家的一切反映现代化社会生产规律的先进经营方式、管理方法。"①

（三）经济建设的改革在农村揭开序幕

党的十一届三中全会以后,中国共产党把党和国家工作的着重点转移到社会主义现代化建设上来。这一时期,国民经济停滞、倒退的局面虽已扭转,但重大比例关系失调的情况仍然相当严重。尚在1956年党的八大期间,毛泽东就发出了"以苏为鉴"的号召,提出党内外团结一致,以苏联的教训为鉴戒,走出一条真正使我国经济更好更快发展的道路,并在理论与实践上进行了一些有益的尝试。但由于对社会主义的认识有限,这些尝试只流于苏联模式弊端的表面,"治标不治本",所以未能突破计划经济框架,实现走出新路的目标。十年"文革"浩劫,更是使计划经济体制各种内在矛盾充分暴露:在数量驱动下的社会生产重产值轻效益,极度重视重工业、忽视农业与轻工业发展的战略,使我国的经济发展结构趋于畸

---

①邓小平:《邓小平文选》（第三卷）,人民出版社,1993,第373页。

形形态;所有制上单独强调公有制的全面实现,大搞平均主义,忽视甚至否认价值规律作用,使经济的发展丧失活力;对"洋奴哲学"的批判,造成对外交流封闭半封闭的状况。十年动乱,更是使我国的经济陷于极度的困境。严峻的经济形势使以邓小平为核心的党的第二代中央领导集体认识到,如果再不对我国的经济体制自上而下,进行大刀阔斧的改革,实现以经济而非行政手段管理我国的经济发展事业,"我们的现代化事业和社会主义事业就会被葬送"①。1978年,党的十一届三中全会报告反映出党中央在经济发展理念上质的变化。报告确认了对旧有路线、体制的否定,提出了改革开放的历史课题。然而这一历史使命在当时只有大方向,并没有明确的蓝图,中国共产党在当时能够借鉴的,仅有八大期间党中央对体制改革的理论与实践经验,全会公报就明显地反映出这一现状,公报指出:"《论十大关系》报告中提出的基本方针,既是经济规律的客观反映,也是社会政治安定的重要保证,仍然保持着重要的指导意义。"②因此,在当时缺乏改革蓝图指引的情况下,对经济发展新道路的开辟,只能"摸着石头过河"。即在坚持社会主义基本经济制度,保证社会稳定的大前提下,以提升国力、提升人民生活水平为目标,大胆采取新方法,解放并发展生产力。而在经济的改革中,解决好各方面的比例失调问题又是重中之重。为此,陈云、李先念致书中央,提出"要有两三年的调整时期,才能把各方面的比例失调情况大体上调整过来"③,只有解决好这个问题,才能为今后国民经济的发展创造更好条件,为我国的社会主义现代化建设创造一个良好的新开端。调整国民经济的过程,实际上就是探索适合中国情况的社会主义现代化建设道路的过程,也是推进改革开放的过程。

---

① 邓小平:《邓小平文选》(第二卷),人民出版社,1994,第150页。
② 《改革开放以来历届三中全会文件汇编》,人民出版社,2013,第6页。
③ 陈云:《陈云文选》(第三卷),人民出版社,1995,第248页。

第三章　社会主义现代化的开端与发展

党的十一届三中全会以后，改革开放在各个领域开展起来，其中起步最早、发展最快、率先突破的是农村。多种形式的家庭联产承包责任制的兴起，使农村的改革不断深化发展，也使中国工业、农业发生了巨大的历史性变化。

在1956年农业合作化基本完成以后，在农村集体经济的基础上，我国的农业生产力有了相当的提高。但"政社合一"的人民公社，经营管理过于集中，分配上存在严重的平均主义倾向。这种体制不利于调动农民的生产积极性，致使农业生产的发展和农民生活的改善都比较缓慢。到1978年，我国仍有2亿多人口没有解决温饱问题。在党的十一届三中全会前，安徽和四川两省就走在前面，对农村政策进行大胆调整。其调整的主要内容，就是在农村建立以家庭联产承包为主的责任制。敢为天下先的两省在翌年获得大丰收，以安徽凤阳小岗村为例，其1979年的粮食产量相当于1966至1970年五年产量的总和，油料产量更是超过了合作化以来20多年产量的总和。[①]安徽和四川两省对于农村生产责任制的尝试，使农民的生产积极性空前高涨，包产到户的星星之火，很快就燃遍了全国农村。

尽管家庭联产承包责任制已经经过了实践检验也为群众所接受，但真正冲破当时"左"的思想束缚，成为一项全国性质的战略被推广，却是经历了一个艰难的过程。对于包产到户、包干到户这种形式，当时党内外不少干部存在着相当大的疑虑，担心这样做会不会离开社会主义。对此问题，党中央的认识也经历了一个发展过程。起初，党中央还只是肯定因某些副业生产的特殊需要和偏远山区、交通不便的单家独户可以实行包产到户，未面向全国加以提倡。而在1980年，邓小平发表《关于农村政策问题》的讲话，指出农村政策放宽后，一些适宜搞包产到户的地方及时

[①] 参见《中国发展道路》（武力主编，湖南人民出版社2012年版）第1140页。

实践，效果很好，变化很大，不必担心这样做会影响集体经济。他强调："只要生产发展了，农村的社会分工和商品经济发展了，低水平的集体化就会发展到高水平的集体化，集体经济不巩固的也会巩固起来。"[①]在党中央不断深化认识并支持下，1982年中央一号文件《全国农村工作会议纪要》出台，家庭联产承包责任制作为农村改革的一项战略决策被正式确立。这是党中央第一次以中央文件的形式正式肯定了家庭联产承包责任制的社会主义性质，消除了人们对包产到户、包干到户的后顾之忧，让广大农民吃了定心丸，促进了这一改革在全国的广泛推行。此后，家庭联产承包责任制在中国广大农村被普遍推广，这是对我国农村改革乃至全国性的经济改革都极具重要意义的第一步。

农村家庭联产承包责任制是广大农民群众的一大创举，它不仅调动了广大农民的生产积极性，促进了农村生产力的解放和发展，较好地解决了亿万农民的温饱问题，对于实现我国的农业现代化发挥了重要作用，而且在以下三个方面引发了农村的深刻变革：第一，它改变了过去在人民公社体制下的平均主义分配方式，使农民的收入与其劳动直接相关。第二，它成功确立了家庭经营的主导地位，实现了土地所有权与经营权的分离，赋予了农民对土地的经营权利，从而使中国农民获得了人民公社时期不可想象的财产支配权。第三，家庭联产承包责任制促进了农业生产结构的调整。承包经营使社会分工得到了进一步的发展，从而为商品经济的发展奠定了基础，也为非农产业特别是乡镇企业的发展开辟了更广阔的道路。

到1982年11月，全国实行联产承包责任制的生产队已占92.3%。农业产值的快速增长也带动了工业的迅速发展。此后，我国的改革开放进入了更富有活力的时期。

---

① 邓小平：《邓小平文选》（第二卷），人民出版社，1994，第315页。

（四）政治体制改革的初步实践

"文化大革命"结束后，反思十年内乱的深刻教训，民主法制建设、政治体制改革的问题就被党中央提上工作日程。在1978年年底的中共中央工作会议闭幕会上，邓小平明确提出了"正确地改革同生产力迅速发展不相适应的生产关系和上层建筑"的任务，他强调："必须使民主制度化、法律化，使这种制度和法律不因领导人的改变而改变，不因领导人的看法和注意力的改变而改变。"[①]在党的十一届三中全会上，党中央不仅提出了中国政治体制改革的方向、原则，而且还提出了需要着重改革的几点问题：（1）精简经济行政机构，下放管理权限，克服权力过于集中的严重缺点。（2）解决党政企不分、以党代政、以政代企的现象。（3）强调民主与集中的统一，真正实行民主集中制，使党的领导和生产指挥建立在群众路线基础上。（4）保障人民民主，加强社会主义法制，使民主制度化、法律化。由此，进行上层建筑的改革成为党中央的一致共识。1979年9月，在庆祝新中国成立30周年的讲话中，叶剑英也在讲话中着重论述了"发扬民主，加强法制"的重要性。他明确提出："我们要在改革和完善社会主义经济制度的同时，改革和完善社会主义政治制度，发展高度的社会主义民主和完备的社会主义法制。"[②]1979年11月，邓小平提出废除领导干部职务终身制，实行干部退休制度，设立顾问制度作为过渡形式，尽快改变机构臃肿、人浮于事的状况，由此拉开了中国政治制度改革的序幕。

1980年2月，党的十一届五中全会召开，这是改革党的领导体制的一次重要会议。会议讨论通过了《关于党内政治生活的若干准则》和《中国共产党章程》（修改草案），并决定重新设立中央书记处。这样的改革，既是改变权力过于集中于少数人甚至个人的重要措施，又是改变个人交接

---

① 邓小平：《邓小平文选》（第二卷），人民出版社，1994，第146页。
② 叶剑英：《叶剑英选集》，人民出版社，1996年版，第540页。

班、实行集体交接班的重大决策。1980年8月18日，邓小平在中共中央政治局扩大会议上作了《党和国家领导制度的改革》的重要讲话，郑重提出政治体制改革的任务，对党和国家领导体制改革的问题作了全面系统的论述，这是党的历史上进行政治体制改革的纲领性文件。邓小平指出，改革并完善党和国家的领导制度，"是为了充分发挥社会主义制度的优越性，加速现代化建设事业的发展"[1]，"改革并完善党和国家各方面的制度，是一项艰巨的长期的任务"[2]。邓小平在讲话中系统地总结了党和国家在领导体制和领导制度方面的经验和教训，他列举了当时党和国家的领导制度、干部制度方面存在的五大主要弊端，即官僚主义、权力过分集中、家长制、干部领导职务终身制和形形色色的特权现象，并指出了产生这五大弊端的原因，提出了政治体制改革的目标、原则、方向和任务。邓小平强调，中国的社会主义现代化建设，就是要在经济、政治等方面赶上甚至超过发达的资本主义国家。作为现代化建设的一环，中国理应在政治上创造比资本主义国家的民主更高更切实的民主。只有对现行制度中的弊端进行有步骤而又坚决彻底的改革，中国的现代化事业才有无限的希望。

在改革开放早期的政治体制改革中，邓小平将组织制度作为突破口，并提出了衡量党和国家制度是否先进的三条检验标准，即经济上是否迅速发展社会生产力，政治上是否充分发扬人民民主，是否大力培养和提拔年富力强的"四化"人才。这三条检验标准的提出，也为我国今后的政治制度发展指明了方向。在实践上，党中央在1980年恢复成立中央书记处，使中共中央形成了中央书记处、中央政治局和中央政治局常委会三个层次的领导体制，实现了分权的目的。随后，我国于1982年明确规定以干部队伍的正常新老交替正式取代了领导职务终身制。在这一时期，党中央关于改

---

[1] 邓小平：《邓小平文选》（第二卷），人民出版社，1994，第322页。
[2] 邓小平：《邓小平文选》（第二卷），人民出版社，1994，第342页。

革党和国家领导体制的意见与实践，得到了全国人民的普遍赞同。

三、开辟中国特色社会主义现代化建设新局面

党的十一届三中全会作出把党和国家工作重心转移到经济建设上来、实行改革开放的历史性决策。此后，在1982年，党的十二大首次提出了"建设有中国特色的社会主义"的重要命题，并就全面开创社会主义现代化建设新局面作出了规划和部署。1987年，党的十三大更是系统阐明了社会主义初级阶段理论，明确概括了党在社会主义初级阶段的基本路线，明确了"三步走"经济发展战略。这一时期，中国的改革开放全面展开，在经济政治文化建设方面取得巨大成就，开辟出中国特色社会主义现代化建设的新局面。

（一）全面开创社会主义现代化建设新局面的行动纲领

经过党的十一届三中全会以来四年的拨乱反正和改革开放的逐步展开，我国开始呈现出政通人和、百业俱兴的新气象。在此基础上，如何推动改革开放进一步发展，真正走出中国自己的发展道路，成为中国在改革开放和社会主义现代化建设中亟待解决的重大问题。在这一背景下，1982年9月党的十二大召开。邓小平在大会开幕词中明确指出："把马克思主义的普遍真理同我国的具体实际结合起来，走自己的道路，建设有中国特色的社会主义，这就是我们总结长期历史经验得出的基本结论。"[①]由此，邓小平提出了建设有中国特色社会主义的重大命题，这一重大命题的提出，是中国共产党对社会主义现代化建设客观规律的正确认识和总结，

---

① 邓小平：《邓小平文选》（第三卷），人民出版社，1993，第3页。

成为在改革开放和社会主义现代化建设中凝聚全党和全国人民团结一心的旗帜。

大会通过了《全面开创社会主义现代化建设的新局面》的报告，提出在改革开放新的历史时期，党的总任务是"团结全国各族人民，自力更生，艰苦奋斗，逐步实现工业、农业、国防和科学技术现代化，把我国建设成为高度文明、高度民主的社会主义国家"①。报告依次提出了全面开创我国社会主义现代化建设新局面的奋斗目标、战略重点、实施步骤和一系列方针政策。其中在经济上，报告提出要从1981年到20世纪末的20年间，在不断提高经济效益的前提下，使我国的工农业总产值翻两番，即由1980年的7100亿元增加到2000年的28000亿元左右，使全国人民的物质文化生活达到小康水平。要达到这一目标，就必须在战略上解决好农业、能源和交通、教育以及科学问题，并在战略上分两步走：前十年主要是打好基础，积蓄力量，创造条件，后十年要进入一个新的经济振兴时期。在提出经济建设目标的同时，大会报告突出强调，精神文明建设和民主建设都是社会主义现代化建设的重要组成部分，是社会主义优越性的重要表现，建设高度文明、高度民主的社会主义国家，是中国共产党的根本目标和根本任务。为此，党中央要继续改革和完善国家的政治体制，使社会主义民主扩展到政治生活、经济生活、文化生活和社会生活的各个方面。这些任务的提出，体现出社会主义现代化建设的全面要求，标志着中国共产党对中国特色社会主义现代化建设事业的理解更加全面深刻。

党的十二次全国代表大会的政治报告，在思想路线及方针、政策方面，总结继承了中国共产党人一以贯之的实事求是的正确思想路线，同时又进行了更为贴近中国实际的进一步的充实和发展。党的十二大报告，不

---

①《中国共产党第十二次全国代表大会文件汇编》，人民出版社，1982，第94页。

论是对形势的分析判断,还是对未来任务的规划确定,都努力贯彻遵循辩证唯物主义的基本原则,体现唯物辩证法的基本要求,因而具有高度的科学性和充分的说服力,是统一全国人民思想的行动纲领。报告从中国实际出发所制定的全面开创社会主义现代化建设新局面的正确纲领和一系列方针、政策,是此后党的各项工作的基本依据。小康社会建设目标的提出,是中国共产党在全面分析中国国情基础上作出的历史性决策。党的十二大把20世纪末的奋斗目标由原来的全面实现现代化改为达到小康水平,使原有的"现代化"目标具有更明晰的内涵,更为符合中国的实际。这一目标的提出,体现出中国实现现代化发展的长期性和艰巨性,反映出中国共产党人实事求是的珍贵品质。党的十二大的成功召开,标志着拨乱反正的任务基本完成,改革开放全面展开的条件业已成熟。大会所提出的新时期总任务和全面开创社会主义现代化建设新局面的纲领,为我国的改革开放和社会主义现代化建设指明了方向。特别是"建设有中国特色社会主义"的重大命题,更是成为此后贯穿中国改革开放和社会主义现代化建设的鲜明主题和主线。

党的十一届三中全会特别是党的十二大以来,中国坚持以经济建设为中心,贯彻全面改革和对外开放,在经济、政治、文化等各个领域都取得了显著成就,经济社会发展非常迅速,人民生活水平得到大幅度提升。经过改革开放初始五年的现代化建设实践,中国共产党人对中国的国情认识更加明确,对具有中国特色的社会主义现代化建设道路的理解更加深刻。尚在1981年通过的《关于建国以来党的若干历史问题的决议》中,就首次使用了"初级的阶段"的概念。1982年,党的十二大正式提出了"我国的社会主义社会现在还处在初级发展阶段"。在此基础上,1987年党的十三大报告就系统地阐明了社会主义初级阶段理论和党在社会主义初级阶段的基本路线,标志着社会主义初级阶段理论的成熟,标志着党对于中国现代化建设国情的科学、深入的认识。

党的十三大报告深刻阐释了社会主义初级阶段的科学内涵及其特点，从而将中国共产党关于社会主义初级阶段的认识向前推进了一大步。报告指出，中国正处于社会主义初级阶段这一论断具有两层含义：第一是我国社会已经处于社会主义社会，我们必须坚持而不能离开社会主义；第二是我国的社会主义尚处于初级阶段，我国的现代化建设必须从这个实际出发，而不能超越这个阶段。这是从"质"和"量"两个方面对我国社会主义所处阶段的界定。一方面，我国以生产资料公有制为基础的社会主义基本经济制度已经建立，中国共产党领导的人民民主专政的社会主义基本政治制度和以马列主义、毛泽东思想为指导的社会主义意识形态已经确立，剥削制度和剥削阶级已经消灭。我们必须坚持而不能离开社会主义。另一方面，我们必须要看到，经过新中国成立后接近30年的建设，我国的生产力水平有了很大提高，各项事业有了很大发展。但是，人口多、底子薄、地区发展不平衡、生产力不发达的状况没有得到根本改变；社会主义制度还不完善，社会主义市场经济体制还不成熟，社会主义民主法制还不够健全。总而言之，我国的社会主义还处在不成熟的初级阶段，还没有从根本上摆脱贫穷落后的状况，我们必须正视而不能超越初级阶段。只有全面地把握这两层含义，才能真正体会到，社会主义初级阶段不是泛指任何国家进入社会主义都会经历的起始阶段，而是特指中国在生产力落后、商品经济不够发达的条件下，建设社会主义必然要经历的特定阶段，即从我国进入社会主义到基本实现社会主义现代化的整个历史阶段。这一阶段，既不同于社会主义经济基础尚未奠定的过渡时期，又不同于已经实现社会主义现代化的阶段。而是我国进入社会主义社会的历史条件和社会状况，决定了我们进入社会主义社会以后，还必须经历一个很长的初级阶段，去实现别的国家在资本主义条件下实现的工业化和生产的商品化、社会化和现代化。具体而言，我国在社会主义初级阶段，必须实现我国由农业人口占很大比重、主要依靠手工劳动的农业国逐步向非农业人口占多数、包含现代农业和现代服务业的工业化国家的转变；必须实现我国由自然经济半自然经济占很大比重向经济市场化程度较高的转变；必须实现由文盲半文盲人口占较大比重、经济教育文化落后向科技、教育、文化比较发达的转变；必须实现由贫困人口占很大比重、人民生活水平较低向全体人民比较富裕的转变；必须实现由地区经济文化发展很不平衡向地区发展差距缩小的转变。总而言之，即必须经由社会主义初级阶段逐步摆脱不发达状态，建立和完善比较成熟的充满活力的社会主义市场经济体制、社会主义民主政治体制和其他方面的体制，基本实现社会主义现代化。这一理论明确指出了对于中国社会主义现代化建设具有长远意义的指导方针：必须集中力量进行现代化建设。在初级阶段，尤其要将发展生产力作为全部工作的中心，并且坚持全面改革。在提出社会主义初级阶段论后，十三大报告又明确提出了"一个中心、两个基本点"的基本路线，这是自党的十一届三中全会以来党中央一直坚持的基本路线。初级阶段论和基本路线的提出表明，中国共产党对社会主义发展阶段问题的认识已臻成熟。社会主义初级阶段论科学判定了中国所处的历史方位，深刻揭示了社会主义初级阶段我国的基本国情和重要特征，为制定和执行正确的路线和政策提供了基本依据，成为我国沿着具有中国特色社会主义现代化道路胜利前进的重要保证。而初级阶段基本路线，则回答了我国现代化建设的目标、步骤等关系全局的重大问题，规划了中国社会主义现代化建设的宏伟蓝图，为我国的经济社会发展指明了前进方向。

（二）中国特色社会主义经济发展道路的开辟与发展

1. 改革开放之初对经济体制改革的探索

改革既有的僵化经济体制，是走出社会主义现代化经济发展新道路的核心问题。在对这一问题进行思考的时候,邓小平就倡导重回八大路线,并进一步地将改革的突破口定于市场经济在中国的生根发芽上。同党的八大期间毛泽东提出的"利用价值规律发展商品经济"相比,邓小平更进一步提出尊重并自觉运用价值规律的思想。他在1979年明确提出:"社会主义也可以搞市场经济。"①但受改革开放初期意识形态问题仍然突出、改革认识不深等各种因素限制,我国的经济体制改革实践不能毕其功于一役,只能循序渐进进行。党的十一届六中全会由此提出"必须在公有制基础上实行计划经济,同时发挥市场调节的辅助作用"②的经济发展方针。党的十二届三中全会公报则第一次提出"建立自觉运用价值规律的计划体制,发展社会主义商品经济"③,发展"公有制基础上的有计划的商品经济"④。这一提法,虽然是在坚持计划经济总体框架不变的基础上提出的,但却在理论上引起了不小的轰动。它的进步之处,在于真正突破了在改革开放前计划经济体制的不断发展中业已形成的思想禁锢,即商品经济属于资本主义范畴,运用商品经济即是对社会主义原则的违背。明白无误地强调,充分发展商品经济,是发展社会主义经济不可逾越的阶段。而在实践上,这一时期,我国利用价值法则对经济体制进行了一系列初步改革。改革首先在农村实现突破,家庭联产承包责任制由安徽、四川的试点逐步推广到全国,彻底淘汰了人民公社制度,激活了农村经济,并释放了大量堆积于农村的富余劳动力。这批富余劳动力从土地上被转移出来,从事私人创办的工业和加工业,使得乡镇企业成为经济发展中一支异军突起且不可忽视的力量,并进而带动了城市非国有经济的发展。

---

① 邓小平:《邓小平文选》(第二卷),人民出版社,1994,第236页。
② 中共中央文献研究室编《关于建国以来党的若干历史问题的决议注释本》,人民出版社,1983,第64页。
③ 《改革开放以来历届三中全会文件汇编》,人民出版社,2013,第28页。
④ 《改革开放以来历届三中全会文件汇编》,人民出版社,2013,第29页。

第三章 社会主义现代化的开端与发展

在党的十二届三中全会以前，农村经济体制和经济发展由封闭到开放，构成了这一阶段我国经济体制改革的主要特点。此后，当农村改革取得成就并为我国的整体经济体制改革提供支撑点时，邓小平就及时提出了实行改革战略重点的转移。1984年6月，他提出"改革要从农村转到城市"①，要敢摸"老虎屁股"②。当年10月1日，在庆祝中华人民共和国成立35周年的庆典上，他又提出，"当前的主要任务，是要对妨碍我们前进的现行经济体制，进行有系统的改革"③。接着，邓小平多次阐发"系统改革"的内容和意义，他强调："城市比农村复杂得多，它包括工业、商业、服务业，还包括科学、教育、文化等领域。即将召开的党的十二届三中全会的主题，就是城市和整个经济体制的改革。这意味着中国将出现全面改革的局面。"④党的十二届三中全会后，我国开始了对城市经济体制的改革。改革基本上围绕着企业、价格、宏观管理三个层面展开。此时，党中央首先以放权让利为核心，展开了对国有企业的改革，使企业开始拥有更多的自主经营权。与此同时，党中央开始逐步承认私营经济在经济发展中的地位，使私营经济逐渐由地下经营走上了合法公开经营的台面。这些微观经济主体的初步形成，促进了商品生产的发展，也对我国的资源配置提出了市场化要求。在价格改革方面，逐步增加了自由定价和议价交易比例，对重要生产资料价格实行双轨制。随着价格体制改革的展开，市场体系的建设蓬勃兴起。而在宏观管理层面，这一时期，为配合商品经济的快速发展，我国对资源配置领域展开配套改革，开始使市场在资源配置中占据一席之地。这些取得显著效果的改革证明了市场的力量，使得原本僵

---

① 邓小平：《邓小平文选》（第三卷），人民出版社，1993，第65页。
② 邓小平：《邓小平文选》（第三卷），人民出版社，1993，第98页。
③ 邓小平：《邓小平文选》（第三卷），人民出版社，1993，第70页。
④ 邓小平：《邓小平文选》（第三卷），人民出版社，1993，第78页。

化甚至迟滞的社会主义经济事业重现生机与活力。经济体制改革由微观、局部、外围向宏观、全面、本质的发展已是大势所趋。

2. 对基本经济制度的坚持与完善

关于我国的社会主义基本经济制度,党的十二届三中全会报告明确指出,我国要迅速发展各项生产建设事业,较快实现国强民富的目标,就必须调动一切积极因素,发展多种经济形式,鼓励形成多种经营方式,以此自上而下激活国家、集体、个人三个层面的经济发展活力。全会报告强调,全民所有制对于保证经济发展的社会主义方向和维护经济稳定发展态势极为重要。坚持全民所有制为主导,是我国发展经济生产不可移易的基本准则。但在另一方面,"全民所有制经济的巩固和发展决不应以限制和排斥其他经济形式和经营方式的发展为条件"①。这表明党中央在此时已经突破了既有陈旧思维,开始重视在城市和乡村异军突起的集体经济和个体经济,并且随着实践的发展,认为这些经济表现形式能够有效弥补公有制经济的不足,是对我国社会主义经济发展不可取代的有益补充。因此在制度和法律两个层面,我国应该创造相应的条件,为它们的发展扫除障碍,提供保障。在这一思路指引下,党中央开始对原有的公有制具体形式——全民所有制的国家所有制和集体所有制进行改革。对于所有制的改革,党中央围绕以构建适应社会主义市场经济发展的所有制为中心进行,包括调整所有制结构,寻找能促进生产力发展的公有制实现方式。经过多年的努力,我国的所有制关系发生深刻而成功的变革。变革的内容包括:第一,对原来的公有制具体形式——全民所有制的国家所有制和集体所有制的改革;第二,在坚持公有制为主体的基础上,恢复和发展了一系列非公有制经济或混合所有制经济,并且将经济所有制结构由原来的单一公有制转变为多种所有

---

① 《改革开放以来历届三中全会文件汇编》,人民出版社,2013,第42页。

制共同发展，使得更加符合我国社会主义现代化发展需要的所有制结构初步形成。

在分配制度上，改革开放前的历史时期，我国的分配制度在理论上实行的是与公有制相适应的按劳分配原则，但在实践中却常常背离这一原则实行平均主义，大大挫伤了人们的生产积极性。在十二届三中全会上，党明确提出"建立多种形式的经济责任制，认真贯彻按劳分配原则"的建设方针，开始在思想和实践上纠正长期以来我国在消费资料分配上的"平均主义"现象。党中央认为，要进一步激发全国人民的生产积极性，必须恢复贯彻按劳分配的原则。改革开放之前很长一段时期，我国都背离了按劳分配这一准则，以平均主义实行分配，意图实现均富的目的。但事与愿违，平均主义严重打击了人民群众的生产积极性，进而使社会生产力发展进程严重滞后。党中央进一步提出，发展社会主义经济，最终是要实现全民共同富裕。但是共同富裕绝不意味着全民均富，也绝不等于在同一时间让所有社会成员以同等速度富裕起来。

3. 对外开放格局的形成

在对外交流方面。1978年后，党中央深刻总结改革开放前的历史时期的经验教训，摒弃了社会主义国家与资本主义国家绝对对立的传统意识形态成见，在"和平与发展是当今世界发展的主题"的全新判断下，提出对外开放政策，实现了对改革开放前的历史时期对外交流封闭半封闭状态的突破。通过此后的一系列对外访问，党中央认识到，我国在之前很长一段时期内的自我封闭，在工业、科技等多方面拉大了与世界先进国家的差距。这使中国共产党深刻反思，闭门造车无法实现现代化发展目标。要尽快缩小差距，我国就必须打开国门对外交流，紧追世界发展大势，积极学习和借鉴国外先进文明发展成果，加快我国社会主义现代化建设。邓小平对此指出："现在的世界是开放的世界。中国在西方国家产业革命以后变得落后了，一个重要原因就是闭关自守。建国以后……三十几年的经验教训告诉我们，关起门来搞建设是不行的，发展不起来。"①在这一思想的指引下，党的十一届三中全会公告明确将对外开放确立为我国的一项基本国策，并同时将其纳入我国经济发展战略的重要组成部分。公告提出："在自力更生的基础上积极发展同世界各国平等互利的经济合作，努力采用世界先进技术和先进设备。"随后，我国又提出社会主义现代化建设要善于利用国内资源和国际资源这两种资源的意见。此后，我国开始在区域性开放主线的指引下，以广东、福建沿海地区为战略重点，分期分批地逐步实施这项基本国策。1980年，我国先行以深圳、珠海、汕头、厦门四城市为试点，创办经济特区。党中央指出，经济特区是"由国家宏观经济管理的、以市场调节为主的区域性外向型经济形式"。1984年，我国进一步开放大连、天津等14个位于北方的沿海港口城市，给予外资企业与经济特区相类似的某些优惠待遇。1985年2月，我国又确定将长江三角洲、珠江三角洲、厦漳泉三角地区开辟为沿海经济开放区。到20世纪80年代末，我国沿海地区对外开放格局基本形成。而从经济效益上看，这些沿海对外开放地区的总人口不到全国的8%，工业产值却占全国的25%。②对外开放格局的初步形成，不仅有效促进了我国沿海地区的经济快速发展，而且还形成了示范效应，大力推动了全国其他区域的对外开放和区域经济建设。沿海地区对外开放格局的基本形成，标志着我国重新汇入世界发展的潮流，实现了对外交流从封闭半封闭到全方位对外开放的巨大转变。这一转变，为此后我国逐步形成全方位、宽领域、多层次的对外开放体系奠定了坚实的基础。

---

① 邓小平：《邓小平文选》（第三卷），人民出版社，1993，第64页。
② 参见《中国社会主义现代化建设（1981–1985）》（于光远主编，人民出版社1987年版）第584页。

4. 中国特色社会主义市场经济体制改革目标的确立

随着改革开放的不断深入，商品经济在我国的地位愈发显著。这表明，市场在我国现代化建设中所起的作用愈发不可替代。此时，尽快完成经济体制的过渡，废弃商品经济的提法，以市场经济引领我国经济体制改革的呼声逐渐强烈，党中央对此也报以肯定态度。1987年，邓小平彻底抛弃了计划经济为主的提法，强调只要是对发展我国生产力有利的办法，我们都可以大胆利用。在邓小平这一理念的指导下，党的十三大报告破天荒地弃用了"计划经济为主，市场调节为辅"的提法，指出："新的经济运行机制，总体上来说应当是'国家调节市场，市场引导企业'的机制。"① 由此，我国已在大体上确定了向市场经济转变的改革方向。20世纪80年代后期，市场已经超越了计划，成为我国经济活动中最为广泛使用的调节手段。但与此同时，党中央对市场调节这一手段缺乏足够的运用经验，在取得令人惊喜的发展成就的同时，也要着力应对当时出现的通货膨胀问题。1988年4月，我国对在有计划的商品经济条件下形成的价格双轨制进行了大胆的改革，力图加快价格闯关，使统制价格全面转向市场价格。但这次改革导致了通货膨胀的加剧，使经济秩序一度出现混乱。此时，一些反对市场经济的声音将出现这些矛盾和困难的原因归咎于市场取向的改革，并从意识形态的角度出发，将计划经济刻意等同于社会主义，将市场经济刻意等同于资本主义。将对两种手段使用的争论刻意营造成为两种经济手段的对立，并认为以市场经济为导向的改革，就是倒向了资本主义。

在中国的经济道路探索处于十字路口的关键时刻，邓小平坚持以市场经济引导我国经济体制改革的立场毫不动摇。在1992年的南方谈话中，他一针见血地指出："计划多一点还是市场多一点，不是社会主义与资本

---

① 中共中央文献研究室编《十三大以来重要文献选编》（上），人民出版社，1991，第27页。

主义的本质区别。计划经济不等于社会主义,资本主义也有计划;市场经济不等于资本主义,社会主义也有市场。计划和市场都是经济手段。"①南方谈话如一阵春雷,彻底突破了以意识形态划分计划和市场两种经济发展手段的思想束缚,扫除了人们思想中的迷雾,为建立社会主义市场经济体制扫除了最后也是最为棘手的意识形态障碍。同年,党的十四大报告正式将建立社会主义市场经济体制作为我国经济改革的目标,并同时正式提出,在国家的宏观调控下,市场对资源配置起着宝贵的基础性作用,党中央一定要积极发挥市场的这一作用。至此,一条符合中国国情、具有鲜明中国特色的经济发展之路也清晰地展现在世人眼前。

(三)在坚持与改革中,吹响开拓中国特色社会主义政治道路的号角

1. 修订"八二宪法",奠定当代中国特色社会主义法制基础

宪法是国家的根本大法,体现出这个国家政治发展是否文明。1982年宪法的修订,是改革开放后我国民主政治建设的一个重要里程碑事件。邓小平强调,修宪是党和国家重大改革措施之一,将使"我们的宪法更加完备、周密、准确,能够切实保证人民真正享有管理国家各级组织和各项企业事业的权力"②。经过全国人民的共同努力,我国顺利修订实施"八二宪法"。这部宪法是在中国共产党开辟中国特色社会主义道路过程中通过的,在从法律层面上明确我国在改革开放时期根本任务的同时,也构建了特色政治体制的基本框架。"八二宪法",纳入了四项基本原则,恢复了"人民民主专政"的国体称呼;在政体上加强了人大常委会的职能以完善和发展全国人民代表大会制度,首次将"中国人民政治协商会议"写入宪法,促进了民主政治的进一步完善。

"八二宪法"所蕴含的宪法精神和基本理念,反映了中国共产党在法

---

①邓小平:《邓小平文选》(第三卷),人民出版社,1993,第373页。
②邓小平:《邓小平文选》(第二卷),人民出版社,1994,第339页。

制建设认识上的新高度。宪法将"公民的基本权利和义务"置于"国家结构"之前,表明党中央对保障公民享有宪法规定的公民权利的高度重视。"八二宪法",对包括执政党在内的各政党的活动范围及原则作出了明确规定。表明了中国共产党作为执政党,对以往党法不分教训的深刻总结。与此同时,这部宪法充分体现了"权利归属于人民"的精神,最大限度地规定了党中央为保障公民权利而应履行和承担的基本义务。习近平曾在2012年指出,"八二宪法"在改革开放三十多年的历程中推动国家发展进步,保证人民创造幸福生活,保障中华人民实现伟大复兴,"是我们国家和人民经受住各种困难和风险考验、始终沿着中国特色社会主义道路前进的根本法制保证"[①]。

2. 构建广泛的爱国统一战线,创造生动活泼的民主政治局面

我国的统战工作在改革开放后也进入了新的历史发展阶段。1979年6月,邓小平明确指出:"我们的国家进入了以实现四个现代化为中心任务的新的历史时期,我们的革命统一战线也进入了一个新的历史发展阶段。"[②]"爱国统一战线"这一崭新概念由此诞生。这不仅使我国统一战线的称谓实现了由"革命"到"爱国"的变动,更标志着统一战线与改革开放前的历史时期相比实现了三大变化。第一,爱国统一战线的提出,标志着我国统一战线的性质由阶级联盟转变为政治联盟。这一性质的变化,一方面重新为改革开放后我国的统战力量作出准确定位,另一方面也为新时期的统战工作奠定了理论基础。第二,爱国统一战线的提出,实现了统战任务从"以阶级斗争为主"到"以经济建设为中心"的转变。邓小平明确提出,新时期统战任务就是要"团结一切可以团结的力量,同心同德,

---

①中共中央宣传部编《习近平总书记系列讲话精神学习读本》,中央党校出版社,2013,第51页。

②邓小平:《邓小平文选》(第二卷),人民出版社,1994,第185页。

群策群力，维护和发展安定团结的政治局面，为把我国建设成为现代化的社会主义强国而奋斗"①。第三，爱国统一战线的提出，抛弃了统战对象由以往用意识形态加以划分区别的套路，为包容的姿态，吸收一切拥护社会主义的爱国者。统战对象范围的扩大，显示出空前的广泛性和包容性，树立了统一战线的全新形象。

3. 改革开放初期政治体制改革的构想、实践与启示

改革开放后，邓小平敏锐地指出："改革，应该包括政治体制的改革，而且应该把它作为改革向前推进的一个标志。"②他的话表明，政治体制改革应与经济体制改革相互依存，共同促进。没有政治体制改革的稳步推进，经济体制改革就难以为继，社会稳定就难以真正实现，改革就难以成功。基于此，中国共产党在改革开放初期绘就了我国政治体制改革蓝图并进行了相应的实践，取得了丰硕的成果。

在改革开放初期，邓小平提出了以长远目标和近期目标相结合推动政治体制改革的设想。长远目标即"有利于巩固社会主义制度，有利于巩固党的领导，有利于在党的领导和社会主义制度下发展生产力"③。所谓近期目标，则包括增强党和国家活力、提高效率、调动人民积极性。对于改革的内容和路径，邓小平提出三点要求，即党政分开、权力下放、精简机构。在邓小平的指引下，党的十三大报告提出，政治体制改革的长远目标是"建立高度民主、法制完备、富有效率、充满活力的社会主义政治体制"④，近期目标则是建立高效率、积极且富有活力的领导体制。改革的关键，则在于使党政职能分开。在政治体制改革蓝图指引下，中共十三大

---

① 邓小平：《邓小平文选》（第二卷），人民出版社，1994，第187页。
② 邓小平：《邓小平文选》（第三卷），人民出版社，1993，第160页。
③ 邓小平：《邓小平文选》（第三卷），人民出版社，1993，第241页。
④ 《中国共产党第十三次全国代表大会文件汇编》，人民出版社，1987，第42页。

后我国积极稳步推进政治体制改革并取得一定成效：党政两套机构明确区分了各自职能、工作范围和工作方式，形成合理格局；政府机构开始转变其原有职能；国家公务员制度建设得到推进。此外，我国的基本政治制度得到了进一步改革与完善，基层民主政治建设也迈上了新台阶。这一时期的政治体制改革实践，给了中国共产党不少启发：第一，政治体制的改革不能超前进行，必须以经济发展为主，必须为经济体制的进一步改革提供保障。第二，政治体制改革必须在党中央的领导下，循序渐进开展。稳定是推进改革的必要条件，否则就会欲速则不达。第三，整体改革必须从本国实际出发，照搬照抄西方模式，只会丢掉社会主义制度的优越性，走进社会发展的死胡同。这些启示，为当下的政治体制改革提供了参考。

（四）中国特色社会主义文化发展道路的开辟与发展

"文革"结束后，邓小平彻底否定了"文艺黑线专政论""教育黑线专政论"，带领党中央扭转了多年来我国思想文化领域"左"的发展倾向，使知识和知识分子重新受到重视，各种科学文化事业逐步活跃起来，我国科学、教育、文艺等各个领域由此迎来了发展的春天。1978年，党的十一届三中全会重新确立了我国发展社会主义的正确思想路线，我国的思想文化事业也由此进入了新的历史发展阶段。改革开放后，党中央开始以经济建设为中心，引领我国的思想文化建设。在这一全新文化发展范式的指引下，党中央在改革开放之初就明确提出了建设社会主义精神文明的历史任务，并以此为契机，初步走出了一条符合中国国情所需的特色社会主义文化发展道路。

1. 建设社会主义精神文明

改革开放的伟大实践，以全新的理念带来了我国文化建设理念与实践上的深刻革命。此时中国共产党在思想文化建设上面临着资产阶级自由化思潮侵袭和人民群众精神文化生活需求越来越高的现实挑战。面对这样的现实状况，党中央明确提出，社会主义思想文化建设面临着比以往更为严峻的考验，全党应该高度重视这一领域的工作，以建设社会主义精神文明为指引，积极推动我国思想文化事业的健康发展。1979年，叶剑英首次明确提出"社会主义精神文明"这一概念，并将其列为我国现代化发展的重要目标之一。1980年，邓小平进一步对这一概念作出解释。他指出，精神文明这一概念，不仅仅包括教育、科学、文化的高度发达，"而且是指共产主义的思想、理想、信念、道德、纪律，革命的立场和原则，人与人的同志式关系，等等"①。而在党的十二大报告中，党中央进一步将精神文明细分为文化建设与思想建设两个维度进行研究，并把思想建设、理论建设以及教育、科学、文化、卫生、体育等方面的建设共同作为社会主义精神文明建设的一个有机整体。1986年，党中央在十二届六中全会的报告中对精神文明的内涵与任务进行了详尽的阐述，并提出了这一文明的建设规划蓝图。报告指出，精神文明是现代化建设对我国思想文化领域作出的与时俱进的要求。它的根本目的，在于"培育有理想、有道德、有文化、有纪律的社会主义公民，提高整个中华民族的思想道德素质和科学文化素质"②。这一决议对社会主义精神文明建设指导方针的系统阐述，反映出党中央对现代化建设在思想文化领域方面的进一步深化认识。此后，党中央带领党和国家不断深化对精神文明建设的认识，将精神文明建设和社会主义制度的优越性联系在一起，明确强调"社会主义精神文明是社会主义的重要特征，是社会主义制度优越性的重要表现"③。这表明党中央已经深刻认识到，精神文明建设并非现代化建设中可有可无的目标，而是与物质文明并重，并与物质文明相互促进、共同发展的。此后，党中央正式以

---

① 邓小平：《邓小平文选》（第二卷），人民出版社，1994，第367页。
② 中共中央文献研究室编《十二大以来重要文献选编》（下），人民出版社，1988，第1176页。
③ 《改革开放三十年重要文献选编》（上），中央文献出版社，2008，第274页。

"两手抓"的方针,将社会主义精神文明建设提升成为与物质文明建设并重的现代化发展的重要目标。

2. 坚持"三个面向",培育"四有"新人

随着改革开放的逐步深入,邓小平在思想教育领域明确提出了"三个面向"的目标,将培育"四有"新人作为精神文明建设的根本任务,使特色文化事业的内涵得到进一步丰富。教育的核心,是促进人的发展,如何才能培养出与社会主义现代化建设相适应的人才?1983年,邓小平明确提出:"教育要面向现代化,面向世界,面向未来。"①"三个面向"的提出,为我国在改革开放时期发展教育事业、培育社会主义新人指明了方向。面向现代化,即是使教育以培育优秀的现代化建设人才而开展。面向世界,就是在独立自主的基础上,打开国门,积极与国外沟通,学习他国的优秀教育技术、管理技术,在较短的时间内追上世界发展的潮流。面向未来,就是要密切注意掌握当前和未来世界各国科技发展的动向和趋势,不断为教育发展提供信息,做到"赶""超"结合。邓小平强调,教育将为我国的现代化事业培养源源不断的优秀人才,而"有了人才优势,再加上先进的社会主义制度,我们的目标就有把握达到"②。此后,中国共产党坚持马克思主义关于社会主义新人的原则要求,结合我国社会发展客观实际,在党的十三大报告中明确提出培育"有理想、有道德、有文化、有纪律"的"四有"新人的方针。"三个面向"与"四有"新人的提出,为我国在改革开放后的教育事业指明了发展的方向。而在实践中,党中央从实际出发,积极营造发展教育事业的良好条件,改变了过去中央政府和中央教育行政部门权力过分集中的现象,通过权力下放,实行中央统一领导和地方分级管理相结合的管理体制,改变了以往政府对教育发展统揽一切

---

①邓小平:《邓小平文选》(第三卷),人民出版社,1993,第35页。
②邓小平:《邓小平文选》(第三卷),人民出版社,1993,第120页。

的做法，逐步建立起以政府主要参与为引导，社会多方力量共同合力发展教育的创新体制，推动了现代化教育事业的发展，使得全社会呈现出健康向上的良好的精神面貌，展现出新人辈出的良好局面。

3. 坚持"二为"方向，重提"双百"方针

文化事业的发展，不仅需要正确的道路指引，而且也离不开正确方针政策的指导。改革开放以来，以邓小平为核心的党的第二代中央领导集体在系统总结改革开放前的历史时期我国文化工作的成败得失和分析中共十一届三中全会以来我国文化建设事业所面临的新情况、新问题的基础上，对改革开放后我国文化建设的发展方针、价值取向、社会作用等作出了新的阐述，进一步夯实了我国的文化事业现代化发展根基。

改革开放后，邓小平带领党中央，深刻反思改革开放前的历史时期我国文艺工作的经验教训，打破了固有的陈旧思维，实现了对文艺工作的突破性认识，对文艺和政治的关系有了较为全面和正确的看法，于1980年正式用"文艺为人民服务，为社会主义服务"代替了"文艺为无产阶级政治服务，为工农兵服务"的口号。新的"二为"方向，不但明确了文艺为什么人服务，还明确了为什么制度、什么理想服务。它的提出，更为直接地表达了文艺工作的目的，为文艺工作开辟了一条更为宽阔的路径，集中反映了党在文艺政策方面的重要调整。同一时期，邓小平重拾党在八大期间所倡导的"双百"方针，明确回答了用什么方式来鼓励、引导文化健康发展的问题。邓小平明确指出，党中央在领导我国思想文化建设的过程中，必须要坚决贯彻执行"双百"方针，并且"一定要坚决执行不抓辫子、不戴帽子、不打棍子的'三不主义'的方针，一定要坚决执行解放思想、破除迷信、一切从实际出发的方针"①。他的这番话，表明党中央已

---

① 邓小平：《邓小平文选》（第二卷），人民出版社，1994，第183页。

经从三十年的深刻教训中认识到,文化建设需要宽松的氛围,如果只允许一种声音存在,那么将永远无法接近真理;如果不允许人们犯错误,那么将导致人们噤若寒蝉,自我束缚,也将永远无法接近真理。此后,针对当时一些人对"双百"方针含义的曲解,邓小平从坚持"双百"方针与贯彻落实四项基本原则,维护社会安定团结的角度出发,作出了深刻而辩证的阐述。他认为,要真正建立起科学有序的文化发展机制,仅有"双百"方针是不够的,还要有四项基本原则这一衡量标尺。在这一原则下,各种观点、主张、理论都可以争鸣,可以自由讨论,而违反这一原则,就超越了言论自由的限度。此后,"二为"方向、"双百"方针作为文艺界的指导性口号,引领了改革开放后我国的思想文化建设。由此,文艺发展的种种禁锢被冲破,广大文艺工作者的创作热情得以激发,我国的文化事业现代化进程展现出前所未有的生机与活力。

(五)社会主义社会建设在改革开放后继续前进

改革开放初期,针对我国社会建设所面临的新形势、新挑战,邓小平相继提出维护社会稳定、注重教育发展、协调分配关系、关注劳动就业等方面的思想和论断,构成了党中央在这一时期革新社会建设理念、积极探索社会建设新路的基本理论框架。

1. 改革开放需要稳定的社会秩序

邓小平极为重视社会稳定,在改革大幕开启之际,他就以"一个中心、两个基本点"确立了我国维护社会稳定、探索社会建设新路的基本思想脉络。以经济建设为中心,表明党中央真切地认识到,社会事业的发展速度快慢,取决于经济建设力度的大小。邓小平对此明确强调:"经济问题是压倒一切的政治问题。"[①]坚持改革开放,表明党中央认识到,社会

[①] 邓小平:《邓小平文选》(第二卷),人民出版社,1994,第194页。

建设在改革开放中所遇见或将会遇见的纷繁复杂的利益矛盾问题，必然要通过改革发展的办法来解决。坚持四项基本原则，表明我国对于社会建设新路的探索，必须要有正确的政治方向的引导。在南方谈话中，邓小平进一步对维护社会稳定提出三点辩证看法：一是保持改革开放政策的稳定；二是以生产力水平的大幅提升保持社会稳定；三是用发展的眼光看待稳定，促进经济稳定、协调地发展。这就从根本上抓住了影响社会稳定的主要矛盾和矛盾的主要方面，为维护社会稳定、国家长治久安指明了正确方向和根本途径。另一方面，针对改革过程中出现的否定共产党领导、否定社会主义制度这些影响社会稳定的杂音，邓小平以四项基本原则作出了明确的回应。他一针见血地指出，四项基本原则是中国共产党维护改革开放大好局面的基石。离开这一基石，经济的发展将会迟滞甚至倒退，对社会建设新路的探索也将戛然而止。可以说，四项基本原则为我国的社会发展稳定打下了坚实的基础。邓小平明确指出，不论是探索社会建设的新路，还是推动改革开放现代化事业的不断前进，稳定都是决不可缺少的核心要素。为此他明确强调："中国的最高利益就是稳定。"[①]"一个中心、两个基本点"的提出，为中国推动现代化事业的不断前进划定了一条不可逾越的红线，从而保障了社会发展的稳定和高效。

2. 大力发展教育，提升社会整体文化素质

改革开放初期，邓小平就明白无误地强调，我国现代化建设事业的成败，取决于我国的科技水平能否得到提升。而要增强我国的科学技术实力，就必须狠抓教育，培养大批的科技人才。邓小平为此提出："靠空讲不能实现现代化，必须有知识，有人才。"[②]这表明，邓小平深切地认识到，我国与世界先进水平的差距是由于科技的不发达与教育的落后。而在

[①]邓小平：《邓小平文选》（第三卷），人民出版社，1994，第313页。
[②]邓小平：《邓小平文选》（第二卷），人民出版社，1994，第40页。

实践上，邓小平带领全党彻底搬掉"两个估计"，实现了教育战线的拨乱反正，并作出恢复高考的重大决策，回应了人民群众的强烈呼声，从理论与实践上重拾了教育公平的准则，保障了人人公平接受教育的权利，使尊师重教成为社会风尚，激活了社会青年一代沉闷的精神状态，激发了亿万青少年对科学文化知识的学习热情，广大教师精神振奋，教育界重新焕发生机与活力，社会风气和人们的生活方式为之一变。从此以后，教育作为中华民族最为根本的事业，得到了党中央的高度重视。与此同时，邓小平还相继提出"尊重知识、尊重人才""三个面向"等著名论断，不仅为思想文化事业的发展指明了方向，更为党中央激发社会发展活力、切实维护社会稳定提供了参考的准则。

3. 以经济办法解决就业问题

改革开放之初，广大上山下乡知识青年回城和农村改革后富余劳动力的转移，使得我国的就业形势颇为紧张。面对这一严峻形势，邓小平明确提出统筹兼顾解决就业问题的方针。他指出："就业问题，上山下乡知识青年回城市问题，这些都是社会、政治问题，主要还是从经济角度来解决。"①从这一思路出发，党中央积极调整产业结构，加快发展第三产业，提供了非公有制经济存在并不断发展的空间，并提出了就业"三结合"方针。这一方针，突破了就业的理论和政策瓶颈，广开就业门路。而在农村方面，邓小平指出，要使广大因为农村改革而富余的人口实现就业，根本上要通过经济手段实行城镇化，把农民从土地上解放出来。此时他敏锐地捕捉到广大农民创办乡镇企业这一创举并加以及时总结推广，使得这一"离土不离乡、进厂不进城"的方式在二元城乡结构下有效吸纳了大量剩余劳动力，对于缓解城市就业压力，促进城镇、乡村经济的双重发

---

① 邓小平：《邓小平文选》（第二卷），人民出版社，1994，第195页。

展起到至关重要的作用。通过上述方式，较好地缓解了改革开放以来我国所面临的第一次就业高峰，并为后来的就业工作提供了许多可资借鉴的有益经验。

4. 改革收入分配方式，以共同富裕作为最终目标

改革开放伊始，党中央从打破平均主义这一痼疾入手，展开了对收入分配制度的改革。党的十一届三中全会公报明确指出，我国的社会收入分配"必须认真执行按劳分配的社会主义原则，按照劳动的数量和质量计算报酬，克服平均主义"①。在恢复按劳分配制度后，邓小平又提出了"先富—共富"论，并把这一政策归结为"加速发展、达到共同富裕的捷径"②。他认为，一部分地区、一部分人依靠诚信劳动而实现富裕，能够充分地起到示范效应，使更多的地区、更多的人摆脱以往"致富可耻"的陈旧思想，向着富足的生活积极拼搏。这一思想打破了旧有的思想禁锢，否定了平均主义，促使广大干部群众解放思想，大胆破除阻碍生产力发展的痼疾，促进了生产力的快速发展。此后，邓小平又将思考侧重点由"先富"转向了"共富"。他明确指出："我们坚持走社会主义道路，根本目的是实现共同富裕。"③为此，当改革开放由地方试点向全国层面展开后，他就未雨绸缪，提出了"两个大局"思想，实现了全国经济发展的相对均衡，切实保障了社会的稳定。这条循序渐进、以共同富裕为目标的经济发展道路，不仅为我国的经济发展提供了参照准则，更为党中央在现代化建设中维护社会稳定、探寻社会建设新路指明了方向。

---

①《改革开放以来历届三中全会文件汇编》，人民出版社，2013，第9页。
②中共中央文献研究室编《邓小平思想年编（1975-1997）》，中央文献出版社，2011，第584页。
③邓小平：《邓小平文选》（第三卷），人民出版社，1993，第155页。

（六）社会主义生态环境建设的起步与发展

改革开放后，邓小平和党中央充分认识到我国人口多、底子薄、耕地少的基本国情，深刻认识到改革开放前的历史时期我国环境保护工作的不足，开始站在现代化全局的高度出发，将生态保护纳入其中，并不再视之为经济建设可有可无的部分。邓小平指出，我国不能再将生态环境建设视为经济建设的附庸。两者的关系并非高低从属，而是相辅相成、辩证统一。从这一思路出发，党中央对我国的人口、资源、环境等生态环境建设问题进行了积极探索，取得显著成绩。社会主义生态环境建设道路也由此初步形成。

1. 人口方面

人口多且分布不均，特别是农业人口占很大比重，是我国的基本国情之一，人口的总体状况直接关系到我国现代化建设全局。改革开放后，党中央极为重视我国在当时已近10亿的庞大人口为我国经济建设所带来的巨大影响，在不同的场合纷纷强调，解决好我国的人口问题，是实现我国现代化建设目标的前提条件。邓小平指出："人口问题是个战略问题，要很好控制。"[1]陈云也强调："人口是个爆炸性的问题……人口问题解决不好，将来不可收拾。"[2]邓小平清楚地认识到，听任人口急剧大量增长，不但为就业增加困难，还会消耗更多的自然资源，加重环境污染。基于对人口问题的充分认识，党中央在十二大报告上正式将计划生育确定为我国基本国策之一，并于同年在宪法上确保了这一基本国策的法律效应，从而使计划生育、提升人口素质成为我国现代化建设事业的重要组成部分。与

---

[1] 中共中央文献研究室编《邓小平年谱（1975-1997）》（上），中央文献出版社，2004，第540页。
[2] 中共中央文献研究室编《陈云年谱（1905-1995）》（下），中央文献出版社，2000，第246页。

此同时，邓小平还提出，我国的现代化建设的顺利推进，离不开对人与自然关系的正确科学认识。因此，他提出要尊重和顺应自然规律，兼顾生态保护与经济发展的理念。在实践上，邓小平大力倡导发展教育事业，切实提升人民群众的科学文化素养，并同时在生态保护领域大力培养专门人才，使人才成为我国推进环境保护事业的战略资源。

2. 资源方面

党中央在深刻总结改革开放前的历史时期经验教训的基础上认识到，一味强调对自然的征服，虽然能够产生一定的经济效益，但却造成了对生态环境的巨大破坏。只有尊重自然、节约资源，按客观规律办事，才能保证我国经济社会的永续发展。从这一思路出发，党中央以1980年《中国自然保护纲要》的颁布，吹响了节约自然资源的号角。《中国自然保护纲要》进一步明确了制定自然保护与经济发展的基本原则，强调在利用自然资源从事经济建设的过程中，不能"一叶障目"，而要充分注意自然资源的多种效用，实现综合开发和环境保护；强调对待自然资源要按照不同类型、区域和特点，因地制宜，制定保护和开发规划；对可更新资源，要确保对其的增值利用和永续利用，对不可更新资源，则要坚持节约利用和综合利用的原则。与此同时，党中央将目光投向了西方发达国家，提出我国的资源利用工作不能实行关门主义，而要积极与世界先进国家交流，深刻把握资源利用技术的发展趋势。邓小平更是认为，包括人口、资源、环境在内的经济社会发展问题归根到底都必须依靠科技来解决，为此他在提出"科学技术是第一生产力"的同时，主张通过科技进步来促进经济发展，以节约资源和保护生态环境。

3. 环境方面

邓小平和党中央在改革开放后直面我国治理环境污染的严峻局势，将环境保护工作的重要性提到空前高度。在这一思路指引下，我国开始积极建立和完善生态环境建设的政策、制度和法规体系。1979年，我国颁布首部专门为环境保护所制定的法律——《中华人民共和国环境保护法（试行）》，第一次从法律上要求我国各级政府和各部门在发展经济时必须统筹考虑环境保护问题，切实为提升环境保护在现代化建设中的地位提供了法律保障。在环保法律法规及相关方针政策的引导下，我国的环保事业迅疾发展且初具规模。1983年，党中央将环境保护纳入我国的基本国策之中，并明确提出，我国的现代化发展，在以经济建设为中心的基础上，必须做到经济建设与环境保护建设的同步协调发展，做到经济建设效益和环境保护效益的统一。与此同时，党中央在环保工作的思路上实现了重大转变，摒弃了以往"先污染，再治理"的环保思路，强调从"预防为主、防治结合"和"强化环境管理"的思路出发，实施环境保护的具体工作。由此可见，从新中国成立后"绿化祖国"到"环境保护"概念的提出，再到1978年以后我国逐步积累环境保护的实践经验，将环保纳入我国基本国策之中。这些理念与实践上的突出成就，表明我国的环保事业已经有了从无到有、从小到大的质变。而且在党中央的引导下，全国上下开始逐渐重视环境保护事业，基本遏制住了我国环境质量急剧恶化的趋势，为日后中国特色生态文明建设道路的开辟奠定了基础。

第四章
社会主义现代化的跨世纪发展

从1989年党的十三届四中全会到2002年党的十六大，这13年期间，国际局势发生了重大而复杂的变化，持续近半个世纪的两极格局瓦解，经济全球化深入发展；国内改革开放和现代化建设出现许多新情况新问题，进入新的阶段。面对新的形势，中国共产党带领全国各族人民，从容应对来自各方面的困难和挑战，妥善处理和解决了关系国家发展的一系列重大问题，成功将中国社会主义现代化建设推向21世纪。在这13年中，中国的现代化建设取得丰硕成果，社会主义市场经济体制逐步建立，社会主义民主法制建设和精神文明建设成效显著，综合国力大幅度跃升，人民生活总体上实现了由温饱到小康的历史性跨越，香港、澳门相继回到祖国怀抱，社会长期保持安定团结，中国的国际影响显著扩大，中华民族以崭新的面貌自立于世界民族之林。

一、在严峻考验中坚持中国社会主义现代化建设

党的十三届四中全会后，国民经济的治理整顿工作被提上日程。这一时期，中共中央针对经济发展中所暴露出来的问题，逐步加大改革力度，

实行了一系列深化改革和扩大开放的新举措，使经济建设重新回到健康发展的轨道。

1989年9月，在庆祝中华人民共和国成立40周年大会的讲话中，江泽民明确指出："当前必须坚定不移地继续贯彻治理整顿、深化改革的方针，力争用三年或者更多一些时间，从根本上缓解社会总需求超过总供给的矛盾，逐步消除通货膨胀，使国民经济走出困境。"[①]在同年11月，中共十三届五中全会审议通过的《中共中央关于进一步治理整顿和深化改革的决定》中，党中央明确提出了继续进行治理整顿的主要目标，即用三年或更长一些时间，努力缓解社会总需求超过社会总供给的矛盾，不断进行改革，使国民经济基本上转入持续稳定、协调发展的轨道，为到20世纪末实现国民生产总值翻两番的战略目标打下良好的基础。在深化改革方面，《中共中央关于进一步治理整顿和深化改革的决定》强调，要继续进行包括计划管理体制在内的多方面的改革，同时继续坚持对外开放，继续把教育和科技放在优先发展的战略地位。党的十三届五中全会后，党中央开始从两方面入手，就我国的经济发展进行治理整顿。第一步是在调整经济结构的同时，启动市场，以争取实现经济的适度发展。第二步是将治理整顿、深化改革的重点逐步转移到调整产业结构、提高经济效益上来。经过三年努力，治理整顿的主要目标已基本实现，我国的经济基本恢复至正常发展速度，国内生产总值的增长速度，从1989年的4.1%恢复到1991年的9.2%，投资需求和消费需求双膨胀的局面明显缓解，严重的通货膨胀得到有效控制，流通领域乱象得到有效整顿，经济秩序明显好转。[②]治理整顿恢复了经济发展的势头，创造了一个相对宽松的经济环境，为此后中国经济的健康发展和经济体制改革的进一步推进提供了有效保证。

---

① 中共中央文献研究室编《十三大以来重要文献选编》（中），人民出版社，1991，第619页。
② 参见《中华人民共和国史》（高等教育出版社、人民出版社2013年版）第391页。

在治理整顿期间,中国的改革开放并没有停顿,在经济发展领域还取得了一些巨大突破,国有大中型企业继续扩大实行股份制、租赁制和组建企业集团等试点;非公有制经济在国民经济中的比重持续上升。此外,上海证券交易所和深圳证券交易所的相继开业和运营,形成了全国性的证券交易市场,有力地推动了股份制的发展。在对外开放方面,最令人瞩目的决策就是上海浦东的开发和开放,吸引了诸多跨国公司和中外金融机构进驻其中,外商投资逐年增加。以外向型、多功能、现代化为特征的浦东新区奇迹般崛起,带动了全上海以及长江三角洲经济发展的新飞跃。浦东由此成为上海的新象征,也成为20世纪90年代我国现代化建设取得显著成就的重要标志。

二、改革开放和社会主义现代化建设的深入发展

在跨世纪的13年,中国共产党带领全国人民,继续在经济、政治、文化领域内深化改革,并开始在社会、生态建设上着力,于理论和实践上进行了一系列富有成效的创新,成功指引我国的现代化建设迈入21世纪。

(一)中国特色社会主义经济发展道路的不断丰富与发展

党的十四大之后,沿着建立社会主义市场经济体制目标的指引,我国加快了经济体制改革的步伐。1993年,党的十四届三中全会报告进一步将社会主义市场经济体制改革目标系统化、具体化,提出了相关改革蓝图和基本框架。报告在党的历史上首次提出了以"整体推进和重点突破相结合"的途径推动市场经济体系的建立,并同时强调这是我国在20世纪末进行经济体制改革的首要任务。为此,党中央带领全国人民,在涉及市场经济体制建立的诸多重点领域进行了大刀阔斧的改革。

第四章　社会主义现代化的跨世纪发展

1. 社会主义市场经济体制的发展与完善

在经济体制上，中国共产党明确强调，将社会主义制度与市场经济体制相结合，不仅在中国，在社会主义发展的历史上都是一项具有空前难度的任务。建立社会主义市场经济体制，就是要在体制机制层面维系改革开放以来的重要成果，坚持发挥市场在资源配置中的基础性作用，并为进一步的经济改革提供原动力。而为了建立这一体制，党中央坚持以公有制为主体、多种经济成分共同发展的方针，在实践上对当时我国既有的产权不明、权责不分、政企不分的企业制度进行了大力度的改革，明确以现代企业制度作为企业改革的目标。以此目标为导向，党中央积极推进对国营企业经营机制的改革，并在以下各方面的实践上配合了市场经济体系的建立。第一，积极贯彻分权的改革理念，在财政税收上以分税制取代了实行三十多年的包干制，初步建立起契合市场发展的现代税收体系，促进了各市场主体的平等竞争。第二，党中央在加强中央银行宏观调控职能的同时，降低了其对微观经济的干预力度，初步实现了中央在金融运营上政策性功能和商业性功能的分离，使金融机制改革进一步完善。第三，党中央在1992年下放投资项目的审批权限，并在实践上领导了对审批程序的简化工作。此外，在对国有企业的改革上，十五大前，党中央主要从着力进行企业制度创新、探索改善国有资产结构、着眼于整体上"抓大放小"搞活国有经济，取得了良好效果。

在积极发挥市场作用的同时，党中央也注重领导政府在经济管理上角色的转变，倡导加强政府在经济管理上的职能，并开始建立较为完善的宏观调控体系。这表明，通过15年改革实践的经验积累，党中央对于市场与政府在社会主义经济发展中的作用认知已经变得清晰起来，在正式强调使市场在资源配置中起到基础性作用的同时，也开始转变政府职能，由以前的对经济运行事无巨细的掌控转变为对经济运行的宏观调控。既规避了政府大包大揽所带来的经济僵化危机，又避免了完全依靠"无政府"市场的"盲目调节"所带来的周期性经济危机和巨大的贫富差距，初步建立了"微观放活、宏观调控"的经济运行体制。

2. 社会主义基本经济制度的进一步完善

在经济制度上，党的十四届三中全会的报告较以往的提法实现了突破。首次明确提出，我国的基本经济制度，应该是以公有制为主体、多种经济成分共同发展的制度。一方面报告在继续坚持公有制作为我国经济发展主导力量的同时，富有创新地提出公有制经济应该大胆走向市场，参与竞争，在优胜劣汰中实现自身的壮大和发展。另一方面，报告在强调积极促进公有制经济健康发展的同时，将由个体、私营、外资等多种经济成分共同组成的非公有制经济作为促进我国经济健康稳定发展的一股重要力量，鼓励其快速发展。这一方针，表明党中央彻底突破了传统社会主义思维中将公有制与其实现形式混为一谈的桎梏，明确提出，判断一种经济是否为公有制，应关注所有权的归属，而非纠结于其组织形式或经营方式。组织形式和经营方式，仅仅突出表现了这一所有制的实现形式，不具备"公"与"私"、"社"与"资"之别。在上述突破性理念的指引下，党中央在实践上积极引导以国有企业为代表的公有制经济走向市场，并从竞争中引入了外界的资金和管理方式，在使资产组织形式多样化的同时，也使公有制经济的运营不再呆板统一，从而获得了更大的发展空间。与此同时，党中央开始大胆吸纳民间资本和外资的力量，自上而下充分调动了社会各方面的积极性，扩大了就业，活跃了市场，促进了经济的持续健康发展。

在分配制度上，党的十四届三中全会报告首次明确提出"个人收入分配要坚持以按劳分配为主体、多种分配方式并存的制度，体现效率优先、兼顾公平的原则"①。报告还首次提出建立我国国力所能承担的多层次的社保体系，以保持社会稳定。这表明，党中央在坚持共同富裕的基础上，彻底打破了平均主义的分配痼疾，以按劳分配为主、多种分配方式并存这一具有竞争性质的分配方式激发了人民群众的生产热情。与此同时也提出社会保障体系建设的方针以防止收入差距过大所造成的贫富悬殊、两极分化状况的发生。一方面，坚持按劳分配为主，体现出党中央在分配方式上对公有制引领我国经济发展方针的贯彻。此举保证了人民群众在经济关系上的平等，利于建设和谐的经济利益关系。另一方面，多种分配方式的并存则体现出党中央在分配制度上对改革开放前的历史时期的重大突破，其依据是在所有制结构上对多种所有制的坚持和不断发展。多种分配方式的被认可，说明党中央认识到，各种生产要素同劳动一样，创造出了丰富的物质财富。它们在社会生产中的角色同样都是不可或缺的。以按劳分配为主、多种分配方式并存的分配制度，是党中央在改革开放后富有新意的制度安排。这一分配制度的提出与贯彻，进一步优化了我国经济发展中的资源配置，有利于调动一切积极因素，为社会主义市场经济体制的最终建立奠定坚实基础。

3. 对外开放格局的进一步扩大

对外开放方面，党中央在跨世纪的13年中，坚定不移地打开国门对外交流，充分发挥了我国经济的比较性优势，进一步提出"深化经济体制改革，扩大对外开放"的方针。在这一方针的指引下，党中央在20世纪90年代进一步扩大了对外开放的战略方针，系统地提出了对外开放"沿海、沿边、沿江、沿路"的"四沿战略"，在进一步深化沿海地区对外开放格局的基础上，以上海浦东新区的开放为引擎，带动了自长江下游到上游沿岸

---

① 《改革开放以来历届三中全会文件汇编》，人民出版社，2013，第72页。

城市的开放，逐步把长江两岸建成我国继沿海以后的又一条大的开放带，并同时加速了内陆省区的开放步伐，初步形成了我国全方位、多元化、高层次的对外开放格局。伴随着开放格局的扩大，我国的对外贸易事业也实现了迅速发展，出口商品结构明显改善，利用外资成就显著，国际贸易市场向多元化发展，双边、多边贸易合作成就瞩目。对外经贸交流在我国经济发展中的地位不断得到提升，出口已成为拉动中国经济增长的三驾马车之一。这充分表明，党中央在不断扩展我国对外开放格局的过程中，也将我国的经济发展融入了世界经济发展的浪潮当中，并将我国的对外开放成功引向了高层次、宽领域、纵深化的新阶段。随着对内经济体制改革的不断成功与对外开放格局的逐渐拓展。到20世纪末，我国已初步建立起社会主义市场经济体制，成功地将我国的经济发展带入了21世纪。

（二）在坚持中发展和完善中国特色社会主义政治发展道路

1. 高举社会主义民主旗帜，完善社会主义基本政治制度

我国的基本政治制度，随着改革开放的深入推进得到了持续充实和完善。进入跨世纪的13年，江泽民带领党中央，进一步明确了完善我国人大制度的方向，即"根据我国国情认真研究如何更好地坚持四项基本原则，坚持改革开放，加强社会主义民主法制建设，更好地发挥人大作用的问题"[1]，并同时明确了党的领导与人大制度的关系。江泽民指出，党的领导不仅要靠党的政策，而且还要依靠国家的法律。在实践上，党中央通过不断改革人大代表选举制度，不断扩大全国人大常委会职权，不断加强人大制度建设，不断加强人大立法工作，切实发挥了人大代表参政议政的作用，健全了各级人大的组织体系，使我国的人民代表大会制度得到不断发展和完善。

---

[1] 江泽民：《江泽民文选》（第一卷），人民出版社，2006，第112页。

与此同时，中国共产党在坚持"长期共存，互相监督""肝胆相照，荣辱与共"的方针下，完善了由共产党领导的多党合作和政治协商制度。这一制度也由此获得了理论上的突破、实践中的创新、方针政策方面的丰富、制度层次上的巩固和完善。首先，多党合作和政治协商制度在1993年被正式写入《宪法》序言，被提升至基本政治制度的高度，成为中国共产党的执政纲领，并且上升为国家意志。其次，党中央提出了更为丰富的理论与方针政策，进一步发展充实了多党合作理论。最后，党中央明确了民主党派的参政党地位，大大地扩展了它们的社会职能和作用。党在这一时期对政治协商、民主监督及参政议政的内容有了明确规定，进一步提升了民主党派的政治参与度。

在这一时期，党中央也积极完善民族区域自治制度。在跨世纪的13年里，党中央从政治、经济、文化等方面出发，深入调研，围绕《中华人民共和国民族区域自治法》的实施，逐步建立健全了与之配套的法规体系和监督机制，使民族区域自治制度在我国现代化建设事业中更好地发挥作用。这些法律和条例的制定和实施，切实保障了民族地区的经济社会快速发展，使我国的民族关系更为巩固。此外，党中央进一步发展了我国的基层民主制度。一系列有关基层民主的法规、方针相继颁布，基层民主政治建设走上了政策稳定、依法行事的轨道，以农村基层、社区基层、企业基层为代表的基层民主建设不断扩大。这些基本政治制度的巩固与完善，进一步保证了全国人民以主人翁的身份参与国家现代化建设的权利。

2. 依法治国，建设社会主义法治国家

如果说20世纪80年代是我国改革开放时期法制建设的开端，其主要工作是恢复和重建社会主义法制。那么，20世纪90年代则是我国法制建设的突破期。在这一时期，党中央以经济建设为中心，建立起了服务于社会主义市场经济的法律体系基本框架，并进一步完善社会主义法制建设。这一时期，与社会主义市场经济体制建设的步调相一致，我国的法制建设取得重大突破。1996年，依法治国被正式提出。这一理念，强调"使国家各项工作逐步走上法制化的轨道，实现国家政治生活、经济生活、社会生活的法制化、规范化"[①]，它的提出与积极贯彻，有力推动了中国的民主政治建设进程。江泽民强调："建设社会主义法制，实行依法治国，是为了把我们国家建设成为富强、民主、文明的社会主义现代化国家。"[②]翌年，党的十五大报告正式将建设社会主义法治国家列入现代化建设的主要任务之一，并将依法治国提升至国家战略的高度，将依法治国视为现代化建设不可或缺的重要一环。1999年3月，我国宪法修正案明确将依法治国列入我国的宪法原则之中，依法治国从此具有最高法律效力。依法治国方略的确立，体现出党中央在政治体制改革思路上的突破。这一方略的提出，从客观上呼应了社会主义市场经济发展所需，同时也体现出我国民主政治建设的进步。这一方略的提出，表明了党中央力图在政治体制改革中实现党的领导、发扬人民民主和依法办事三者的融合。这一方略的提出与贯彻，进一步增强了广大干部群众的民主意识、法制意识，维护了社会的安定团结，为现代化建设提供了有力的政治保证。它的提出，标志着中国彻底否定了"人治"，实现了向"法治"的历史性跨越，表明我国已经走出了一条社会主义法治道路。

3. 适应社会主义市场经济需求，推进机构改革，转变政府职能

政治体制应该如何伴随经济的快速发展而改革？它在市场经济建立和发展的过程中发挥什么样的作用？早在改革开放之初，党中央就率先对政府机构进行了多次改革，并取得一定成效。但这些改革并未从体制、制度层面切实改变政府机构仍在高度集中的计划体制下运行的状况，制度建

[①]江泽民：《江泽民文选》（第一卷），人民出版社，2006，第511页。
[②]江金权编著《江总书记抓党建重要活动记略》，人民出版社，1998，第459页。

设流于表面,政府职能无法准确定位。这一改革也因此受困于"精简—膨胀—再精简—再膨胀"的恶性循环中。党的十四大后,党中央深刻认识到"加快政府职能的转变,这是上层建筑适应经济基础和促进经济发展的大问题。不在这方面取得实质性进展,改革难以深化,社会主义市场经济体制难以建立"[①]。1993年,我国在发展社会主义市场经济大目标下将机构改革提升至行政管理体制的高度,拉开了对党政机构进行实质性改革的序幕。这次改革摆脱了以往单纯精简机构和人员的模式,而是以加强政府宏观调控和监督职能,强化社会管理职能,转变专业经济职能等方面为重点,使政府机构以更为科学的行政管理方式来管理经济,从而更好地服务现代化经济建设。随着改革开放的不断深化,中国共产党对于政府机构改革的认识也在不断加深。党的十五大报告以专门篇幅勾勒出机构改革的大脉络,到了党的十五届二中全会,《国务院机构改革方案》更是针对既有矛盾,勾勒出机构改革的四大原则:第一,实现政企分开,使企业成为经营管理的主人。第二,进一步对政府组织机构精兵简政,实现精简、统一、高效的目的。第三,从责权一致的角度出发,对政府部门的职责权限进行明确划分。第四,按照依法治国、依法行政的要求,加强行政体系的法制建设。在这四大原则的指引下,我国于世纪之交进行了新一轮政府机构改革。这次改革,涉及面之广、改革力度之大,是之前几次改革所无法比拟的。它彻底改变了我国从计划经济时代以来形成的行政管理体制和组织结构,形成了更贴近市场经济发展的行政管理体制框架。这一改革,使政府开始转变以往在经济发展中的固定角色,从同时担当经济发展中的直接参与者与管理者,转变为宏观调控者、社会管理者、公共服务者,做到"抓大放小",并为以后的大部制改革、建设服务型政府指明了方向。

[①]江泽民:《江泽民文选》(第一卷),人民出版社,2006,第229页。

(三)走中国特色社会主义先进文化发展道路

党的十三届四中全会后,以江泽民为核心的党的第三代中央领导集体在深化改革和发展社会主义市场经济的新形势下,开始了建设我国特色文化事业新的征程。

1. 占领社会主义思想文化主阵地

改革开放后,我国的思想文化建设面临前所未有的挑战。西方的文化观念纷至沓来,中国传统的人生观、价值观,以及马克思主义在我国所确立的革命观都受到了不同程度的冲击。这让中国共产党意识到,社会主义精神文明建设面临的最大问题是如何坚定人民群众的理想信念。1989年9月,江泽民明确提出用社会主义精神文明占领思想阵地的任务。他指出,我国的精神文明建设,必须要坚持以马克思主义为旗帜,去引导包括宣传、教育、文学等具体事业的实际工作,从而"占领思想文化阵地和舆论阵地,丰富群众的精神生活"[①]。在这一精神指引下,中共中央从多方面加强了包括文化建设在内的精神文明建设,加快了社会主义文艺建设的步伐,用健康的、优秀的文艺作品占领思想文化阵地,有效地抵御了西方资本主义国家腐朽思想在我国文艺领域的消极影响,巩固了以马克思主义为指导的思想文化阵地。

同一时期,党中央加强了对全国人民的思想政治教育。在实践上,党中央在精神文明建设中将爱国主义作为其中一项重要的基础工程加以重视并着力推进。1994年1月,江泽民明确提出,我国的思想政治教育工作,根本任务是要与时俱进,不断培养和造就"四有"新人。而要完成这项任务,党中央就必须坚持科学的理论教育,坚持正确的舆论引导,坚持高尚的精神道德培育,坚持优秀的作品鼓舞。这些具体任务的提出,为党中央

---

① 中共中央文献研究室编《十三大以来重要文献选编》(中),人民出版社,1991,第627页。

领导社会主义思想文化积极实践,占领我国思想文化的主阵地指明了方向。在党的政策的积极引导下,一些弘扬民族文化、提倡爱国主义精神的文化团体与文艺作品如雨后春笋般涌现出来。与此同时,广大文化、教育、卫生工作者还开展了"文化、卫生、科技三下乡"活动,积极帮助基层群众解决实际问题,占领社会主义思想文化主阵地的工作取得显著成就。

2. 建设有中国特色社会主义文化

20世纪末,经济的全球化发展为包括中国在内的世界各国的文化建设带来了挑战。如何在激烈的世界文化竞争中占有一席之地?党中央在此时以中国特色社会主义文化的提出,从战略的高度进一步推动了我国文化事业的现代化发展。

1991年,江泽民在建党70周年大会上第一次正式提出了"有中国特色社会主义文化"的概念,并初步阐释了其主要内容,从而形成了这一文化建设理论的总体轮廓,体现出中国共产党在建设中国特色社会主义条件下对如何发展并繁荣我国文化事业认识上的升华。1997年,江泽民在党的十五大报告中进一步指出,就建设内容而言,特色社会主义文化同精神文明建设是高度一致的,即"以马克思主义为指导,以培育有理想、有道德、有文化、有纪律的公民为目标,发展面向现代化、面向世界、面向未来的,民族的科学的大众的社会主义文化"[①]。此外,江泽民进一步着重强调,文化建设并非社会主义建设当中的次要任务,而是同经济、政治高度契合、有机统一的重要任务。随着社会主义市场经济的不断深入发展,具有保障作用的思想文化建设在我国现代化建设进程中所占比重将会越来越高。伴随着特色文化事业的拓展,党中央从历史经验与实践需求出发,对特色文化事业的建设实践提出了两点原则性要求:一是打破陈旧观念束缚,以积

---

① 中共中央文献研究室编《十五大以来重要文献选编》(上),人民出版社,2000,第19页。

极向上的创新发展思维契合市场经济的发展。二是在引领文化建设为市场经济服务的同时,加强对人民群众的理想、道德和纪律教育,防止拜金主义思想的滋长。建设有中国特色的社会主义文化,是党中央在跨世纪的13年所提出的崭新论断。这一论断的提出表明,党中央进一步从宏观和微观层面深化了对于特色文化建设事业的认识。

3. 依法治国与以德治国相结合

党的十三届四中全会后,党中央采取了一系列重大举措,加强我国的思想道德建设,切实提高人民群众的思想道德素质,取得良好的效果。但这些成绩并不意味着党中央就可以放缓了拓展特色文化道路的脚步。2000年,江泽民代表党中央,首次提出将依法治国与以德治国相结合。他指出,一个国家的治理,既需要法治,也需要德治。法治从法律方面限定了人们的行为范围,而德治则从道德层面规范了人们的言行。这两种治理办法并不冲突,而是相辅相成、相互促进,"二者缺一不可,任何时候都不可偏废"[1]。这一提法,将属于政治建设的法治与以德治国的思想建设紧密结合,是中国共产党站在新世纪新起点作出的重大战略决策。它表明党中央认识到,社会主义市场经济要想实现持续不断的健康运转,除了健全的法律体系外,还迫切需要与之相适应的经济伦理和道德规范为其服务。公民道德建设,作为思想道德建设的重要组成部分,能够提升公民道德水准,促进人的全面发展。在这一战略的指引下,中国共产党在积极探索德治与法治相结合的教育管理机制的同时,也在实践上以一系列与时俱进的重要方针带动了思想道德教育的开展。这些实践工作的展开,切实提高了人民群众的思想道德水平,充实了其科学文化涵养。总而言之,依法治国与以德治国相结合,是党中央在跨世纪的13年对中国特色社会主义文化发展道路的创新发展。

---

[1] 江泽民:《江泽民文选》(第一卷),人民出版社,2006,第513页。

这一全新发展理念是党中央在对改革开放以来我国思想文化建设新鲜经验的深刻总结中提出的,生动揭示了随着现代化建设的不断深入,社会主义市场经济体系对文化发展的需求。这一创新理论,在坚持依法治国的基础上,开辟了以德治国的新境界,进一步丰富了马克思主义的理论宝库。

4. 发展社会主义先进文化

世纪之交,面对经济全球化和我国市场经济对文化发展的更高要求,以江泽民为核心的党的第三代中央领导集体在回答了什么是中国特色社会主义的文化、如何建设中国特色社会主义文化的问题后,更加深入地提出了中国共产党"代表中国先进文化的前进方向"的主张。2000年,江泽民在首次对"三个代表"重要思想进行全面阐述的过程中,第一次明确提出了"中国先进文化"的概念。2001年,江泽民对此进行进一步解释时指出,中国共产党在带领全国人民进行社会主义现代化建设的过程中,在思想文化发展上必须始终"代表中国先进文化的前进方向"[①]。而在党的十六大报告中,他更为明确地指出:"在当代中国,发展先进文化,就是发展面向现代化、面向世界、面向未来的,民族的科学的大众的社会主义文化,以不断丰富人们的精神世界,增强人们的精神力量。"[②] "先进文化"概念的提出,将思想文化建设在中国现代化建设中的地位提升至了前所未有的战略高度。这一概念继承了毛泽东、邓小平关于文化建设的一贯思想,体现出中国共产党领导我国思想文化建设的性质、宗旨和最终使命。回应了在经济全球化的进程中,中国共产党如何在坚守中国传统文化精华的前提下,积极参与全球的文化竞争,取长补短,发展社会主义思想文化建设事业,为社会主义市场经济体系的不断完善提供坚实的思想文化条件。

---

① 江泽民:《江泽民文选》(第三卷),人民出版社,2006,第75页。
② 江泽民:《江泽民文选》(第三卷),人民出版社,2006,第559页。

5. 科教兴国战略的提出与实施

科教兴国战略,是在科学技术对中国现代化建设的作用日益受到重视的基础上逐步形成的。1992年,国务院颁布《国家中长期科学技术发展纲领》,从形势与抉择等六个方面对面向新世纪的科技发展作出规划。1993年,我国颁布《中华人民共和国科学技术进步法》,这是中华人民共和国成立以来第一部关于科学技术的专门法律,是科技体制改革的重要成果。1995年,党中央作出《关于加速科学技术进步的决定》,提出了科教兴国的发展战略。《关于加速科学技术进步的决定》指出:实施科教兴国战略,要全面落实科学技术是第一生产力的思想,坚持教育为本,把科技和教育摆在经济社会发展的重要位置,增强国家的科技实力以及向现实生产力转化的能力,提高全民族的科学文化素质,把经济建设转移到依靠科技进步和提高劳动者素质的轨道上来,加速实现国家的繁荣昌盛。在1997年党的十五大上,党中央重申了实施科教兴国战略,强调要将教育和科技发展摆在优先发展的战略地位,把发展教育和科学作为先进文化建设的基础工程。此后,国家逐年加大了对科技事业的投入,有力推动了科技成果的产业化,促进了科技与经济的紧密结合。进入新世纪后,我国于2001年正式提出建设国家创新体系,并首次将人才战略作为国家战略,将建设国家创新体系和实施人才强国战略纳入经济社会发展的总体规划中。在科技体制改革不断深化的推动下,我国实施了包括863计划、火炬计划、星火计划在内的一系列重大科技行动,进行了部分国家重点实验室关键设备的更新,组织实施了国家重大科学工程的建设,科技进步在经济社会发展中的作用日益凸显。

(四)在发展社会主义市场经济条件下促进社会全面进步

进入跨世纪的13年,党的第三代中央领导集体在社会建设上着力颇多,于理论和实践上进行了一系列富有成效的创新,为和谐社会建设道路的最终开辟增添了全新的内容。

1. 正确处理改革、发展、稳定的关系,促进社会全面进步和人的全面发展

党的十四大后,我国开始着力进行以建立社会主义市场经济体系为重点的现代化建设。这一阶段,党中央开始转变发展思路,从强调经济发展转变为重视经济社会协调发展。1994年,江泽民明确提出:"我们在保持国民经济持续、快速、健康发展的同时,要把促进社会的发展和全面进步摆在重要的战略地位来考虑。"[1]进入新的千禧年后,江泽民在坚持"社会主义是全面发展、全面进步的社会"的基础上,进一步强调了"人的全面发展"。他指出,我国的现代化建设事业不能仅仅满足于实现国力的增长和人民群众物质生活的富足,还应该同时着力于实现人的全面发展。而要实现这两大目标,就必须在社会主义市场经济条件下不断解决新的社会矛盾和问题,维护社会稳定;就必须从改革、发展、稳定的高度统一关系中寻找答案。在党的十四届五中全会上,江泽民明确指出:我国在现代化建设进程中所遇见的一切问题,其解决的关键在于发展;而发展要想获得持续不断的内在动力,就必须要以改革作为强有力的支撑;要实现不断的改革和发展,稳定的社会氛围是必不可少的要素。三者内在统一,不可分割。此后他进一步指出,处理这一内在统一体间的关系,必须始终注意从为人民服务的角度出发,因为"人民群众是改革发展的主体和动力,也是稳定的力量源泉和深厚基础"[2]。这番话点出了正确处理三者关系的关键,为我国进一步开辟社会建设的新路指明了方向。

2. 大力实施就业再就业工程

在跨世纪的13年中,我国开展并重点推进了国企改革,裁减了企业

---

[1] 雷厚礼、武国辉编《中国共产党执政60年》(下),人民出版社,2010,第940页。
[2] 江泽民:《江泽民文选》(第二卷),人民出版社,2006,第444页。

的冗员,下岗职工逐年增多,就业再就业问题凸显出来。这一问题能否解决,直接影响我国的稳定局势。为此,党中央在改革过程中,将就业作为民生之本,以维护社会稳定、解决企业职工下岗再就业为重点,下大力气解决就业问题。1995年,党中央在全国推广"再就业工程",取得良好效果。同时,党中央领导了我国社保制度的积极改革,在两年后初步建立起企业职工基本养老保险制度和城市居民最低生活保障制度。这两项有关民生建设的制度,由全国统一管理,有效地保障了下岗职工和城镇贫困人员的基本生活。党的十五大报告明确指出,我国的社会建设必须"建立社会保障体系,实行社会统筹和个人账户相结合的养老、医疗保险制度,完善失业保险和社会救济制度,提供最基本的社会保障"①。2002年,江泽民将就业再就业工作的重要性提到了前所未有的战略高度。他进一步提出,我国就业问题的解决,应该坚持实现"劳动者自主择业、市场调节就业、政府促进就业"三要素的高效结合。在这一方针指引下,党中央积极引导并初步建立了以市场导向为主的就业机制框架。这一全新的就业框架,打破了以往"铁饭碗"的陈规旧俗,使人民群众的就业渠道、就业形式日趋多样,下岗职工的再就业力度得以加大。与此同时,我国社会保障体系也不断得到完善。上述两种要素的共同合力,使得我国在稳定的社会环境中迅速完成了经济体制的市场化改革。同时也表明,我国在艰难的改革实践中大力开展社会建设、维护社会稳定上闯出了一条富有成效的新路。

3. 努力使人民群众共享经济社会发展成果

提高人民生活水平,使人民群众共享改革成果,是我国改革开放现代化事业在民生方面的目标。在这一时期,为使更多的人民群众共享经济社会的发展成果,中国共产党将目光聚焦在了我国的分配制度的完善上。首

---

① 江泽民:《江泽民文选》(第二卷),人民出版社,2006,第22页。

先，1993年党的十四届三中全会明确提出"个人收入分配要坚持按劳分配为主体、多种分配方式并存的制度，体现效率优先、兼顾公平的原则"，"允许属于个人的资本等生产要素参与收益分配"[①]的主张，这一主张提升了多种分配方式的地位。随着对分配制度的不断完善，党的十六大报告进一步明确了生产要素在我国收入分配制度中的重要地位和作用，既肯定了劳动的关键性作用，又肯定了其他因素不可或缺的作用，体现出社会主义基本原则和市场经济基本要求在分配制度上的高度统一。其次，党中央在十六大报告中历史上第一次提出了初次分配与再分配要注重不同侧重点的问题。强调初次分配应该注重效率，鼓励经济的发展效率；再分配注重公平，维护社会的稳定。这一创新提法，提升了解决贫富分化、实现社会公平的力度。再次，党中央在十六大报告中明确提出了扩大中等收入者在我国人口总量中所占的比重，进一步清晰了分配制度改革的努力方向。在完善我国收入分配制度的同时，党中央对我国自中华人民共和国成立后三十年以来业已形成的社会保障制度中诸多不合理之处进行了大幅度的改革，在就业、养老、医疗等方面着力颇多。经过跨世纪13年的不懈奋斗，我国逐步建立起由市场主导、契合不断发展的市场经济体制、中央统一管理、地方分级负责的社保体系框架。这一框架，扩大了社保的覆盖范围，将社保的管理权限下放至社会层面，提升了社保体系的制度化、法制化水平，实现了社会保障体系从传统型到现代型的转变，使社会保障由之前的国有企业专享转变为城镇居民共享。但同时我们要注意到，由于农村经济发展的滞后，在当时尚不具备普遍实行社会保险的条件，因此我国在农村实行了与城镇有别的社会保障办法，为党的十六大后社会建设在农村的着力留下了空间。

[①] 中共中央文献研究室编《十四大以来重要文献选编》（上），人民出版社，1996，第534-535页。

（五）努力开创生产发展、生活富裕、生态良好的文明发展道路

进入跨世纪的13年，在积极贯彻落实环保基本国策的同时，党中央又结合环保领域出现的新形势和新特点，制定出切实符合中国国情的可持续发展战略。在这一战略的指引下，我国实现了对人口问题的综合治理，加强了资源的节约和管理，大力建设秀美山川，进一步丰富和发展了中国特色社会主义生态文明建设的理论与实践。

1. 可持续发展战略的制定和实施

在跨世纪的13年里，党中央把环境保护提升到现代化建设全局和人类长远发展的战略高度加以重视，并采取了一系列措施大力推进环境保护工作。经过10年的试行后，我国于1989年正式颁布《中华人民共和国环境保护法》，为我国推进环境保护工作提供了法制保障。1992年，针对我国在现代化建设过程中仍然依赖自然资源低效利用，从而大量浪费的弊端，《中国21世纪议程——中国21世纪人口、资源与发展白皮书》将实施持续发展战略列在首位，并强调指出："转变发展战略，走依靠科技进步实现可持续发展道路，是加速中国经济发展的正确选择。"[①]这表明中国共产党已经深化了对环境与发展关系的认识，充分认识到，经济的高速增长不能以自然资源的极大浪费为代价。经济的健康高速增长，必须是建立在经济社会与环境资源协调发展的关系上的。这一理念上的突破，表明中国在实现可持续发展上迈出了重要一步。1994年，党中央以《中国21世纪议程》的颁布，阐明了中国实施可持续发展战略的行动计划和措施，构筑了一个综合性的、长期性的、渐进的可持续发展战略框架，在实现可持续发展的过程中又迈出了重要一步。党的十四大后，中国共产党进一步将可持续发展提升为国家级的发展战略。江泽民

[①]《中国21世纪议程——21世纪人口、资源与发展白皮书》，中国环境科学出版社，1994，第21页。

强调,党中央在领导现代化建设的过程中,必须要将可持续发展纳入到建设全局的谋划中,重视人口、资源、环保等问题在其中的作用,真正"使人口增长与社会生产力发展相适应,使经济建设与资源、环境相协调,实现良性循环"①。此后,党中央在可持续发展理念的指引下,从我国国情出发,伴随着市场经济体系一日千里的建设,对生态建设作出了一系列工作部署,从而初步走出了一条生产发展、生活富裕、生态良好的可持续发展道路。

2. 走中国特色综合治理人口问题的道路

我国人口众多的基本国情,决定了我国在实施可持续发展战略中必须首先考虑人口问题,通过解决人口问题为实现可持续发展创造良好的人口环境。江泽民指出,"人口问题是制约可持续发展的首要问题,是影响经济和社会发展的关键因素"②,"人口、资源、环境三者的关系,人口是关键"③。这些精辟论断,表明党中央深刻地认识到,人口是我国实现可持续发展的关键性因素之一。为此,党中央在继续坚持计划生育这一基本国策的基础上,提出包括"宣传现行计划生育政策不变、既定的人口控制目标不变、党政一把手亲自抓和负总责不变"的"三不变"在内的一系列方针政策,最终构成了我国人口与计划生育工作"三三三二一"的总体思路,走出了一条"具有中国特色的综合治理人口问题的道路"④。这条道路是中国特色社会主义道路在解决我国人口与发展问题上的具体体现,是中国共产党探索和解决我国人口与发展问题形成的重大成果,是党中央在人口问题上认识的升华。

---

① 江泽民:《江泽民文选》(第一卷),人民出版社,2006,第463页。
② 江泽民:《江泽民文选》(第三卷),人民出版社,2006,第463–464页。
③ 中共中央文献研究室编《江泽民论有中国特色的社会主义》(专题摘编),中央文献出版社,2002,第289页。
④ 中共中央文献研究室编《十五大以来重要文献选编》(中),人民出版社,2001,第1154页。

3. 加强资源节约和管理

我国虽地大物博，但人均享有资源却相对较少。要实现可持续发展，必须合理利用资源。党的十三届四中全会后，针对我国资源禀赋情况和现代化建设对资源的需求，党中央强调必须坚持"资源开发与节约并举，把节约放在首位，提高资源利用效率"[1]。这一资源管理利用基本方针较以往实现了两大突破：第一是强调经济的高速发展必须将资源节约置于首要地位；第二是强调经济的发展必须摆脱传统观念，树立对资源高效利用的全新理念。它的提出，表明党中央在深刻把握资源开发和节约的辩证关系基础上更加注重节约，为此后党的十七大提出"节约优先战略"[2]奠定了基础。在资源的利用和管理上，党中央则积极推进资源利用方式和管理方式的两个根本性转变。江泽民指出："要积极推进资源利用方式从粗放向集约转变，走出一条适合我国国情的资源节约型的经济发展新路子。"[3]这两大根本性转变的提出，促使我国制定并完善环境资源保护法律，改革资源管理方式，实现市场在微观层面的引导和政府在宏观层面实行管理的有效结合。这一全新机制，此后开始引领我国的资源优化配置。这一方针也成为后来建设资源节约型社会的理论先声。此外，江泽民还深入思考了维护我国战略资源安全的问题。他强调，我国现代化建设事业的快速健康发展，离不开全国上下对国家战略资源安全的重视，"这是直接关系我国长远发展的战略问题"[4]。

---

[1] 本书编写组编《与时俱进的理论创新——江泽民重要论述专题研究》，人民出版社，2006，第266页。

[2] 中共中央文献研究室编《十七大以来重要文献选编》（中），中央文献出版社，2011，第986页。

[3] 中共中央文献研究室编《江泽民论有中国特色的社会主义》（专题摘编），中央文献出版社，2002，第294页。

[4] 江泽民：《江泽民文选》（第三卷），人民出版社，2006，第122页。

4. 建设秀美山川，促进人与自然的和谐发展

在改革开放的不断推进中，党的第三代中央领导集体坚持把生态保护和恢复放在重要位置，提出了努力恢复我国自然生态环境，建设秀美山川的环保建设目标。1996年，江泽民提出了"保持环境的实质就是保护生产力"①的著名论断。跨入新世纪后，他进一步解释道："保护资源环境就是保护生产力，改善资源环境就是发展生产力。"②这一崭新论断，丰富了可持续发展的内涵。为了实现再造祖国秀美山川的战略目标，我国开展了包括退耕还林和天然林保护工程在内的一系列重大生态保护和建设工程，为日后生态文明建设道路的提出与拓展打下坚实基础。2001年7月，江泽民又提出"要促进人和自然的协调与和谐"③的发展目标，表明中国共产党抓住了生态文明建设的本质要求，实现了对生态文明建设规律认识的升华。

三、中国特色社会主义现代化建设的世纪扬帆

在跨世纪的13年中，中国共产党提出了跨世纪发展的战略，并以此成功指引了中国的社会主义现代化事业在经济、政治、文化、社会和生态建设等多方面成功迈入21世纪。

（一）成功应对金融危机和特大洪水等诸多考验

在中国的社会主义现代化建设跨世纪发展的过程中，中国先后成功应

---

①江泽民：《江泽民文选》（第一卷），人民出版社，2006，第534页。
②中共中央文献研究室编《江泽民论有中国特色的社会主义》（专题摘编），中央文献出版社，2002，第282页。
③江泽民：《江泽民文选》（第三卷），人民出版社，2006，第295页。

对了亚洲金融危机和特大自然灾害，克服了各种艰难险阻，保持了经济的平稳较快增长。

　　1997年下半年，一场突如其来的金融风暴袭向东南亚，并很快波及整个亚洲和世界其他地区。7月2日，泰国政府在同国际投机资本苦斗了数月之后，终于支撑不住，被迫宣布放弃盯住美元的联系汇率制度，泰铢汇率当日下跌约20%，国际投机家眨眼之间从泰国卷走了40亿美元，泰国国家金融体系遭受重创。紧接着，国际金融炒家们又顺势向周边国家发起攻击，致使金融危机像飓风般横扫整个东南亚。印度尼西亚、菲律宾、缅甸、马来西亚、韩国的货币纷纷大幅贬值，工厂倒闭，银行破产，股市"跳水"，原来欣欣向荣的经济一夜之间发生陡变，一些国家的经济水平瞬间倒退了10年，重新步入萧条期，甚至出现了严重的政治和社会危机。这场危机对中国改革和经济发展形成巨大冲击，由于国际市场萎缩等因素，中国外贸进出口总额大幅度下降，利用外资减少，人民币面临贬值压力，出现通货紧缩趋势，经济增长速度放缓。在巨大的压力面前，中国将如何应对突然成为世界关注的焦点。在危机中，党中央及时有针对性地采取了一系列对策，实施积极的财政政策和稳健的货币政策，对我国的经济增长起到了明显的拉动作用，有效抵御了金融危机的冲击。为尽快恢复地区金融秩序，中国不仅没有使人民币贬值，还尽可能为东盟国家提供援助，为缓解这场金融风暴作出了积极贡献，展示了一个负责任大国的良好形象，赢得了世界的首肯和尊重。

　　亚洲金融风暴的余波尚未平息，一场自然界的惊涛骇浪又向我们袭来。1998年夏，中国又遭遇到一场历史罕见的特大洪涝灾害。长江、嫩江、松花江暴发了百年不遇的特大洪水。全国共有29个省市区遭受不同程度损失，受灾人口达到2.23亿人。南北方同时暴发洪水，持续时间之长，危害之严重，百年罕见。在国家财产和人民生命安全受到洪水严重威胁的紧急关头，党中央果断决策，调兵遣将，全国军民万众一心，展开了一场顽强不屈、气吞山河的大决战。面对特大洪水的袭击，党和国家主要领导人多次亲临抗洪第一线现场指挥。各级党委和政府全力组织，灾区百姓奋起自救，人民解放军和武警共出动30万官兵参加抗洪斗争，全国人民包括港澳台同胞以及海外侨胞踊跃捐款。最终，抗洪抢险斗争取得全面胜利，创造了将受灾损失减少到最低限度的奇迹。举国奋起的抗洪之战，让全世界看到了中国人民的精神风貌，相信了中国政府应对风险和困难的执政能力，彰显了中国特色社会主义的巨大优越性。中国军民共同铸就的"抗洪精神"，丰富了中华民族伟大复兴的精神宝库。

（二）经济产业结构的优化升级

伴随着改革开放的不断深入，我国在经济体制的改革中从全面提高国民经济整体素质和效益出发，将产业结构的优化升级作为其中的重要一环，经过不断的实践取得阶段性成功。调整后的经济产业结构，巩固和加强了农业在我国国民经济生产中的基础地位，加快了工业的改组改造和结构优化升级，第三产业得到大力发展，水利、交通、能源等基础设施得到进一步加强，国民经济社会发展的信息化程度得到加强，人民群众的物质生活得到进一步改善。

1. 关于农业基础地位的巩固和加强

作为人民群众的衣食之源，农业的重要地位不容置疑。人民生活水平的改善和提高，离不开农业的促进和发展，离不开农产品供应在质和量上的提高。作为世界上的农业大国，农村人口占我国总人口的70%，农民生活水平得不到提高，就难言全国人民生活水平的提高；没有农村的小康，也不可能有全国的小康。改革开放后，党中央纠正了传统经济发展模式中以重工业为中心的发展战略，将农业置于国民经济发展首位，高度重视农业的发展，围绕"三农"问题采取了一系列重要的政策措施。农业基础地位的提升,使我国的农村发生了巨变。从 1978 年至 1998 年,农村居民的人均收入,剔除价格变动因素后,增长 3.6 倍;粮食平均每年增产近 1000 万吨;棉花、油料年产量增长 1 倍和 3.4 倍,中国以占世界 7% 的耕地使占世界 22% 的人口实现了丰衣足食,从而为在农村建立并坚持以公有制为主体、多种所有制经济共同发展的基本经济制度创造了最重要的条件,为在国家工业化进程中保持社会稳定提供了重要保障。①

2. 关于第三产业的兴起

作为丰富人民群众生活内容,改善居民生活环境,提高居民科学文化素质的重要产业,第三产业与人民幸福生活密切相关。改革开放前30年,我国的第三产业没有得到应有的发展。人民生活幸福指数不高与第三产业的发展迟缓乃至停滞有着直接联系,居民消费领域十分狭窄。在改革开放后,随着经济体制的改革,城镇企业剩余劳动力富集。为解决这一经济社会发展的大问题,国家从20世纪90年代起将大力发展第三产业作为我国经济结构优化升级的重要内容,并采取了一系列导向性措施。在党中央的努力下,我国的第三产业结构在跨世纪的13年迅速发展,展现出蓬勃生机。从1979年到1998年的20年间,我国的第三产业年均增长率达到惊人的10.5%,从业人员由1978年的4890万人增加到1998年的1.87亿人,占全国从业人员比例达到26.7%。②第三产业的加快发展,不仅促进了商业、饮食业、服务业的兴旺,为社会提供了丰富、周到的生活服务,极大地方便了居民生活,而且以其成本低、容量大等优势有效地扩大了就业领域,已经成为我国劳动力就业的主渠道。

3. 关于工业化与信息化并举

工业化建设是我国现代化建设进程中的一项历史性任务,而自第三次科技革命后,大力推进国家经济社会的信息化建设又成为我国现代化建

---

① 参见《国情·道路·现代化》(郑德荣主编,吉林文史出版社2001年版)第347页。
② 参见《国情·道路·现代化》(郑德荣主编,吉林文史出版社2001年版)第347页。

设的应有之义，信息化建设离不开坚实的工业化基础。但在我国，信息化建设并非在工业化成熟阶段进行，而是在工业化全面展开时进行，在工业化水平未达到西方发达国家水平的大背景下，如何实现工业化与信息化的同步发展，成为党中央亟待解决的课题。在通盘考虑下，党中央提出，我国不应走欧美国家先走完工业化再推进信息化建设的老路，而是要坚持贯彻"工业为后盾，信息产业为先导"的方针，实现工业化和信息化的并举发展，用工业化培育信息化，以信息化促进工业化。为此，从20世纪90年代初开始，我国将信息化和工业化的协调发展作为优化产业结构的重要内容，把工业化与信息化更加有机地结合起来，以信息化带动工业化，发挥后发优势，实现生产力跨越式发展，使我国的信息化与工业化展示出前所未有的生机与活力。

4. 关于基础设施的加强

作为产业结构优化升级的重要一环，我国在跨世纪的13年，加强了水利、交通、能源等基础设施的建设。为进一步优化产业结构，促进经济、资源与环境的协调发展，党中央采取了一系列政策措施。第一，坚持把基础设施的发展放到优先地位。在交通建设方面，国家统筹规划，合理安排，加强公路、铁路、港口、机场、管道系统建设，健全畅通、安全、便捷的现代化综合运输体系。在能源建设方面，国家充分发挥资源优势，优化能源结构，提高利用效率。调整煤炭生产结构，发展洁净煤技术。实行油气并举，加快石油天然气勘探、开发和利用。电力建设则立足当前，着眼长远，调整电源结构，加强电网建设。1988—1998年，我国能源生产总量年均增长3.5%。第二，合理利用资源。在合理利用资源、提高资源使用效率方面取得了明显成效，每万元国内生产总值消耗的能源由1978年的15.8吨标准煤降为1998年的1.7吨标准煤，综合能耗水平大为降低。资源的有效利用，既保证了经济的快速增长，也为人民生活的持续改善提供了有利的条件。

(三)区域经济的协调发展

东西部地区发展差距的历史存在和逐步扩大,是一个长期困扰中国经济和社会健康发展的全局性问题。在跨世纪的13年,党中央根据我国经济建设和改革开放的新形势新特点,在区域经济发展方针上作出新调整,有力促进了我国经济现代化建设的健康快速发展。在调整和优化的过程中,党中央提出实施西部大开发战略,进一步加强了东部沿海地区和中西部地区的经济和社会联系,使东部沿海和中西部地区经济实力齐上新台阶。

早在党的八大期间,毛泽东在《论十大关系》中就以专门的篇章强调,要处理好沿海工业和内地工业的关系。到了1988年,随着我国改革开放和现代化建设的全面展开,邓小平提出了"两个大局"的地区发展战略构想。他指出:"沿海地区要加快对外开放,使这个拥有两亿人口的广大地带较快地先发展起来,从而带动内地更好地发展,这是一个事关大局的问题。内地要顾全这个大局;反过来,发展到一定的时候,又要求沿海拿出更多力量来帮助内地发展,这也是个大局,那时沿海也要服从这个大局。"① "两个大局"的思想,其实质就是实现我国区域经济发展由不平衡到平衡、由差距较大到差距缩小、由部分地区先富起来到全国各地区共同富裕的一个长期的历史过程。根据这一思想,在改革开放初期,党中央用客观和科学的态度对我国的经济发展进行定位,鼓励东部沿海地区先富起来。时至世纪之交,东部沿海地区经过20年的发展已经积累了相当规模的经济实力,中国的综合国力也显著增强,国家支持西部地区加快发展的条件业已具备。为此,在1999年党的十五届四中全会上,党中央明确提出实施西部大开发战略。2000年,在党的十五届五中全会上,党中央明确强调,加快中西部地区发展,是实现现代化建设第三步战略目标的重大举

---

① 邓小平:《邓小平文选》(第三卷),人民出版社,1993,第277-278页。

措。而在具体的实践上，党中央注重兼顾公平和效率的问题，采取了一系列措施，引导区域经济实现协调发展和可持续发展。在这一时期，党中央在指导思想上主要强调引导区域经济合理分开，调整了改革开放初期实行的以"放权让利"和沿海地区率先扩大对外开放为特征的区域经济发展战略和基本政策。在扩大开放上，党中央顺应了我国加入WTO进程加快的新形势，积极主动地、大规模地引导中西部地区参与国际经济技术合作与交流。在政策措施上，20世纪90年代以来，我国制定地区政策的基本出发点是坚持效率优先、兼顾公平的原则，允许一部分地区先富起来，带动和帮助后富。在结构调整上，充分发挥科学技术在现代生产力发展中的主导作用，加快中西部地区发展科技、旅游、果业等优势产业的步伐，构建中西部特色上的基本框架。在发展模式上，我国政府明确强调各地都要实施可持续发展战略，把"经济与社会相互协调和可持续发展"列为国民经济和社会发展的重要指导方针。在这些方针政策的指引下，我国中西部地区的基础设施和生态环境建设取得突破性进展，各地区经济发展活力得以激发，特别是中西部地区出现了新的经济增长极。中西部地区经济发展的提速，又促进了我国全方位、多层次、多领域、多形式的对外开放的格局基本形成。在"西部大开发"战略的实施过程中，我国中西部与沿海地区经济发展差距扩大的趋势有所缓解。跨地区对内开放和经济联合有了新的突破，特色区域经济初步显现。

（四）祖国统一大业取得新进展

1997年6月30日至7月1日凌晨，中英香港政权交接仪式在香港举行。江泽民庄严宣告：中国政府对香港恢复行使主权，中华人民共和国香港特别行政区正式成立。[①]中华人民共和国国旗和香港特别行政区区旗在雄壮

---

① 江泽民：《江泽民文选》（第一卷），人民出版社，2006，第653页。

的国歌声中升起。这一天，举世瞩目，永载史册。香港的顺利回归，是成功实践"一国两制"构想的结果，是中华民族的一大盛事，标志着中国人民洗雪了香港被侵占的百年国耻，香港的发展进入了一个新的时代。香港回归后，在"一国两制""港人治港""高度自治"的方针指导下，在祖国内地的有力支持下，香港保持了经济的发展和社会的稳定，"一国两制"的伟大构想也赢得了国际社会的普遍赞誉。

香港回归两年半后，1999年12月19日午夜至20日凌晨，中葡两国政府代表团在澳门举行了隆重的政权交接仪式。江泽民庄严宣告：中国政府对澳门恢复行使主权。澳门的回归，标志着从这一刻起，中国在国土上彻底结束了外国列强的占领。香港、澳门顺利回归，是祖国统一大业进程中重要的里程碑，是中国共产党对于中华民族的历史性贡献。香港、澳门的顺利回归，开创了港澳两地和祖国内地共同发展的新纪元。通过外交谈判并以"一国两制"方式解决香港、澳门回归问题，是中国人民为世界和平与进步事业作出的新贡献。这一成功实践证明，"一国两制"不仅是实现祖国统一最现实的途径，而且也是港澳两地持续稳定、繁荣和发展最为重要的制度保障。

党的十三届四中全会以来的13年，党中央第三代领导集体坚持三中全会以来的路线不动摇，从容应对一系列关系中国主权和安全的国际突发事件，战胜了在政治、经济领域和自然界出现的困难和风险，成功地稳住了改革和发展的大局，捍卫了中国特色社会主义伟大事业。这期间，中国实现了由计划经济体制向社会主义市场经济体制的转变，实现了改革开放新的历史性突破，打开了经济、政治和文化发展的崭新局面。到2001年，中国国内生产总值比1989年增长近两倍，年均增长9.3%，经济总量已居世界第6位，人民生活总体上实现了由温饱到小康的历史性跨越。

第五章
社会主义现代化建设在新世纪成功推进

　　进入21世纪，中国进入全面建设小康社会、加快推进社会主义现代化新的发展阶段。2002年到2012年的十年间，中国坚持以经济建设为中心不动摇，加快转变经济发展方式，坚持走中国特色社会主义经济发展道路，推进经济体制纵深改革，实现经济又好又快发展。始终坚持走中国特色政治发展道路，发展社会主义民主政治，建设社会主义政治文明。积极推进文化体制改革，建设社会主义核心价值体系，实施文化强国战略，推动文化大发展大繁荣。促进城乡和区域协调发展，加快以改善民生为重点的社会建设，积极构建社会主义和谐社会。推动建设资源节约型和环境友好型社会，大力推进生态文明建设，走上社会主义生态文明道路。经过坚持不懈的努力，我国社会生产力快速发展，经济总量跃升到世界第二位，综合国力大幅度提升，人民生活明显改善，国际地位和影响力显著提高。在这一时期，中国还取得了抗击非典疫情以及应对汶川特大地震、南方低温雨雪冰冻、甘肃舟曲泥石流等严重自然灾害的重大胜利，成功举办北京奥运会、残运会和上海世博会，成功应对2008年国际金融危机。促进香港、澳门保持繁荣稳定，推动海峡两岸朝着和平稳定的方向发展，在新的历史起点上坚持和发展了中国特色社会主义现代化建设事业。

| 中国社会主义现代化的发展历程

一、全面建设小康社会宏伟目标和经济社会的发展

（一）全面建设小康社会的目标实践部署

新世纪新阶段，国际国内形势发生深刻变化。国际方面，世界多极化和经济全球化在曲折中发展；国内方面，中国进入全面建设小康社会、加快推进社会主义现代化新的发展阶段。2002年，党的十六大召开，大会通过了《全面建设小康社会，开创中国特色社会主义事业新局面》的报告。报告立足于我国已经解决温饱、人民生活总体达到小康水平的基础，提出了全面建设小康社会的奋斗目标，并从经济、政治、文化等方面勾画了宏伟蓝图。报告指出：21世纪头20年，对于中国而言是一个可以紧紧抓住并且可以大有作为的重要战略期。中国共产党要带领全国人民集中力量，全面建设惠及十几亿人口的更高水平的小康社会，使经济更加发展，民主更为健全，科教更加进步，文化更加繁荣，社会更加和谐，人民生活更加殷实，这是实现我国现代化建设第三步战略目标必须经过的承上启下的发展阶段，也是完善社会主义市场经济体制和扩大开放的关键阶段，经过这个阶段的建设，再继续奋斗几十年，到21世纪中叶基本实现现代化。这一目标的提出，完全符合我国国情和现代化建设的实际。十六大报告中，党中央从四个方面提出了中国在新世纪新阶段全面建设小康社会的具体目标。

第一，在优化结构和提高效益的基础上，使国内生产总值在2020年比2000年翻两番，综合国力和国际竞争力明显增强。基本实现国家的工业化，建成完善的社会主义市场经济体制和更具有活力、更加开放的经济体系。城镇人口比重大幅度提高，工农差别、城乡差别和地区差别扩大的趋势逐步扭转。社会保障体系比较健全，社会就业比较充分，家庭财产普遍增加，人民过上更加富足的生活。第二，社会主义民主更加完善，社会主义法制更加完备，依法治国基本方略得到全面落实，人民的政治、经济和

第五章 社会主义现代化建设在新世纪成功推进

文化权益得到切实尊重和保障。基层民主更加健全,社会秩序良好,人民安居乐业。第三,全民族的思想道德素质、科学文化素质和健康素质明显提高,形成比较完善的现代国民教育体系、科技和文化创新体系、全民健身和医疗卫生体系。人民享有接受良好教育的机会,基本普及高中阶段教育,消除文盲。形成全民学习、终身学习的学习型社会,促进人的全面发展。第四,可持续发展能力不断增强,生态环境得到改善,资源利用率显著提高,促进人与自然的和谐,推动整个社会走上生产发展、生活富裕、生态良好的文明发展道路。报告还从经济、政治、文化等方面提出了具体要求,为全面建设小康社会指明了方向。党的十六大不仅完成了党和国家建设在指导思想上的与时俱进,而且还为新世纪改革开放和现代化建设提供思想政治和组织上的保证,确定了全面建设小康社会目标。

党的十六大后,我国加快推进和深化各项改革,积极扩大对外开放,不断加强和改善宏观调控,切实转变经济发展方式,在全面建设小康社会的道路上迈出了坚实的第一步。面对改革开放以来中国和世界上发生的广泛而深刻的变化,党的十七大在新的历史起点上,为夺取全面建设小康社会新胜利,制定了新的发展部署。2007年,党的十七大召开,大会的主题被确立为"高举中国特色社会主义伟大旗帜,夺取全面建设小康社会新胜利"。大会认为,"我们已经朝着十六大确立的全面建设小康社会的目标迈出了坚实步伐,今后要继续努力奋斗,确保到2020年实现全面建成小康社会的奋斗目标"[①]。十七大报告精辟概括了改革开放新时期奋斗历程,强调改革开放是中国共产党在新的时代条件下,带领人民进行的新的伟大革命,其最鲜明的特点是改革开放,最显著的成就是快速发展,最突出的标志是与时俱进。报告强调,改革开放以来,中国在现代化建设中所取得的一切成绩和进步的原因,归结起来就是开辟了中国特色社会主义道

[①] 中共中央文献研究室编《十七大以来重要文献选编(上)》,中央文献出版社,2009,第15页。

路，形成了中国特色社会主义理论体系。大会在十六大确立的全面建设小康社会目标的基础上，对我国发展提出了新的更高要求：第一，增强发展协调性，努力实现经济又好又快发展。第二，扩大社会主义民主，更好地保障人民权益和社会公平正义。第三，加强文化建设，明显提高全民族文明素质。第四，加快发展社会事业，全面改善人民生活。第五，建设生态文明，基本形成节约能源资源和保护环境的产业结构、增长方式、消费模式。这些新要求，与十六大所提出的目标要求相一致，又根据经济社会发展新的阶段性特征作出进一步补充、完善和深化，为我国夺取全面建设小康社会的新胜利奠定了坚实的基础。党的十七大科学回答了我国在改革开放和社会主义现代化建设事业的关键阶段，中国共产党举什么旗、走什么路、以什么样的精神状态、朝着什么样的发展目标继续前进等重大问题，开启了为夺取全面建设小康社会新胜利、开创中国特色社会主义事业新局面的新征程。

（二）科学发展观的提出与推进体制改革纵深发展

2002年，我国人均国民生产总值首次突破1000美元，经济社会结构逐渐发生深刻变化，现代化发展处于重要关口。为此党中央多次要求全党见微知著，防患于未然，借鉴国外在发展问题上的经验和教训，保持中国经济社会稳定和持续发展。同年，在党的十六大闭幕刚刚20天后，胡锦涛在西柏坡考察并发表重要讲话。在讲话中，胡锦涛反复强调："我国的改革开放和社会主义现代化建设取得了举世瞩目的伟大成就，我们完全有理由为此感到自豪，但我们决不能自满，决不能懈怠，决不能停滞，成绩越大，喝彩声越多，我们越要保持清醒的头脑。而且，必须看到我们取得的成就只是在伟大征途上迈出的坚实一步，要完成十六大提出的全面建设小康社会的奋斗目标，要完成基本实现现代化、把我国建设成为富强民主文明的社会主义国家的历史任务，要不断开创中国特色社会主义事业新局面，我们要走的路还长得很，我们肩负的任务还很艰巨，我们可能遇到的困难和挑战还会很多，我

第五章　社会主义现代化建设在新世纪成功推进

们必须始终谦虚谨慎、艰苦奋斗。"①不出西柏坡讲话所料，新的困难和风险总是伴随着现代化建设的深入而不断出现。2003年，非典型肺炎（全称为严重急性呼吸综合征，简称非典）漫延肆虐，充分暴露出我国在经济快速发展中存在的薄弱环节和问题，凸显出我国在经济发展和社会发展、城市发展和农村发展不够协调的矛盾。"实现什么样的发展、怎样发展"的问题在全国人民战胜非典疫情后摆在了党中央面前。

面对这一问题，党中央以总结对抗非典中的经验教训为突破口，开始进行深刻反思和总结。在初步的思索中，胡锦涛就敏锐深刻地提出了"协调发展"的要求和"全面的发展观"的观念，2003年7月，经过进一步思考，胡锦涛在全国防治非典工作会议上明确提出，我们积累了应对突发事件的重要经验，也获得了进一步做好工作的重要启示，对此进行认真总结和思索，以利于更好地应对前进道路上可以预料和难以预料的各种风险。胡锦涛指出，通过抗击非典斗争，我们比过去更加深刻地认识到，我国的经济发展和社会发展、城市发展和农村发展还不够协调；公共卫生事业发展滞后，公共卫生体系存在缺陷；突发事件应急机制不健全，处理和管理危机能力不强；一些地方和部门缺乏应对突发事件的准备和能力，极少数党员干部作风不实，在紧急情况下工作不力、举措失当。我们要高度重视存在的问题，采取切实措施加以解决，真正使这次防治非典斗争成为我们改进工作、更好地推动事业发展的一个重要契机。胡锦涛的讲话表明，我国的现代化建设，不仅要继续保持经济较快增长的良好势头，而且要重视提高经济增长的质量和效益；不仅要确保当年经济社会发展目标的实现，而且要高度重视研究和解决经济社会发展中存在的深层次问题；不仅要努力做好当前工作，而且要为长远发展打下良好的基础②。非典发生的偶然

---

①胡锦涛：《胡锦涛文选》（第二卷），人民出版社，2016，第6页。
②中共中央文献研究室编《十六大以来重要文献选编》（上），中央文献出版社，2005，第395页。

中国社会主义现代化的发展历程

性与我国社会主义现代化建设中矛盾和问题的产生以及解决的必然性,这两方面的结合,推动了科学发展观这一理论创新成果的形成和发展。而从长远看,进一步加强经济社会协调发展的工作,促进经济社会的协调发展,是我国将社会主义现代化建设事业推向新高度的必然要求。在当时经过20多年的改革开放,我国的现代化建设已经积累和暴露出不少矛盾和问题,如经济发展速度快、规模大,但质量和效益不高,地区发展不平衡,收入分配差距拉大,民主法治建设和思想道德建设与人民群众的愿望和要求不相适应,社会建设和社会管理跟不上,等等。这些矛盾和问题如果得不到及时解决,我国的经济发展就会缺乏后劲,人民群众的积极性和创造性也会受到限制,甚至会造成社会的不稳定,直接影响我国的社会主义现代化事业。因此,"科学发展观"的提出,可谓适逢其时。2003年8月底,胡锦涛在江西考察时,第一次提出要"牢固树立协调发展、全面发展、可持续发展的科学发展观"概念。同年10月,党的十六届三中全会明确提出,要"坚持以人为本,树立全面、协调、可持续的发展观"[1],并将科学发展观确定为深化经济体制改革,统领经济和社会发展的指导思想和原则。这鲜明的一笔,特别是"以人为本"这四个字,对科学发展观进行了规范表述。2004年,胡锦涛进一步明确了科学发展观的重大意义,对"以人为本""全面发展""协调发展""可持续发展"的内涵和要求作出深刻阐释。胡锦涛强调,科学发展观对我国改革开放和现代化建设都具有重要指导作用,一定要将其贯穿于社会主义现代化建设的整个过程和各个方面。科学发展观的提出,反映了中国共产党在21世纪对社会主义现代化建设的新认识,体现出全面建设小康社会的迫切要求,既顺应了时代发展潮流,又符合当代中国国情。

科学发展观提出后,党中央在这一全新思想的指导下,相继作出一

---

[1] 中共中央文献研究室编《十六大以来重要文献选编》(上),中央文献出版社,2005,第465页。

系列重大决策和部署,引领我国的体制改革向纵深发展,主要包括以下几个方面。第一,进一步加强和完善宏观调控。在当时,我国面临粮食播种面积连续五年减少,粮食产量持续下降和固定资产投资总量增长过快两大问题。面对这两大问题,党中央在信贷、土地、农业生产等方面,采取有针对性的调控措施,抑制了经济运行中的不健康、不稳定因素,避免了经济发展大的起落,进一步加强了农业发展,促进了粮食生产,保持了国民经济持续快速增长。第二,完善社会主义市场经济体制。党的十六届三中全会通过《关于完善社会主义市场经济体制若干问题的决定》,提出按照统筹城乡发展、区域发展、经济社会发展、人与自然和谐发展、国内发展和对外开放的要求,更大程度地发挥市场在资源配置中的基础性作用,增强企业活力和竞争力,健全国家宏观调控体系,完善政府社会管理和公共服务职能,为全面建设小康社会提供强有力的体制保障。第三,建设社会主义新农村。进入21世纪,随着工业化城镇化加速发展,土地、资金、劳动力加速流出农村,我国出现了粮食生产徘徊、农民增收停滞的问题。为此,党中央强调,要把三农问题作为全党工作的重中之重,放在更加突出的位置。2005年,党的十六届五中全会提出了建设"生产发展、生活富裕、乡风文明、村容整洁、管理民主"的社会主义新农村的历史任务,并相对应地提出了一系列强农惠农政策,加快了社会主义新农村建设的步伐。建设社会主义新农村任务的提出,是在全面建设小康社会的关键时期,中国总体上已进入以工促农、以城带乡新阶段的形势下,国家作出的一项重大决策。此外,自党的十六大以来,党中央还就建设创新型国家、推动区域协调发展作出相关部署,切实推动了我国的体制改革向纵深发展。

(三)转变经济发展方式的提出与贯彻

改革开放以来,我国经济保持了较高的增长速度,经济社会发展取得明显成效,但经济增长粗放式发展的弊端也逐渐显露,资源和环境所承受的压力日益凸显,为实现经济快速增长,中国所付出的代价日益加重。2003年,我国成为世界第一煤炭消费国和第二石油消费国、电力消费国,在消耗大量资源的情况下,所创造的GDP只占世界总量的4%。[①]面对传统工业化发展道路所带来的资源大量消耗和环境恶化的现实,党的十六大作出了走新型工业化道路的决策,强调坚持以信息化带动工业化,以工业化促进信息化,走出一条科技含量高、经济效益好、资源消耗低、环境污染少、人力资源优势得到充分发挥的新路子。2007年,胡锦涛明确提出"转变经济发展方式"的重大战略。由转变经济增长方式,到转变经济发展方式,尽管只是"增长"和"发展"两个字的改变,但却体现出中国共产党对于现代化经济建设内涵的深入理解。单纯的经济增长并不等于发展,转变经济发展方式,除了涵盖转变经济增长方式的全部内容外,还对经济发展的理念、目的、战略和途径等提出了新的更高要求。科学发展观的提出,就对这些新的更高要求作出了明确的解释。胡锦涛指出,实现全面建设小康社会的宏伟目标,就是要使经济更加发展,民主更加健全,科教更加进步,文化更加繁荣,社会更加和谐,人民生活更加殷实。要实现这些目标,就必须促进社会主义物质文明、政治文明和精神文明协调发展,坚持在经济发展的基础上促进社会全面进步和人的全面发展,坚持在开发利用自然中实现人与自然的和谐相处,实现经济社会的可持续发展。这样的发展观符合社会发展的客观规律。生产力的发展是人类社会发展的最终决定力量,只有坚持以经济建设为中心,不断解放和发展生产力,才能为社会全面进步和人的全面发展奠定坚实的物质基础。同时,经济发展又是同政治发展、文化发展紧密联系的。从根本上说,经济发展决定政治发展和文化发展以及其他发展,但政治发展、文化发展和其他方面的发展也会反过来对经济发展产生作用,在一定条件下还可以产生决定性作用。

---

① 参见《我国生态文明发展战略研究》(上)(刘湘溶等著,人民出版社2013年版)第252页。

这就要从全面建设小康社会的目标要求出发，阐明科学发展观既符合人类社会发展规律，又符合马列主义、毛泽东思想和中国特色社会主义理论体系的坚实基础。此后，在党的十七大报告中，党中央明确提出了"两个坚持""三个转变"的发展思路。"两个坚持"即"坚持走中国特色新型工业化道路，坚持扩大国内需求特别是消费需求"。而"三个转变"则为"经济增长由主要依靠投资出口拉动向依靠消费、投资、出口协调拉动转变，促进经济发展方式由主要依靠第二产业带动向依靠第一、第二、第三产业的协同带动转变，促进经济增长由主要依靠增加物质资源消耗向主要依靠科技进步、劳动者素质提高、管理创新转变"[①]。此后，我国在转变经济发展方式上迈出了坚实的步伐，并在经济、政治、文化、社会、生态等方面作出相应的努力，使我国的现代化发展迈上新台阶。

二、五大建设和党建新进展

（一）坚持走中国特色社会主义经济发展道路，实现经济又好又快发展

进入21世纪，我国社会主义经济发展在取得突出成绩的同时也凸显了一些较为尖锐的矛盾。我国仍然属于高能耗、低效率的粗放型经济结构。在这一不合理的大结构下，我国的产业结构、区域经济分布结构、国民收入分配结构等都存在不合理的地方，我国的生产力发展依旧面临诸多体制性障碍。在这些纷繁复杂的发展矛盾面前，党中央在十七大报告中明确提出了"促进国民经济又好又快发展"的目标，并在此后的实践中积极贯彻落实，使我国的特色经济发展道路不断向前迈进。

[①] 中共中央文献研究室编《十七大以来重要文献选编》（上），中央文献出版社，2009，第17–18页。

中国社会主义现代化的发展历程

1. 促进国民经济又好又快发展

"促进国民经济又好又快发展"为我国的经济发展规划打上了鲜明的时代烙印。1978年以来，伴随着改革开放的积极进行，我国的经济总量实现了一日千里的递增。在综合国力显著增强的同时，广大人民群众的生活也得到明显改善。在经济持续发展的过程中，党中央对经济发展中速度和效率关系的认识逐渐加深，意识到国民经济发展不仅要追求速度上的"快"，还要追求质量和效益上的"好"，即经济效益好、整体素质高、资源消耗低、环境污染少。党的十六大后，胡锦涛曾明确提出："增长并不简单地等同于发展，如果单纯扩大数量，单纯追求速度，而不重视质量和效益，不重视经济、政治和文化的协调发展，不重视人与自然的和谐，就会出现增长失调、从而最终制约发展的局面。……忽视社会主义民主法制建设，忽视社会主义精神文明建设，忽视各项社会事业的发展，忽视资源环境保护，经济建设是难以搞上去的，即使一时搞上去了最终也可能要付出沉重的代价。"[1]党中央此时从理论与实践的结合上，从正面与反面的对照中，阐明和论证了科学发展观的必要性和正确性，明确为我国的社会主义现代化建设提出了更高的发展要求。随着这一认识的不断深入，党的十七大报告在提出又好又快目标的同时，相应地在自主创新、城乡一体化、产业结构升级、深化对外开放等方面提出了各自领域的发展目标。在实践中，党中央也积极贯彻改革精神，在以下几个突出的方面实现了发展目标的落实。第一，带领全国人民大力增强了我国经济发展中的自主创新能力，加快建立了符合世界发展趋势的自主创新体系。这一体系，实现了创新产业与创新研究的有机结合，使企业成为带动创新的主体，以市场需求指明创新的方向，使我国的创新体系建设不再由国家行政领导，而是由

---

[1] 中共中央文献研究室编《十六大以来重要文献选编》（上），中央文献出版社，2005，第484页。

市场带动,从而实现了创新体系的市场化、产业化。第二,党中央在十七大后十分重视"三农"问题的解决,坚持从减轻农民负担出发,积极推动新农村建设,以现代农业的快速发展全面繁荣了我国农村经济。第三,党中央积极推动了我国基本经济制度的进一步完善,在坚持发挥市场的基础性资源配置作用的同时,进一步去除了政府在微观经济领域的干预职能,增强了其宏观调控作用。与此同时,党中央进一步提高了我国的对外开放水平,促进了和谐世界的发展。上述的所有举措,都围绕着"科学发展上水平"这一中心进行。这些举措都不约而同地通过转变增长方式,体现了以人为本的发展,即党的十八大报告中所强调的:"要适应国内外经济形势新变化,加快形成新的经济发展方式,把推动发展的立足点转到提高质量和效益上来,着力激发各类市场主体发展新活力,着力增强创新驱动发展新动力,着力构建现代产业发展新体系,着力培育开放型经济发展新优势……不断增强长期发展后劲。"①这就表明,这一时期,党中央对我国的社会主义现代化建设思路有了重要的转变,即从以前的"跨越式发展"变为"慢呼吸比耐力"的发展思路。这一思路,着重强调加快转变经济社会发展方式,更加注重提高经济发展的质量和效益,在经济"内生动力"的基础上提升创新力、可持续发展能力,使我国的经济迈上又好又快发展的新台阶。

2. 推动基本经济制度的进一步完善

在经济制度上,从党的十六大开始,党中央就明确强调,要深化改革,而实现经济体制的进一步改革,就必须坚持我国的基本经济制度以及分配制度。虽然这一论断与20世纪90年代末相比没有太大区别,但在具体推动这两大制度的建设上,党中央在新世纪又有了进一步推进。

---

① 胡锦涛:《坚定不移沿着中国特色社会主义道路前进 为全面建成小康社会而奋斗——在中国共产党第十八次代表大会上的报告》,人民出版社,2012,第20页。

在所有制结构上,党中央在坚持我国基本经济制度的基础上,将股份制这一经济形式引入了公有制经济的发展中。党中央同时指出,随着特色社会主义市场经济体制的进一步发展,股份制终将成为我国公有制经济的主要实现形式,并强调"完善国有资本有进有退、合理流动的机制,进一步推动国有资本更多地投向关系国家安全和国民经济命脉的重要行业和关键领域"①,以增强国有经济的控制力。在坚持和发展非公有制经济方面,党中央强调,以个体、私营为代表的非公有制经济,是促进我国经济持续健康发展的重要力量,从而进一步提升了非公有制经济的地位。更为重要的是,党中央在这一时期提出了现代产权制度的目标,并引领了一系列的实践,将这一制度的建立和健全引上正轨。这表明,随着改革的深入,党中央已经认识到,作为所有制的核心以及现代企业制度的基石,产权一天不在制度上得到承认与保护,现代企业制度就一天不能真正建立。现代产权制度的建立与健全,不仅能够保护私有财产,促进非公有制经济的发展,而且对于维护公有制财产,巩固公有制经济在经济发展中的龙头地位也是极为有利的。在分配制度上,与20世纪90年代相比,党中央在新世纪新阶段从科学发展观出发,在坚持效率优先的基础上,更多地强调要"兼顾公平,各种生产要素按贡献参与分配"②,强调要扩大中等收入者比重,提高低收入者收入水平,调节过高收入,取缔非法收入,并加快建设与经济建设相适应的社会保障体系以满足人民所需,从而实现效率与公平的结合。

3. 在经济体制上发挥市场的基础性作用与发挥政府宏观调控作用

在经济管理体制上,党中央进一步明确提出,要真正建立并健全我国的经济管理体制,就必须妥善处理好市场与政府的关系。社会主义市场

---

① 《改革开放以来历届三中全会文件汇编》,人民出版社,2013,第121页。
② 《改革开放以来历届三中全会文件汇编》,人民出版社,2013,第133页。

经济体制，既克服了单纯依靠自由放任市场经济体制、依靠无政府的市场盲目调节造成的周期性经济危机和巨大贫富差距的弊端，又克服了单纯依靠政府计划调节造成的资源配置不合理、经济结构扭曲、效率低下与资源浪费的弊端。这一体制，一方面实现了对市场作用的充分发挥，使其在资源配置中实现了对有限资源的效率最大化使用，使得经济得以高速发展。同时还实现了对政府宏观调控作用的充分发挥，保障了资源配置的相对公平。随着市场经济的进一步发展，党中央清楚地看到，市场经济本质上就是以市场带动资源配置，实现资源效率最大化利用的经济模式。要健全这一体制，必须尊重市场的重要性角色，着力解决与市场发展不相契合的体制性弊端，进一步降低政府对微观经济层面的干预力度，增强其宏观调控能力，使政府在提供公共服务、保障竞争公平、促进共同富裕等方面担当更重要的角色，以弥补市场在宏观层面的先天不足。为此，在发挥市场在资源配置中的基础性作用上，党中央对此的重视程度也是逐步提升。从十六大报告上的"更大程度上"，到十七大报告上的"制度上"，再到十八大报告上的"更大程度更广范围"，实现了对政府和市场关系认识的不断深化。这些逐渐加强的论点，无不强调要尊重市场运行规律，并且明确政府自身在市场经济的定位，摒弃了以往由政府包干一切的弊端，为市场经济的健康发展创造了良好的体制环境。

4. 不断提高对外开放水平

党的十六大以来，经济全球化、一体化的发展态势促使党中央进一步提高了我国的对外开放水平，以更为主动的姿态参与全球经济的发展。同一时期，开放型经济新体制的积极构建，加快了我国融入经济全球化的进程，使我国的经济发展与世界经济的发展高度融合，密不可分。以胡锦涛为总书记的党中央，以科学发展观引领了我国的对外开放事业，将国内的经济发展与对外经贸交流统筹起来。在扩大内需的同时，以互利共赢的开放理念拓展了对外开放的广度和深度，形成了积极参与国际经济合作和竞争的新优势，全面提高了我国开放型经济的水平。党的十六大后，党中央积极把握经济全球化的契机，不断推出新的开放举措，完善国内开放布局，并不断提升沿边开放战略，扩大和深化跨境合作，使得我国的开放格局摒弃了以往的政策性特征，以稳固的体制性特征吸引了外资的投入。2011年，胡锦涛提出了"进一步扩大经济技术合作、进一步促进对外贸易平衡发展、进一步完善全方位对外开放格局、进一步坚持'引进来'和'走出去'并重、进一步营造公平透明的市场环境、进一步推动共同发展"的六个"进一步"方针，为我国对外开放定下基调。在实践上，党中央在这一时期不断加快我国进出口结构的优化转变，采取了切实的措施，加快实施"走出去"战略，促进一般贸易和高附加值产品的出口，进一步控制了高能耗、高污染产品的出口，积极鼓励并引导拥有自主知识产权的产品出口。与此同时，党中央进一步提高了利用外资的质量，调整和优化了外商投资结构，使我国的对外开放迈上了新的台阶。

（二）始终坚持走中国特色政治发展道路，发展社会主义政治文明

科学发展观推动了中国的社会主义现代化发展模式的创新，所取得的成果中，一个重大成果就是对中国特色社会主义政治发展道路的进一步明确。人民民主是社会主义的生命，同时也是决定我国的现代化建设能否成功的决定性因素之一。伴随着改革开放实践的不断深入，中国共产党对现代化的认识实现了进一步提升，认为我国现代化建设目标的实现，必须要有坚实的社会主义政治文明作为依托。而要实现政治文明，就必须坚持并不断拓展中国特色政治发展道路。唯有如此，我国的民主政治建设才能不断焕发活力。

1. 贯彻依法治国方略，发展社会主义政治文明

改革开放以来，伴随经济体制改革的深入发展与国家经济发展阶段的

第五章 社会主义现代化建设在新世纪成功推进

变化，政治体制的改革与完善无论是从理论上看还是从实践上看都是必要的。问题不在于改革开放甚至是社会主义现代化建设需不需要进行政治体制改革，而是在于用什么理论指导并评判政治体制改革、改革什么、怎么改，改革的目标如何设定、阶段如何安排、策略如何选择等问题。

发展社会主义民主政治，是中国共产党始终不渝的奋斗目标。2002年，党的十六大报告首次将建设社会主义政治文明列为我国全面建设小康社会的重要目标，并对此作出重要部署。"政治文明"概念的提出，使中国的政治事业在现代化发展中有了明确的方向，表明我国的社会主义民主政治建设随着现代化进程的不断深入，进入了一个全新的发展阶段。中国的社会主义现代化建设，包括了经济、文化、社会、生态，也包括了政治。走出一条什么样的现代化政治发展道路，关系到具有中国特色的社会主义现代化道路特征的鲜明性。自改革开放以来，党的十一届三中全会提出发展民主，健全法制；党的十二大提出继续健全社会主义民主和法制；党的十三大提出建设有中国特色的社会主义民主政治；党的十四大提出围绕建立和发展社会主义市场经济体制，积极推进政治体制改革，使社会主义民主和法制建设有一个较大的发展；党的十五大更加明确地提出要建设有中国特色的社会主义民主政治，在人民当家作主的基础上，依法治国，发展社会主义民主政治；党的十六大提出发展社会主义民主政治，并同时强调，实现社会主义政治文明的建设目标，最根本的是要把坚持党的领导、人民当家作主和依法治国有机统一起来，而依法治国则是实现这一有机结合的关键。党中央于十六大后切实感受到，依法治国方略的贯彻与否，在很大程度上决定着我国政治文明建设的进展。

以胡锦涛为总书记的党中央在十六大后加快了我国法治建设的进程。在科学发展观的指引下，我国坚持以科学、民主、公正三大原则贯彻立法工作的始终，进一步加强了立法工作，在对原有但不合时宜的法律法规作出修正的同时，也与时俱进地制定了一批新的法律法规，使我国的法治建设更加符合市场经济建设所需。如在2004年，我国正式将人权写入宪法，标志着人权由政治概念上升为法律概念。此外，我国于2004年正式颁布《行政许可法》，明确对政府的行政权限范围作出界定，并同时提出法治政府的建设目标，由此带来了一场政府行政上的自我革命，使依法行政、法治政府从概念变成人们日常生活的切实感受。2005年，行政执法责任制开始在我国推广实行。这一制度给政府权力量身划界，对行政执法作出有效规范，使行政执法由"权本位"转变为"责本位"。这些法治建设实践充分体现了中国共产党坚持以人为本，践行立党为公、执政为民的科学执政理念。2011年，党中央在当年的全国人大中明确宣告，中国特色社会主义法律体系已经初步形成。这一体系，立足我国实际国情，适应社会主义现代化建设需要，使我国在经济、政治、文化、社会生活的各方面建设实践有法可依，为人民当家作主提供了有力的法制保障，中国社会主义政治文明路径也逐渐明确。

2. 中国特色社会主义政治发展道路是实现社会主义政治文明的唯一路径

党的十六大报告首次将社会主义政治文明建设同物质、精神两项文明建设并列，作为全面建设小康社会的总体目标加以提出。然而在实践上，如何才能切实开展这一文明的建设工作？对这一重要的发展问题，胡锦涛带领党中央领导集体，在党的十七大上提出"中国特色社会主义政治发展道路"概念，为政治文明建设事业确立了具体路径。

在党的十七大报告中，胡锦涛明确指出：坚持中国特色社会主义政治发展道路，即是"坚持党的领导、人民当家作主、依法治国有机统一，坚持和完善人民代表大会制度、中国共产党领导的多党合作和政治协商制度、民族区域自治制度以及基层群众自治制度，不断推进社会主义政治

第五章 社会主义现代化建设在新世纪成功推进

制度自我完善和发展"①。这条特色政治发展道路，以我国处于并将长期处于社会主义初级阶段的基本国情为出发点，充分考虑我国的社会历史背景、经济发展水平、文化发展水平等重要因素，能够最大程度凝聚人心，调动各方的积极性和创造力。此后，围绕着这一道路的发展战略和具体路径，胡锦涛强调，新中国的历史不长，加上处于社会主义初级阶段的基本国情，决定了我国的民主政治将从无到有、从不完善到完善一步步发展起来。诚然，我国的现行政治体制肯定存在一些不甚完善的地方，但这些不完善之处必然会随着经济社会的不断发展加以改善。为此他明确提出"一个总体目标、四条指导原则、六项主要任务"，即：以扩大社会主义民主，建设社会主义法治国家，发展社会主义政治文明为总体目标；坚持党的领导，人民当家作主，依法治国，推进社会主义民主政治制度化、规范化、程序化这四项指导原则；扩大人民民主、保证人民当家作主；发展基层民主、保障人民享有更多更切实的民主权利；全面落实依法治国基本方略、加快建设社会主义法治国家；壮大爱国统一战线、团结一切可以团结的力量；加快行政管理体制改革、建设服务型政府；完善制约和监督机制、保证人民赋予的权力始终用来为人民谋利益。这些思想涉及社会主义民主政治建设方方面面，进一步清晰显示出中国特色社会主义政治发展道路的科学内涵和基本要求，为21世纪我国的民主政治发展勾勒了一张清晰的蓝图。

回顾改革开放以来我国政治发展道路的进程，表明中国共产党已经带领人民找到了一条合乎本国国情的中国特色社会主义政治发展道路。坚持中国特色社会主义政治发展道路，坚定不移发展社会主义民主政治，这是中国共产党带领全国人民在进行社会主义现代化建设中始终不渝的奋斗目标。

---

① 中共中央文献研究室编《十七大以来重要文献选编》（上），中央文献出版社，2009，第22页。

(三)建设社会主义核心价值体系,实施文化强国战略

1. 以改革创新精神推动新世纪新阶段文化建设

进入21世纪,随着经济全球化进程的加速,世界各国的文化在愈发频繁的交流中,相互间的竞争也日益激烈。然而各国文化间的竞争并非单纯的文化理念之间的竞争,文化早已与经济和政治高度融合,且已成为21世纪文化竞争的特点。而经过了近22年的改革开放,我国的社会经济结构早已实现巨变,带来了文化领域以及人们精神生活的深刻变化。国际国内经济文化发展变化的全新态势,使文化事业以前所未有的重要性凸显于综合国力的竞争当中。面对这一全新的趋势,胡锦涛代表党中央明确提出,我国的思想文化建设工作,必须在坚持并不断巩固马克思主义指导地位的基础上,实现以下三大方面的创新:第一,在弘扬和培育民族精神上实现创新。与时俱进,以创新工作办法增强思想政治工作的针对性和实效性,不断健全社会主义思想道德体系。第二,以创新精神带动我国文化体制的深化改革,实现社会主义文化事业在经济全球化大趋势下的跨越式发展。第三,借助新兴科技手段,创新思想宣传工作媒介,使社会主义思想宣传吸引人、感召人、影响人。而要完成上述创新工作,就必须树立与时俱进的文化发展观。

2003年,党中央以"全面的发展观"这一创新理论,从理论层面统领了物质、政治和精神三大文明的协调发展。强调要通过促进这三个文明的协调发展来不断增强创新优势。此后,党中央明确提出,我国的文化发展要继续摆脱不符合时宜的陈旧观念,以全新的文化发展观领导文化事业的发展,使其更加契合中国特色社会主义市场经济体系的发展。党中央对此强调:"文化产品的意识形态属性与产业属性是紧密相连的,占领市场和占领意识形态阵地是统一的,社会效益和经济效益是一致的。"[①]这一

[①] 中共中央文献研究室编《十六大以来重要文献选编》(上),中央文献出版社,2005,第343页。

阐述，从根本上澄清了禁锢我国文化发展的认识误区，激励了全党冲破落后的传统观念和主观偏见的束缚，以新的理论视野审视我国文化发展，大胆寻求突破，从而更好地占领意识形态阵地和市场竞争中的制高点。正是基于这一全新观念，党中央明确提出，我国的文化体制改革必须以市场为主，必须纳入社会主义市场经济体制改革的大局中加以配合。这一改革思路的突破性创新，显示出党对社会主义市场经济条件下的文化改革与发展问题有了更加清晰的认识。

2. 建设社会主义核心价值体系，弘扬社会主义核心价值观

进入21世纪，随着中国特色社会主义事业的不断拓展，党中央对社会主义本质的认识实现了进一步深化。与此同时，面对社会思想文化发展日趋多样化的现实，中国共产党结合新的时代特征，再次强调了中国共产党人在文化建设上勠力追求的价值目标，明确提出了建设社会主义核心价值体系。党的十六大以后，以胡锦涛为总书记的中央领导集体先后强调，社会主义核心价值体系是建设社会主义和谐文化的根本。这一体系的建立能够"形成全民族奋发向上的精神力量和团结和睦的精神纽带"[①]，而要建立这一体系就必须坚持马克思主义在意识形态领域的指导地位，始终紧抓社会主义先进文化的发展方向。在坚持弘扬中华民族优秀传统文化的同时，也积极吸收国外先进文化发展成果。此后，在党的十七大报告中，党中央明确指出，社会主义核心价值体系是社会主义意识形态的本质体现。而在党的十七届六中全会报告中，党中央明确提出了更为简明扼要的社会主义核心价值观，对于这一体系的建设有着重要意义。而在2012年，胡锦涛在党的十八大报告中，从国家、社会制度、公民道德三个层面出发，明确提出了"倡导富强、民主、文明、和谐，倡导自由、平等、公正、法

---

① 中共中央文献研究室编《十六大以来重要文献选编》（下），中央文献出版社，2008，第661页。

治,倡导爱国、敬业、诚信、友善,积极培育社会主义核心价值观"①。这是对社会主义核心价值体系认识深化的重要表现,是对社会主义核心价值体系认识的凝练与升华。2013年,习近平在十八届三中全会上强调,社会主义文化强国建设目标的实现,必须坚持社会主义先进文化的发展方向,必须坚持并不断拓展特色文化发展道路,必须坚持培育和践行社会主义核心价值观,以巩固全国人民共同努力奋斗、实现我国现代化建设的共同思想基础。社会主义核心价值体系和核心价值观的先后提出,明确回答了在经济全球化的今天,中国共产党怎样在国际文化竞争日趋激烈的大环境下引领我国的思想文化建设走在时代前列这一重大问题,对于进一步打牢全国人民为实现我国现代化发展而奋斗的思想道德基础,调动一切积极因素为社会主义建设服务,增强文化软实力,实现文化自强,进而实现中华民族伟大复兴具有重要意义。

3. 推动社会主义文化大发展大繁荣,建设社会主义文化强国

党的十六大以来,以胡锦涛为总书记的党中央,在改革开放的深入发展中,带领全国人民在理论上和实践上将我国的文化建设事业推向了一个新的高度。2006年,我国公布了新中国历史上第一个专门针对文化建设的中长期规划——《国家"十一五"时期文化发展纲要》,从中国特色社会主义的全局出发,系统阐述了我国的文化事业在"十一五"时期的发展蓝图。2007年,胡锦涛在党的十七大报告中,集中概括了党中央在十六大以来领导我国文化事业发展所取得的突出成就,并将这些实践成就升华为理论创新成果。这些理论创新的集中阐述,在清晰指明了我国的文化事业在21世纪的科学发展路径的同时,也将社会主义文化事业的大发展大繁荣提升至民族伟大复兴的高度,从而进一步丰富了社会主义文化建设理论。

---

①中共中央文献研究室编《十八大以来重要文献选编》(上),中央文献出版社,2014,第25页。

2011年7月，胡锦涛明确提出奋力推进文化事业不断改革发展，实现社会主义先进文化的高度自觉与自信，从而完成"在中国特色社会主义伟大实践中进行文化创造，让人民共享文化发展成果"[①]的历史任务。"文化自觉和文化自信"由此进入我国文化建设指导思想领域中，为党中央最终提出"文化自强"奠定坚实的理论基础。

伴随着社会主义先进文化事业的不断发展，党中央也愈发体会到文化建设在我国现代化事业中的突出地位，更真切地看到，文化建设已成为参与世界各国综合国力竞争时一项极为重要的衡量指标。进入21世纪，经济全球化使各国更加注重自身文化软实力在国际对话中的话语权，文化产业这一新型产业率先发轫于欧美发达国家。在为本国创造丰厚利润的同时，也实现了文化价值观念输出的目的。而反观我国，作为世界上最大的发展中国家，我国虽然在四十年的改革开放中取得了令世人瞩目的突出成就，但是横向比较，我国的文化事业还远落后于欧美发达国家。因此，要想在文化多元竞争的大环境下取得足够的话语权，我国就必须建立起基础牢固、发展快速的文化产业，使中国的文化发展成果走出国门，影响世界。在此认识的基础上，党中央于十七届六中全会上正式提出"建设社会主义文化强国"的战略目标，实现了中国特色社会主义文化事业发展史上的新突破。此后，在党的十八大报告中，党中央进一步对切实推进文化强国的实践作出全面部署。党中央强调，我国的文化强国战略目标的实现，必须依靠中国特色社会主义文化建设道路这条路径，坚持"二为"方向、"双百"方针，坚持"三贴近"原则，在推动物质、精神两种文明的全面发展中，建设"三个面向"的，富有民族性科学性大众性的社会主义文化。我国的文化强国建设，由此正式吹响了号角。

[①] 胡锦涛：《在庆祝中国共产党成立90周年大会上的讲话》，人民出版社，2011，第23页。

（四）积极构建社会主义和谐社会

以党的十六大的召开为标志，我国的现代化建设事业进入了全面建设小康社会的新阶段。在这一阶段，党中央针对社会发展中出现的新的热点问题，经过成熟的思考后，明确以"社会主义和谐社会建设"这一创新观点的提出，在理论与实践上拓展了中国特色社会主义和谐社会建设道路的发展。

1. 构建社会主义和谐社会任务的提出

党的十六大报告首次提出了"社会更加和谐"的全新概念，为十六大以来我国的社会建设注入了全新理念，使社会建设处于更高的起点。2003年，针对非典暴露出的我国经济社会发展不够协调的弊端，党中央在取得令世人瞩目的经济高速增长成绩之后开始反思：我国的现代化建设到底应该实现怎样的发展？又如何实现发展？是实现经济一枝独秀，其他领域难望经济之项背的发展，还是实现以经济发展带动其他领域高速增长的发展？经过对这一重大问题的深思熟虑后，党中央于2003年正式以"科学发展观"的提出给予了明确的回答。这一创新思路，在党的历史上首次将经济社会、人与自然、城乡区域等领域的发展统筹起来，强调从以人为本的角度出发，实现各大领域的科学协调发展，最终在保持社会稳定团结的基础上，实现经济的高效快速发展，实现人的全面发展。从此，我国在促进经济社会协调发展上有了重要的理论指导。翌年，构建社会主义和谐社会首次被党中央作为重大战略任务提出，这在我国社会主义建设进程中是一个重要理论创新。它的提出，不仅强调了社会和谐在现代化建设中的突出地位，而且还表明，社会建设已经被正式纳入社会主义现代化道路的总体布局，在"四位一体"的全新布局中占有重要一环。如果说，科学发展观的提出，主要是从发展的角度为解决经济社会协调发展问题提供指导。那么，社会主义和谐社会建设任务的提出，则从实践方面，进一步明确了我国的社会建设必须以科学发展观为准则,从以人为本的角度出发,最终实现与经济建设的协调发展。此后,和谐社会建设被党中央提升至社会主义现代化国家的奋斗目标来全面部署。2007年,党的十七大报告将以改善民生为重点的社会建设作为推动和谐社会建设的一项基础性工作来突出强调,并从六个方面进行全面部署。2012年,党的十八大报告进一步在社会建设层面明确了我国全面建成小康社会的目标,即在教育、劳动收入、养老、住房等广大人民群众关切的民生工程上取得新进展,努力使全民共享现代化建设的成果。

2. 努力办好让人民群众满意的教育

教育,不仅在微观上涉及每一个家庭的发展,而且在宏观上涉及中华民族的未来。党中央始终坚持教育优先发展,促进教育公平,教育资源不能只由少数人独享,而应由人民群众公平受益,进而惠及子孙后代。教育事业必须以人民群众的利益为根本出发点,它的不断发展壮大也必须从人民群众的支持中获得源源不断的力量,它的发展成果也必须最大限度地惠及广大人民群众。而从社会发展的角度来看,大力发展教育事业,是体现社会建设公平公正原则、稳步构建和谐社会的客观需要。胡锦涛指出:"教育是国计,也是民生;教育是今天,更是明天。"党的十六大后,党中央将教育归诸民生建设范畴,强调教育事业的大力发展不仅仅是思想文化建设层面的要求,而且也是和谐社会建设层面的要求。这种对教育的新的定位,极大地深化了我国对教育的认识,由此带来了我国教育发展理念从"有学上"到"上好学"的转变。这一教育事业的全新定位,表明了党中央对教育事业公益性和普惠性的注重,强调实现教育的公平是最终实现社会公平的重要一环,由此将实现教育公平写入了我国发展教育事业的方针政策中,从实践上促进了教育的均衡发展。在实践上,"十二五"规划将实现教育公平作为一项重点项目加以强调,提出实现公共教育资源的合理分配，并以缩小城乡教育差距为目标，提出了若干具有针对性的农村边远地区的教育扶持政策。与此同时，我国也逐年加大对教育事业的财政投入，到2012年，我国财政教育投入首次占到当年国民生产总值的4%，使教育成为我国公共财政支出的第一大项目，教育公平的目标正在逐渐实现。

3. 实施就业优先战略和更加积极的就业政策

就业是民生之本、安国之策，是连接经济发展和社会和谐的重要纽带。十六大以来，党中央以巨大的努力，实施了更为积极的就业政策，使就业问题的解决取得显著成效。党的十六大后，我国就业形势更为复杂。对此复杂形势，党中央以更为积极的就业政策加以应对。针对再就业问题，党中央提出并落实了大力开发再就业岗位、全面落实再就业扶持政策等一系列相关政策，取得明显成效。针对青年就业和农村转移就业的热点问题，2009年，党中央提出了促进第三产业加速发展、以创业带动就业在内的六项富有长效机制的措施。而党的十七大报告则从战略高度出发，首次提出创业带动就业以扩大我国就业的要求。这一要求十分富有开创性，标志着我们党在就业政策上的重要创新。在此基础上，"十二五"规划纲要进一步提出实施就业优先战略并作出全面部署。2012年，针对我国人口老龄化的趋势，党中央于十八大对我国未来的就业形势作出预判，并相应地对未来的工作作出部署。党中央强调，要在一定程度上抵消人口老龄化所带来的一些影响，使我国人口红利的期限继续延长，我国就必须推动更高质量就业的实现。要做到如此，除了实现经济发展中的产业升级，还需要加大对劳动就业者的技能培训，切实提升他们的技能水平，增强其知识储备。这一思想的提出，标志着党中央对我国就业问题的认识达到了一个新的高度。而从更为积极就业政策的提出到实现更高质量就业目标的提出，一系列重大决策和部署的提出，标志着具有中国特色的更为积极的就业政策体系的形成，体现出党中央对就业工作认识的深化。

4. 深化收入分配制度改革,增加城乡居民收入

收入分配是重大的民生问题,也是我国深化改革进程中的热点、难点和重点问题。党的十六大以来,针对我国在收入分配方面出现贫富差距拉大的现象,胡锦涛指出:"目前,城乡、地区差距扩大和经济社会发展不协调,已日益成为制约经济发展和社会和谐的重要因素。"[①]如何在实现经济高速发展的情况下,使更多的人民群众共享改革开放以来的发展福祉,在做大"蛋糕"的同时分好"蛋糕",成为这一时期我国社会建设所要解决的重点问题。党的十六大以来,党中央进一步思考如何更好解决效率与公平的问题,不再侧重于"效率优先、兼顾公平"的提法,而是将实现并不断维护社会的公平正义置于首位,在十六大报告中提出"初次分配注重效率,再分配注重公平",期望更大的力度促进公平和效率的全面结合,以实现经济社会的稳定高速发展。随后,党中央在十六届四中全会上将"妥善协调各方利益关系"列入我国社会建设的一项重要要求。而在十七大报告中,党中央则明确提出"把提高效率同促进社会公平结合起来"的主张。与此同时,党中央还明确提出,我国要逐步提高居民收入在国民收入分配中的比重,并提高劳动报酬在初次分配中的比重。这一主张的创新之处在于,它不再强调公平与效率在初次分配和再分配的各有侧重,而是强调,不管是分配的哪一个阶段,效率与公平都必须同时处理好,且再分配必须侧重于公平。这一主张的提出,表明党中央将处理好效率和公平的关系延伸至初次分配阶段,体现出党中央对效率和公平关系的深切体会。而在实践上,党中央自十六大以来采取了统筹城乡发展、多予少取放活、完善个人所得税制度、制定收入分配制度改革总体方案等多项举措,解决我国收入分配差距不断拉大的问题。

---

① 中共中央文献研究室编《十六大以来重要文献选编》(中),中央文献出版社,2006,第456页。

5. 加快建立覆盖城乡居民的社会保障体系

党的十六大之前，我国受经济发展条件所限，社会保障覆盖范围较窄。特别是在经济体制尚未改革，且城镇化建设尚未推动的条件下，我国的社保体系仅仅作用于机关干部与城镇国有企业职工，并未实现多层次、广区域的覆盖。随着改革开放的不断推进，我国的城镇化从无到有逐步发展起来，广大农民工和失地农民的社会保障问题日益突出。与此同时，在城市经济的逐渐发展中，大量身处非公有制经济体制的人民群众也急需社会保障体系的保护。针对我国社会保障体系建设在覆盖范围上所凸显的薄弱环节，党的十六大以来，党中央就在社保体系的建设中着力解决这些短板问题。党的十七大报告在提出加快民生建设的一系列重大决策中，其中一项重要内容，就是"加快建立覆盖城乡居民的社会保障体系，保障人民基本生活"。按照这一部署，我国首先加快了在农村建立低保制度和养老保险制度的步伐。截至2012年秋季，我国已经基本实现了社保体系对人民群众的全覆盖目标，使全民享有养老保障从梦想成为现实。其次，在社会保障建设从城镇扩大覆盖到农村的同时，我国也不断扩大社会保障范围，将城镇居民、非公企业职工、农民工和灵活就业人员纳入保障范围为重点，突出消除了此前我国保障体系建设的一些空白点，积极朝着建立覆盖城乡的、无差别的社会养老保障体系目标迈进。

6. 深化医药卫生体制改革，建立全民病有所医的医疗卫生制度

针对我国城乡和区域医疗卫生事业发展不平衡、医疗卫生服务体系和医疗保健制度不够健全、医疗卫生资源配置不尽合理、农村和社区医疗卫生工作比较薄弱、群众"看病难""看病贵"问题仍比较突出等问题，中国共产党自十六大后就切实把发展医疗卫生事业、提高人民群众健康水平放在更加重要的位置，深化医药卫生体制改革，积极建立健全覆盖城乡居民的基本医疗卫生制度，努力满足人民群众日益增长的医疗卫生服务需

求,使医疗卫生事业不再是我国经济社会发展中的短板。

(五)大力推进生态文明建设,走上社会主义生态文明道路

党的十六大后,中国共产党继续推进对我国生态保护道路的探索实践,相继以科学发展观、和谐社会建设、生态文明建设等重大战略思想的提出,实现了对几代中国共产党人关于人口、环境、资源与可持续发展等问题艰辛探索的继承和发展。正是基于这些重大创新理论的提出,我国真正走出了一条契合中国实际发展的社会主义生态文明道路。

1. 贯彻落实科学发展观,实现全面协调可持续发展

2003年,胡锦涛在党的十六届三中全会报告上首次提出了科学发展观这一创新思想。这一科学观念的提出,表明党中央已经认识到,随着现代化建设事业的快速发展,我国经济建设和生态环境保护之间已经形成了"长短脚"的尖锐矛盾。如果放任这一矛盾继续恶化下去,势必会使现代化建设蒙受巨大的损失。而要及时解决这一矛盾,我国就必须自上而下地摒弃不合时宜的发展观,将人与自然的地位置于同等高度,以科学的发展观将二者视为相互依存的整体,并以此重新认识自然、利用自然、改造自然。这一全新理念,为我国最终提出生态文明道路提供了基本思路。

此后,中国共产党以实现城乡、区域、经济社会、人与自然以及国内发展和对外开放五大领域的统筹发展为目标,积极贯彻落实科学发展观。2004年,胡锦涛在党的十六届四中全会报告上首次提出和谐社会的建设目标,并特意将生态建设纳入和谐社会的建设理念当中,强调人与自然的和谐也是和谐社会的基本特征之一。这是党中央与时俱进地处理人与自然关系的重大举措,极为有力地推动了生态文明道路的开辟进程。

处理好人与自然的关系,积极实现经济社会高速发展与生态环境持续好转的有效结合,是党中央带领全国人民大力推进现代化建设事业的重要内容。进入21世纪以来,随着现代化建设经验的累积,党中央深化了对我国发展规律的认识,进一步将经济发展与生态保护的有机结合提升为人

与自然的和谐相处，并相应地提出了"自然—人—社会"的现代化发展大系统框架。这一框架的提出，表明党中央真正走出了以人类为中心的发展理念误区，真正开始重视自然保护在现代化建设中的重要作用。胡锦涛指出，随着改革开放的深入推进，我国的环保形势日益严峻。经济发展的后续持久，迫切需要我国转变不合时宜的发展理念和发展方式，并且，这是"解决环境与发展矛盾的治本之策"①。2005年，我国"十一五"规划明确将转变经济增长方式作为战略重点提出，将资源的节约利用纳入基本国策之中，并提出了大力发展循环经济、保护生态环境的全新理念。此后党中央持续强调科学认识和自觉遵循自然规律，实现人与自然和谐相处，并在国土资源开发、制定和完善环境法律法规、保障群众食品安全等方面提出明确要求。这表明中国共产党在处理人与自然的关系上日益成熟，更加注重科学推进生态建设，从顶层设计到细节规划都体现了科学发展的各项要求。

2. 着眼经济社会发展全局，深化生态文明建设理论与实践探索

2005年，"生态文明"这一全新的生态建设理念被党中央首次提出。胡锦涛强调，生态文明不能仅仅停留于理念和纸面上，而要积极地贯彻执行并加以实现。要将生态文明落实，我国就必须在法律和政策体系上下大力气促进与生态建设相关的法律法规的完善，并从战略规划的高度设计生态保护的蓝图，在全社会大力开展生态文明的教育工作，形成人人参与生态文明建设的风尚。在党中央看来，生态文明是一种追求人的发展与生态环境和谐统一的新型文明，既区别于以牺牲环境为代价的传统工业文明，也不同于被动从属于自然的早期文明。此后，党的十六届五中全会在贯彻落实科学发展观的基础上，提出建设资源节约型、环境友好型社会的奋斗目标，为我国的生态文明建设提供了现实可依靠的全新路径指引。2007年，

---

① 中共中央文献研究室编《十六大以来重要文献选编》（中），中央文献出版社，2006，第823页。

党中央首次在党代会报告上将生态文明建设纳入我国的战略任务并加以明确强调。两个月后，胡锦涛进一步指出，将生态文明作为我国的一项战略任务提出，其实质"就是要建设以资源环境承载力为基础、以自然规律为准则、以可持续发展为目标的资源节约型、环境友好型社会"①。

社会主义生态文明建设这一概念的提出，标志着中国共产党对环保问题认识上的进一步提升。这一全新概念是全党智慧的结晶，丰富了我国的现代化建设理念。它以实现人与自然和谐相处为核心，摒弃了以往只注重人类发展利益的狭隘观念，促使人们以更开阔的视野，营造出人与自然的平衡协调关系，并以这一协调的关系，促进经济社会的可持续发展，促进生态环境的进一步改善，使经济的高效快速发展与生态环境的持续好转相得益彰。此后，党中央在十七届四中全会报告上对生态文明这一概念作出进一步提升，开始从社会主义现代化道路总体布局的高度出发，阐述生态文明对于我国现代化建设的重要意义。

3. 大力推进生态文明建设，努力走向社会主义生态文明新时代

2012年，中国共产党首次在党代会报告中，将生态文明建设独立成篇加以阐释。这标志着，社会主义现代化道路的总体布局，正式加入了生态文明建设，发展成为"五位一体"。而在具体的生态文明篇章的阐述中，党中央对于我国的生态文明建设提出了更为细致的规划，并在总体上提出了"努力建设美丽中国"的新要求。这些创新观念的提出，符合时代发展特征，有力回应了人民群众对良好生存环境的呼唤，体现出中国共产党对生态发展规律认识的不断加深。党中央认为，"五位一体"的全新总体布局，强调从中国特色社会主义事业的高度出发，促进了我国在现代化建设的过程中，加速实现生态文明与物质文明、精神文明、政治文明、社会和谐的有机融合。党中央指出：一方面，"良好的生态环境是社会生产力持

---

① 中共中央文献研究室编《十七大以来重要文献选编》（上），中央文献出版社，2009，第109页。

续发展和人们生存质量不断提高的重要基础"[1];另一方面,生态文明的建设,没有物质资源的极大丰富、民主政治的充分发展、人民群众思想境界的提高、社会稳定的持续巩固,是万万不能实现其建设目标的。因此,只有五大文明领域相互融合,相互促进,才能共同构成具有中国特色的社会主义现代文明发展体系。2013年,习近平指出:"走向生态文明新时代,建设美丽中国,是实现中华民族伟大复兴的中国梦的重要内容。"[2]要建设美丽中国,就必须坚决贯彻落实科学发展观,统筹各方建设,加强生态文明建设的力度。总而言之,在科学发展的道路上,我们必须将自然提升到与人类并重的高度,在现代化建设中加入尊重自然、保护自然的理念。大力发展绿色经济、低碳经济、循环经济,从而实现经济与社会、人类与自然的协调发展。在大力提升我国综合国力、提升人民群众生活质量的同时,为子孙后代留下美好的生活环境。

三、有效应对重大挑战,树立良好大国形象

(一)万众一心抗击非典

2003年春天,一场意外的灾难在毫无防备间从天而降,一种被称为非典型肺炎的呼吸道传染病迅速波及了包括中国在内的32个国家和地区,这种当时还不为人类了解的病毒所造成的猜测、疑惧和恐慌比病毒本身更快地蔓延着。

这是一场与病毒争夺生命的战役,它考验着党和政府的执政能力,测试着中国社会应对突发事件的"抗体",在这个不寻常的春天,全世界

---

[1] 中共中央文献研究室编《十六大以来重要文献选编》(上),中央文献出版社,2005,第853页。

[2] 习近平:《习近平谈治国理政》,外文出版社,2014,第211页。

的眼光都在注视着中国,注视着刚刚上任的中国领导人。面对这场前所未有的重大考验,以胡锦涛为总书记的党中央带领全国人民万众一心、众志成城,打响了抗击非典的人民战争。4月12日,中央决策层召开会议,强调要沉着应对,依靠科学,采取强有力的措施应对非典。随后,国家防治非典型肺炎指挥部成立。从2003年4月20日开始,原本五天一次的疫情公布改为每天一次。5月9日,国务院发布实施《突发公共卫生事件应急条例》,标志着中国对突发公共卫生事件应急处理机制的进一步完善,人们有更权威的渠道了解相关消息,社会秩序趋于稳定。6月24日,世界卫生组织宣布,将北京从非典疫区名单中删除。8月16日,中国内地最后两名非典患者康复出院。2004年5月,世界卫生组织发表新闻公报指出,中国的传染性非典型肺炎疫情已得到控制。而经历了非典的中国人也满怀信心应对更多的挑战。中国共产党人历经一年的不懈抗争,用自己的方式向全国和全世界传达信息:在伟大的中国人民面前,没有克服不了的困难,没有战胜不了的敌人。

(二)众志成城战胜特大自然灾害

在21世纪的第一个十年,当中国共产党带领全国各族人民努力按照科学发展观的要求,全面贯彻落实党中央的各项部署,加快改革和发展的步伐并准备迎接我国现代化建设的又一个胜利时,我国在2008年先后经受了多场历史上罕见的自然灾害的考验。在这些考验中,中国共产党发挥了中流砥柱的作用,党中央积极部署,广大党员干部紧急动员,发挥社会主义制度集中力量办大事的优势,带领全国人民在短时期内渡过难关。

2008年1月中旬至2月上旬,一场50年来罕见的低温雨雪冰冻灾害袭击我国南方大部分地区,造成20个省份不同程度受灾,铁路公路交通严重受阻,电网设置大面积受损,农作物受灾面积1.78亿亩,工业企业大面积停产,居民正常生活受到严重影响。灾情发生后,党中央、国务院迅速部署开展大规模抗灾救灾工作。冰凌压垮了电塔，却压不垮人们的意志；雨雪阻断了交通，但隔不断人们的真情。一幕幕动人场景，成为这场抗击低温雨雪冰冻灾害斗争中的温馨回忆。在全社会共同努力下，抗击低温雨雪冰冻灾害斗争取得重大胜利。

2008年5月12日14点28分，四川省汶川地区突发震惊世界的特大地震，震级达里氏8级，最大烈度达11度，余震3万多次。四川汶川特大地震是新中国成立以来破坏性最强、波及范围最广、救灾难度最大的一次地震。这次地震，涉及四川、甘肃、陕西、重庆等10个省区市417个县（市、区）、4667个乡（镇）、48810个村庄。灾区总面积约50万平方公里，受灾群众4625万多人，其中极重灾区、重灾区面积13万平万公里，造成69227名同胞遇难、17923名同胞失踪，需要紧急转移安置受灾群众1510万人，直接经济损失8451亿多元①。灾情如火，刻不容缓，党中央、国务院在第一时间果断决策，紧急号令，全国人民迅速投入到规模空前的抗震救灾行动中。党中央组织了中国历史上救援速度最快、动员范围最广、投入力量最大的抗震救灾斗争。

面对特大地震灾害，灾区各级党委和政府、广大党员干部紧急动员，发挥了中流砥柱作用。人民解放军指战员、武警部队官兵、民兵预备役人员和公安民警冲锋在前，发挥主力军和突击队作用。全国人民心系灾区，积极捐款捐物，共产党员用交纳特殊党费的形式支援灾区，形成齐心协力抗击灾害的磅礴力量。

震后不到1小时，胡锦涛总书记发出救援指示，全军应急机制启动。从南疆茂密的丛林到北国草原，从东海之滨到西部戈壁，人民子弟兵闻令而动，紧急集结。突进映秀镇、伞降茂县城、抢险宝成路、决战唐家

---

① 胡锦涛：《在全国抗震救灾总结表彰大会上的讲话》，人民出版社，2008，第3-4页。

山……震后不到两小时,温家宝总理飞赴灾区并在视察北川中学时用粉笔在黑板上用力写下"多难兴邦"四个大字,以此来鼓舞人心、振奋士气。在党中央、国务院、中央军委的坚强领导下,全党全军全国各族人民迅速打响了规模空前的抗震救灾斗争。在抗震救灾过程中形成的"万众一心、众志成城、不畏艰险、百折不挠、以人为本、尊重科学"的伟大抗震救灾精神,是爱国主义、集体主义、社会主义精神的集中体现,是民族精神在当代中国的集中体现和新的发展。

当人们逐渐走出汶川地震所带来的伤痛时,2010年4月14日,青海省玉树藏族自治州玉树县发生了里氏7.1级地震,截至5月30日,地震造成2698人遇难,270人失踪。8月8日,甘肃省舟曲发生特大山洪泥石流灾害,造成1471人遇难,294人失踪。①面对严重自然灾害,中国共产党人带领全国各族人民众志成城、团结奋斗,夺取了抢险救灾的重大胜利。

在抗击特大自然灾害的斗争中,我国之所以能够动员前所未有的大量人力、物力、财力,并在世人不可想象的较短时期内渡过难关,将灾难所带来的损害降至最低。其中一个重要的原因,就在于能够集中力量办大事的中国特色社会主义制度充分发挥和彰显了其巨大的制度优越性。自中华人民共和国成立以来的现代化建设,使中国已经拥有了空前强大的综合国力,拥有了战胜一切困难的雄厚物质基础。

(三)成功举办北京奥运会与上海世博会

举办奥运会是中华民族的百年梦想、千年盛事。2008年8月8日,第29届夏季奥运会在国家体育场鸟巢拉开帷幕,奥运圣火在古老的华夏大地燃烧。在比赛期间,204个国家和地区的11438名运动员参加了这次盛会,成为历史上参赛国家和运动员最多的一届奥运会。他们不断超越自我,攀

---

① 参见《中华人民共和国史》(高等教育出版社、人民出版社2013年版)第484页。

越新高,奏响了更快、更高、更强的激情乐章,描绘了团结、友谊、和平的壮丽画卷。在奥运会中,各国健儿不断挑战极限,有38项世界纪录和85项奥运会纪录得到刷新,多个国家和地区实现了奥运会金牌和奖牌零的突破,中国体育代表团的健儿顽强拼搏,取得了51枚金牌、21枚银牌、28枚铜牌的优异成绩,首次位居金牌榜第一位,书写了中国体育事业发展的崭新篇章。完善的场馆设施,出色的组织服务,志愿者的热情微笑,一流的比赛成绩,完美阐释了奥林匹克精神,中国人民为办成一届有特色、高水平的奥运会所付出的巨大努力,赢得了奥林匹克大家庭和国际社会广泛的好评和赞誉。在8月24日的奥运会闭幕式上,奥委会主席罗格高度评价:"这是一届真正的、无与伦比的奥运会!"奥运会的成功举办在中华民族走向复兴的伟大历程中,矗立起了一座新界标。越过这座界标,奥运后的中国继续前行,为人类文明进步作出新的贡献。

2010年5月1日至10月31日,以"城市让生活更美好"为主题的上海世界博览会举行,这是中国首次举办综合性世界博览会,也是第一次在发展中国家举行的注册类世界博览会,184天的展会期间,有246个国家和国际组织参展,中外参观者达到7308万人次,创造了世博会历史上的纪录。为了兑现"给中国一个机会,世界将添一份异彩"的承诺,中国人民举全国之力、集世界智慧,秉承和弘扬理解、沟通、欢聚、合作的世博理念,创作和演绎了一场精彩纷呈的世界文明交响乐。上海世博会以一届成功、精彩而难忘的世博会载入史册,为中国赢得了荣耀,增强了各族人民的民族自豪感、自信心和凝聚力。

(四)载人航天事业取得突破性进展

"飞天""逐月"是中华儿女几千年不懈追求的目标与理想。新世纪新阶段,我国的航天事业取得了举世瞩目的成就,实现了中国空间技术发展具有里程碑意义的重大跨越,极大地振奋了中国人民的民族精神。

第五章　社会主义现代化建设在新世纪成功推进

从1999年11月到2003年1月，中国先后发射四艘"神舟"号无人飞船，为载人飞船成功发射奠定坚实基础。2003年10月15日，我国自行研制的载人飞船"神舟"五号在酒泉卫星中心发射升空，成功将宇航员杨利伟送入太空。16日，在历时21小时，环绕地球飞行14圈后，"神舟"五号按照预定计划安全着陆，宣告我国首次载人航天飞行取得圆满成功。"神舟"五号载人航天飞行的圆满成功，标志着中国已经成为继俄罗斯、美国之后，世界上第三个独立掌握载人航天技术的国家。这是中国人民在攀登世界科技高峰征程上完成的一个伟大壮举，是中国航天发展史上的一个里程碑。2005年至2011年，我国自主研发的"神舟"六号至八号载人飞船先后在酒泉卫星发射中心发射升空，在完成预定任务后均成功着陆。2005年10月，我国成功发射自主研制的"神舟"六号载人飞船，将宇航员费俊龙、聂海胜送入太空，标志着中国首次跨入真正意义上有人参与的空间飞行试验阶段，是中国载人航天工程"三步走"战略进入第二步的重要开局。2007年10月，我国第一颗绕月探测卫星"嫦娥"一号被成功送入太空，成为中国第一颗月球卫星。"嫦娥"一号的完美亮相，标志着中国首次月球探测工程圆满成功，标志着我国已经独立自主地全面掌握了绕月飞行技术，进入世界具有深空探测能力的国家行列。2012年6月16日18时37分，"神舟"九号搭载着中国首位女宇航员顺利升空并与"天宫"一号首次实现载人手动交会对接。"神舟"系列载人飞船的发射成功，标志着中国人民在攀登世界高峰的征程上又迈出了具有重大历史意义的一步。与此同时，我们以令人信服的方式向世界表明：中华民族是勤劳智慧、富有创新精神和创造能力的民族，这不仅是我们伟大祖国的荣耀，更是每个中国人的骄傲。

（五）积极应对2008年国际金融危机冲击

2008年9月，不断蔓延的美国次贷危机急剧恶化，迅速波及全球金融体系。更为严重的是，这场危机很快扩散到实体经济领域，演变为一场冲击力更强、波及范围更广的国际金融危机。这场危机与中国转变经济发展方式、调整经济结构的关键时期不期而遇。新的挑战和既有矛盾相互交织，考验着中国的应对能力。

受到金融危机的影响，2009年上半年中国出口下降，不少工厂倒闭，大批工人回家，沿海地区人民的生活水平出现了下滑趋势。面临来势凶猛的经济危机，中国政府一方面积极参与国际合作共同应对金融危机，另一方面采取一系列方针政策和措施，以保持国内经济平稳发展。从中央到地方，都快速行动起来，中央果断决策，及时调整宏观政策取向，把保持经济平稳较快发展作为经济工作的首要任务，迅速出台扩大内需、促进经济增长的十项措施，及时制定完善了一系列保增长、扩内需、调结构的政策，形成了系统完整的促进经济平稳较快增长的一揽子计划和政策措施。这些政策与计划对于遏制经济下滑、防止通货紧缩、重振市场信心起到了至关重要的作用。在中国政府的不懈努力下，中国经济在2009年春天出现向好迹象，2009年末，在全球率先实现回升向好。在整个经济危机的处理过程中，中国政府一方面坚持自力更生应对国际金融危机和欧洲主权债务危机的冲击，一方面积极与发展中国家协调政策立场，积极参与全球经济治理进程，展现了中国作为一个负责任大国的形象，在世界经济发展中发挥了重要的建设性作用，受到世界各国的称赞。

第六章
社会主义现代化发展步入新时代

伟大的时代孕育伟大的思想,伟大的思想照亮现代化发展的时代航向。党的十八大以来,以习近平为核心的党中央以巨大的政治勇气和强烈的责任担当,带领全国各族人民书写了实现中华民族伟大复兴的新篇章。我国的社会主义现代化建设接续前进,我国的社会主义现代化建设事业取得了全方位的、开创性的历史性成就,发生了深层次的、根本性的历史性变革,中国社会主义现代化发展由此步入新时代。

一、社会主义现代化进入新时代

(一) 社会主义现代化建设进入新时代的提出

2012年11月,党的十八大在北京举行。大会明确指出,社会主义初级阶段是中国特色社会主义的总依据,经济、政治、文化、社会、生态文明建设五位一体则是党的十八大后我国进行现代化建设的总体布局,实现社会主义现代化和中华民族伟大复兴则是总任务。大会提出要在全面建设小康社会目标的基础上努力实现现代化建设的新的要求,即到2020年实现全面建成小康社会的目标。这一目标的实现,要求经济持续健康发展,人民

中国社会主义现代化的发展历程

民主不断扩大，文化软实力显著增强，人民生活水平全面提高，资源节约型、环境友好型社会建设取得重大进展。党的十八大精神归结到一点，就是坚持和发展中国特色社会主义。十八大报告强调，我们必须坚定不移高举中国特色社会主义伟大旗帜，既不走封闭僵化的老路，也不走改旗易帜的邪路。党的十八大的召开，标志着中国已经进入了全面建成小康社会的决定性阶段，开启了中国特色社会主义的新时代。党的十八大以来，面对国内外复杂多变的环境，中国共产党带领全国各族人民，审时度势，攻坚克难，砥砺前行，有力实施宏观调控，积极应对风险挑战，加快了结构调整步伐，不断改善人民群众生活，实现了经济持续稳定增长，为全面建成小康社会奠定了坚实基础。

党的十八大以来，我国的经济总量稳居世界第二位，人均国内生产总值增至7800美元左右。经济结构逐步优化升级，经济增长的要素投入结构、需求结构、供给结构持续优化，逐步向中高端水平迈进，稳居世界第一制造大国之位。基础设施水平全面跃升，农业连续增产，常住人口城镇化率增至55%，一批重大科技成果达到世界先进水平。公共服务体系基本建立，覆盖面持续扩大，新增就业持续增加，贫困人口大幅度减少，生态文明建设取得新进展，人民生活水平和质量加快提高。全面深化改革有力推进，人民民主不断扩大，依法治国开启新征程，全方位外交取得重大进展，对外开放不断深入，我国成为全球第一货物贸易大国和主要对外投资大国。中华民族伟大复兴的中国梦和社会主义核心价值观深入人心，国家文化软实力不断增强。中国特色军事变革成就显著，强军兴军迈出新步伐。全面从严治党开创新局面，党的群众路线教育实践活动成果丰硕，党风廉政建设成效显著。我国的经济实力、科技实力、国防实力、国际影响力又上了一个大台阶，我国的社会主义现代化建设取得历史性成就。党的十八大以来，以习近平为核心的党中央毫不动摇坚持和发展中国特色社会主义，勇于实践，善于创新，深化对共产党执政规律、社会主义建设规律、人类社会发展规律的认识，形成一系列治国理政新理念新思想新战略，为在新的历史条件下深化改革开放、加快推进社会主义现代化提供了科学理论指导和行动指南。

2017年10月，党的十九大召开，这次大会是在全面建成小康社会决胜阶段、中国特色社会主义进入新时代这一关键时期的大背景下召开的。大会的主题是：不忘初心，牢记使命，高举中国特色社会主义伟大旗帜，决胜全面建成小康社会，夺取新时代中国特色社会主义伟大胜利，为实现中华民族伟大复兴的中国梦不懈奋斗。报告描绘了决胜全面建成小康社会、夺取新时代中国特色社会主义伟大胜利的宏伟蓝图，进一步指明了党和国家事业的前进方向，是中国共产党团结带领全国各族人民在新时代坚持和发展中国特色社会主义的政治宣言和行动纲领，是马克思主义的纲领性文献。报告明确指出，经过长期努力，中国特色社会主义进入新时代。这一新时代，是决胜全面建成小康社会、进而全面建设社会主义现代化强国的时代。它表明，中华民族实现了从站起来、富起来到强起来的伟大飞跃，迎来了实现中华民族伟大复兴的光明前景。报告指出，进入新时代，我国的社会主义现代化建设所面临的主要矛盾发生了转变，由人民日益增长的物质文化需要与落后的生产之间的矛盾转变为人民日益增长的美好生活需要和不平衡不充分的发展之间的矛盾。这就意味着，我国的现代化建设，不仅对物质文化生活提出了更高要求，同时在民主、法治、公平、正义、安全、环境等方面的要求日益增长。这就要求中国共产党必须着力解决好发展不平衡不充分的问题，大力提升发展质量和效益，更好满足人民群众在经济、政治、文化、社会、生态等方面的需求，更好推动人的全面发展与社会的全面进步。针对新时代坚持和发展什么样的中国特色社会主义、怎样坚持和发展中国特色社会主义的重大课题，大会提出了习近平新时代中国特色社会主义思想,并将这一思想列入党章,确立为新时代指引中国共产党带领全国人民进行社会主义现代化建设的行动指南,实现了党的指导思想的又一次与时俱进。

(二)实现中华民族伟大复兴中国梦的提出

1. 中华民族伟大复兴中国梦是中华民族近代以来最伟大的梦想

党的十八大后,习近平在参观"复兴之路"展览时明确提出,实现全面建成小康社会目标是中国梦的关键一步。何为中国梦?习近平指出:"实现中华民族伟大复兴,就是中华民族近代以来最伟大的梦想。这个梦想,凝聚了几代中国人的夙愿,体现了中华民族和中国人民的整体利益,是每一个中华儿女的共同期盼。"①他强调,实现中华民族伟大复兴需要一代又一代中国人共同为之努力。我们坚信"到中国共产党成立100年时,全面建成小康社会的目标一定能实现,到新中国成立100年时建成富强民主文明和谐的社会主义现代化国家的目标一定能实现,中华民族伟大复兴的梦想一定能实现"②。此后,习近平又在国内外很多重要场合,对中国梦进行了深刻阐述。中华民族伟大复兴的中国梦一经提出,就产生了强大的号召力和感染力。中国梦成为引领中国走向未来的光辉指引,成为激励全国人民努力拼搏、开辟未来的精神旗帜。

中国梦视野宽广、内涵丰富、意蕴深远。习近平指出:"在新的历史时期,中国梦的本质是国家富强、民族振兴、人民幸福。"③国家富强,是指我国综合国力进一步增强,经济更加发达,政治更加民主,文化更加繁荣,社会更加和谐,生态更加美好。民族振兴,则是强调中华民族通过自身的不断发展与强大,再次跻身世界领先地位,更好地造福世界人民,

---

① 习近平:《习近平谈治国理政》,外文出版社,2014,第36页。
② 习近平:《习近平谈治国理政》,外文出版社,2014,第36页。
③ 习近平:《习近平谈治国理政》,外文出版社,2014,第56页。

与其他国家共创美好未来。人民幸福,强调人民权利保障更为充分,人人得享共同发展,共享人生出彩机会。中国梦将国家追求、民族向往、人民期盼有机融为一体,使这一梦想具有广泛的包容性,成为团结中华民族奋斗的最大公约数。

中华民族伟大复兴中国梦,反映了近代以来一代又一代中国人的美好夙愿,进一步揭示了中华民族的历史命运和当代中国的发展走向,指明了全党全国各族人民共同的奋斗目标。这一重要战略思想,是以习近平为核心的党中央对全体人民的庄严承诺,是中国共产党带领全国人民面向未来的政治宣言,充分体现了中国共产党在现代化建设中高度的历史担当和使命追求,为坚持和发展中国特色社会主义注入了崭新内涵。

2. 奋力实现中国梦

2014年,在文艺工作座谈会上,习近平指出:"实现中国梦必须走中国道路,弘扬中国精神,凝聚中国力量。"① 这就为中国共产党团结带领全党全国各族人民继续将中国特色社会主义事业全面向前推进,为把我国建设成为社会主义现代化强国、实现中华民族伟大复兴中国梦指明了方向。

实现中国梦,必须走中国道路。中国道路,就是中国特色社会主义道路。没有正确的路径选择,再美好的梦想都难以实现。中国现代化发展的历程充分证明,无论是封闭僵化的老路,还是改旗易帜的邪路,都无法引领中国最终实现现代化。只有中国特色社会主义道路才能发展中国、稳定中国,新中国成立以来的现代化建设历程已经证明,中国特色社会主义道路是一条通往民族复兴的康庄大道。因此,要继续将我国建设成为一个现代化强国,就只有增强对中国特色社会主义的道路自信、理论自信、制度自信、文化自信,坚定不移沿着中国道路奋勇前进。实现中国梦,必须弘

---

①习近平:《在文艺工作座谈会上的讲话》,人民出版社,2015,第22页。

扬中国精神。中国精神，就是以爱国主义为核心的民族精神和以改革创新为核心的时代精神。伟大梦想的实现，必须要有伟大的精神作为支撑。中国梦的实现，不仅要求广大人民群众在物质生活上富裕起来，同时也要求他们在精神生活上强大起来。要实现精神上的强大，就必须坚持并不断弘扬以爱国主义为核心的民族精神和以改革创新为核心的时代精神，这是凝心聚力的兴国之魂、强国之魂。爱国主义，长久以来融于中华民族精神血脉之中，团结着华夏大地的五十六个民族，激励一代又一代中华儿女不懈奋斗；改革创新则体现出中华民族最深沉的民族禀赋，反映当代中国发展进步的要求，始终是鞭策我们在改革开放中与时俱进的精神力量。实现中国梦，必须凝聚中国力量。中国力量，就是全国各族人民大团结的力量。人民是历史的创造者，人民是真正的英雄。纵观中华文明的发展史，人民是真正的书写者。实现中华民族伟大复兴的中国梦，必须凝聚广大人民的力量，才能克服逐梦途中的各种困难，战胜各种风险挑战。

中国梦的实现，并非一蹴而就，而是需要苦干实干才能成真。习近平强调："面向未来，全面建成小康社会要靠实干，基本实现现代化要靠实干，实现中华民族伟大复兴要靠实干。"① 中国梦从理想到现实，靠的就是中华民族从近代的积贫积弱一步步脚踏实地，走到今天的发展繁荣，靠的就是一代又一代人的顽强拼搏，靠的就是中华民族自强不息的奋斗精神。这就促使我们必须居安思危，艰苦奋斗，脚踏实地，披荆斩棘，勇往直前。

（三）建成社会主义现代化强国的战略安排

1. 开启全面建设社会主义现代化强国的新征程

自1978年改革开放以后，中国共产党对我国的社会主义现代化建设提出了"三步走"的战略目标，即1981年到1990年实现国民生产总值比1980

---

① 中共中央文献研究室编《习近平关于全面建成小康社会论述摘编》，中央文献出版社，2016，第187页。

年翻一番，解决人民的温饱问题；第二步目标为1991年到20世纪末国民生产总值再增长一倍，人民生活达到小康水平；第三步目标，到21世纪中叶人民生活比较富裕，基本实现现代化，人均国民生产总值达到中等发达国家水平，人民过上比较富裕的生活。在中国共产党的带领下，经过全国人民的共同努力，我国先后提前实现了第一步和第二步战略目标。2002年，党的十六大正式宣布人民生活总体达到小康水平，并在此基础上提出了全面建设小康社会的奋斗目标。此后，在党的十七大、十八大上，党中央先后对全面建成小康社会提出了新的要求，这就是"两个一百年"的奋斗目标，即到建党100年时建成惠及十几亿人口的更高水平的小康社会；到新中国成立100年时基本实现现代化，建成社会主义现代化国家。

2017年，在综合分析国际国内形势和我国发展条件的基础上，习近平在党的十九大报告中明确提出，我国要全面建成小康社会、实现第一个百年奋斗目标，然后再乘势而上开启全面建设社会主义现代化国家的新征程，向第二个百年奋斗目标进军。在十九大报告中，习近平明确将我国全面建设社会主义现代化国家的进程分为两个阶段进行。第一个阶段，从2020年到2035年，在全面建成小康社会的基础上，再奋斗15年，基本实现社会主义现代化。第二个阶段，从2035年到21世纪中叶，在基本实现现代化的基础上，再奋斗15年，把我国建成富强民主文明和谐美丽的社会主义现代化强国。从全面建成小康社会到基本实现现代化，再到全面建成社会主义现代化强国，是新时代中国特色社会主义发展的战略安排。这一战略安排，是在综合分析国际国内形势和我国发展条件之后作出的重大决策，也是我们党适应我国发展实际作出的必然选择，对动员全党全国各族人民万众一心实现中华民族伟大复兴的中国梦具有重大意义。

全面建设社会主义现代化国家的"两步走"战略，是在党中央深入分析我国现代化发展环境的基本特征，认为我国的社会主义现代化发展仍处于可以大有作为的重要战略机遇期，同时也面临诸多严峻挑战的情况下作出的。党中央认为，从国际环境看，和平与发展的时代主题没有变，世界多极化、经济全球化、文化多样化、社会信息化深入发展，世界经济在深度调整中曲折复苏，新一轮科技革命和产业革命蓄势待发，全球治理体系深刻变革，发展中国家群体力量继续加强，国际力量对比逐步趋向平衡。但与此同时，国际金融危机深层次影响在相当长时期仍然存在，全球经济贸易增长乏力，保护主义抬头，地缘政治关系复杂多变，传统安全威胁和非传统安全威胁交织，外部环境不确定因素增多。而从国内环境看，中国的社会主义现代化建设使我国拥有了雄厚的物质基础，经济发展方式加快转变，新的增长动力正在孕育形成，发展潜力巨大。另一方面，我国经济发展不平衡、不协调、不可持续的问题仍然突出。中国要想在日趋激烈的国际竞争中立于不败之地，就必须增强忧患意识、责任意识，着力在优化结构、增强动力、化解矛盾、补齐短板上取得突破性进展。实现社会主义现代化强国的"两步走"战略，就是为此而提出的清晰的路线图。

2. 实现社会主义现代化强国"两步走"战略的具体安排

实现社会主义现代化强国的"两步走"战略，具体为以下两个阶段的目标要求：第一，从2020年到2035年，基本实现社会主义现代化的目标要求；第二，从2035年到21世纪中叶，实现建成社会主义现代化强国的目标要求。

首先，基本实现社会主义现代化的目标要求。改革开放40年来，我国现代化建设事业全面进步，国家面貌发生了前所未有的巨大变化。中国共产党在改革开放伊始提出的"三步走"战略的第三步，即基本实现现代化，将提前15年，在2035年实现。基本实现现代化的主要发展目标在经济、政治、文化、社会和生态建设上有如下体现：经济方面，现代化的基本实现，将使我国的经济实力、科技实力大幅跃升，经济保持中高速增长，产业迈向中高端水平，经济发展实现从数量和规模型扩张向质量和效益型提升的根本转变；社会主义市场经济体制将更加完善，现代化经济体系基本建成；基础设施体系更加完备，城市品质明显提升；科技创新能力持续增强，跃升至创新型国家前列。政治方面，现代化的基本实现，将使我国广大人民的政治权利得到充分保障，各项法治建设基本建成，国家治理体系和治理能力现代化基本实现；党的领导、人民当家作主、依法治国达到高度有机统一；人民民主更加充分发展，人民代表大会和人民政协制度更加完善，民主选举、民主协商、民主决策、民主管理、民主监督得到有效落实，人权得到充分保障，人民积极性、主动性、创造性进一步发挥；政府公信力和执行力大为增强，人民满意的服务型政府基本建成；依法治国得到全面落实，科学立法、严格执法、公正司法、全民守法的局面基本形成。文化方面，现代化的基本实现，将使我国社会文明程度达到新的高度，国家文化软实力显著增强，中华文化影响更加广泛深入；中国梦和社会主义核心价值观深入人心，广大人民群众的文化自信、文化自觉和文化凝聚力不断提高；良好的社会风尚基本养成，公共文化服务体系、现代文化产业体系和市场体系基本建成，中外文化交流更加广泛，中华文化走出去达到新水平；民生和社会建设上，人民生活更为宽裕，中等收入群体比例明显提高，城乡区域发展差距和居民生活水平差距显著缩小，基本公共服务均等化基本实现，全体人民共同富裕迈出坚实步伐；现代社会治理格局基本形成，社会充满活力又和谐有序；政府治理和社会调节、居民自治良性互动，公平正义充分彰显，人民获得感、幸福感、安全感更加充实、更有保障、更可持续。生态文明建设上，生态环境根本好转，美丽中国目标基本实现；清洁低碳、安全高效的能源体系和绿色低碳循环发展的经济体系基本建立，生态文明制度更加健全。

其次，在21世纪中叶实现建成富强民主文明和谐美丽的社会主义现代化强国的目标要求。在这一阶段，我们将在基本实现现代化的基础上全面提升我国社会主义物质文明、政治文明、精神文明、社会文明、生态文明，建成富强民主文明和谐美丽的社会主义现代化强国。这一阶段的目标要求是：一是我国将拥有高度的物质文明，社会生产力水平大幅提高，核心竞争力名列世界前茅，经济总量和市场规模超越其他国家，建成富强的社会主义现代化强国。二是我国将拥有高度的政治文明，形成既有集中又有民主、既有纪律又有自由、既有统一意志又有个人心情舒畅的生动活泼的政治局面，依法治国和以德治国有机结合，建成民主的社会主义现代化强国。三是我国将拥有高度的精神文明，践行社会主义核心价值观成为全社会自觉行动，国民素质显著提高，中国精神、中国价值、中国力量成为中国发展的重要影响力和推动力，建成文明的社会主义现代化强国。四是我国将拥有高度的社会文明，城乡居民将普遍拥有较高的收入、富裕的生活、健全的基本公共服务，享有更加幸福安康的生活，全体人民共同富裕基本实现，公平正义普遍彰显，社会充满活力而又规范有序，建成和谐的社会主义现代化强国。五是我国将拥有高度的生态文明，天蓝、地绿、水清的优美生态环境成为普遍常态，开创人与自然和谐共生新境界，建成美丽的社会主义现代化强国。到那时，我国作为具有五千多年文明历史的古国，将焕发出前所未有的生机与活力，实现国家治理体系和治理能力现代化，成为综合国力和国际影响力领先的国家，对构建人类命运共同体、推动世界和平与发展将作出更大贡献，中华民族将以更加昂扬的姿态屹立于世界民族之林，实现中华民族伟大复兴的中国梦。

而在实践层面，党中央强调，要实现"两步走"目标，我国就必须在现阶段把握住难得的战略机遇期，并科学应对社会主义现代化事业深入发展将要面临的严峻挑战。机遇方面，党中央强调，在这一时期，我国社会主义现代化建设的战略机遇主要有以下几方面：第一，新一轮全球技术革

第六章 社会主义现代化发展步入新时代

命所带来的新机遇。这主要体现在信息技术、新能源技术、智能制造技术等领域。为抓住这一机遇,党中央提出了创新驱动、"大众创业、万众创新""中国制造2025""互联网+"、新能源革命等重大战略。第二,全面改革深入推进带来的新机遇。党的十八届三中全会后,我国进入全面深化改革阶段。在经济、政治、文化、社会、生态、党建等领域全面展开。改革,意味着各主体之间责权利关系的调整,这就为我国的经济社会的进一步健康发展带来新机遇。第三,消费结构升级带来的新机遇。经过改革开放40年的努力奋斗,我国的消费结构在满足了吃、穿、住、行、用五大基本需求后,正在向"学、乐、康、安、美"这五大新的需求方向升级,无疑为许多新产业带来新机遇。第四,工业化进入新阶段带来的新机遇。目前,我国工业化已经进入到中期向后期的过渡阶段,即知识技术密集型工业与生产性服务业相交融发展的阶段,这就为发展与工业化进程相适应的新产业带来了新机遇。第五,城镇化进入新阶段带来的新机遇。我国进入快速推进新型城镇化阶段,这一阶段在市场、协调、人本等方面对于新型城镇提出了更高的要求,也带来了更多的发展空间。第六,区域经济一体化快速推进带来的新机遇。区域经济一体化意味着区域内部不同城市不同地区分工协作的加深。为此,以习近平为核心的党中央提出了"一带一路"的倡议和京津冀协同发展、长江经济带等大区域战略。可以说,区域经济一体化在中国的蓬勃兴起,为中国经济的持续健康发展带来更多的发展机遇。在把握这六大战略机遇的同时,我国还要科学应对诸如去泡沫、去过剩产能等制约我国经济社会现代化发展的严峻挑战。因此,我国只有准确把握战略机遇期内涵的深刻变化,更加有效地应对各种风险和挑战,继续集中力量拓展社会主义现代化发展的新境界,才能最终实现"两步走"目标。

二、新时代下社会主义现代化建设的新发展

社会主义现代化是全面发展的现代化。经济、政治、文化、社会、生态建设作为一个有机整体,勾勒出富强民主文明和谐美丽的社会主义现代化强国的壮美景象。这是我国进行现代化建设的最终目标,也是华夏儿女孜孜不倦进行奋斗的动力源泉。党的十八大以来,中国共产党在新时代的大背景下带领全国人民接续奋斗,在经济、政治、文化、社会、生态建设五大维度,实现了社会主义现代化建设的新发展。

(一)建设现代化经济体系

新时代新起点,以习近平为核心的党中央,面对全面建成小康社会决胜阶段的复杂的国内外形势,面对经济社会发展中所出现的新矛盾、新挑战和新机遇,切实把握经济发展新常态,坚持科学的发展理念和发展战略,坚持以人民为中心,提出了创新、协调、绿色、开放、共享的新发展理念,引领我国基本经济制度实现进一步完善,并使经济发展方式实现重大转变。

1. 深化供给侧结构性改革,实现实实在在没有水分的增长

贯彻新发展理念、建设现代化经济体系必须坚持实现我国供给侧结构性改革。改革开放以来,党中央带领全国人民,实现了中国经济在近30多年来均值10%增长率的快速增长。然而在世界历史上罕见的高增长率背后,我国的一些地方、一些领域出现了"以GDP唯上"的不正常心态。这一心态造成了我国经济结构在某些领域上的畸形表征:落后工业产能过剩、非可持续资源过度开发、生态环境污染严重。对此,习近平提出:"要全面认识持续健康发展和生产总值增长的关系,不要简单以国内生产总值增长率论英雄"[1]。这番话表明,我国应摒弃那些以经济利益为上的

---

[1] 中共中央宣传部编《习近平总书记系列重要讲话读本》,学习出版社、人民出版社,2014,第58页。

第六章 社会主义现代化发展步入新时代

发展理念，以科学的经济发展观念实现经济发展效益、质量和可持续的有机结合。党中央明确指出，中国的经济建设步伐不能减缓或停滞，一定的增长速度能够为民生的改善奠定物质基础。但是片面追求高速度的增长，确实是竭泽而渔、不可持续的增长，是无法长久的。为此，习近平在2013年12月的中央经济工作会议上明确强调："我们要的是实实在在、没有水分的速度，是民生改善、就业比较充分的速度，是劳动生产率同步提高、经济活力增强、结构调整有成效的速度，是经济发展质量和效益得到提高又不会带来后遗症的速度。"[①]此后他进一步指出，要想实现经济发展效益和可持续的结合，就必须在深化改革的过程中，加快我国的经济发展转型，淘汰落后过剩产能，加快发展新型产业。2016年1月，在中央财经领导小组会议上，习近平正式提出供给侧改革的经济改革路径，他强调："供给侧结构性改革的重点，是解放和发展社会生产力，用改革的办法推进结构调整，减少无效和低端供给，扩大有效和中高端供给，增强供给结构对需求变化的适应性和灵活性，提高全要素生产率"，"打赢供给侧结构性改革这场硬仗，要从生产端入手，促进产能过剩有效化解，促进产业优化重组，降低企业成本，发展战略性新兴产业和现代服务业，增加公共产品和服务供给"。[②]2017年，习近平在党的十九大报告中指出，我国的经济发展已由高速增长阶段转向高质量发展阶段，在转变发展方式、优化经济结构、转换增长动力的攻关期，必须坚持以供给侧结构性改革为主线，推动现代化经济体系的建立。在实践上，党中央也实行了积极的供给侧结构性改革政策，在以下方面取得了积极的成果：第一，推进增长动能

[①] 中共中央宣传部编《习近平总书记系列重要讲话读本》，学习出版社、人民出版社，2014，第59页。
[②] 中共中央宣传部编《习近平总书记系列重要讲话读本》，学习出版社、人民出版社，2016，第156页。

转换，以先进制造业为龙头，全面推进实体经济的提升。党的十八大以来，党中央推动我国经济产业优化全面升级，加快发展先进制造业，推动互联网、大数据、人工智能和实体经济深度融合，在中高端消费、创新引领、绿色低碳、共享经济等领域培育经济新增长点、形成新动能，同时加强基础设施网络建设，切实推进我国向着中国创造、中国质量的制造强国转变。第二，深化要素市场化配置改革，实现由以价取胜向以质取胜的转变。在实践中，我国破除无效供给，推动化解过剩产能，调整产业结构，以科技创新培育经济增长新动能，在各行业强调产品质量提升，显著增强我国经济质量优势。第三，加大人力资本培育力度，更加注重调动和保护人在经济发展中的积极性。党中央强调，人是经济生产活动中最活跃的因素。在推动供给侧结构性改革中，必须重视高素质企业家、工匠和劳模的领头作用，建设知识型、技能型、创新型劳动者大军，营造良好的经济发展氛围。第四，持续推进去产能、去库存、去杠杆、降成本、补短板的"三去一降一补"，优化市场供求结构。增强微观主体内生动力，扎实有效补短板。

2. 使市场在资源配置中起决定性作用，同时更好发挥政府作用

中国特色社会主义市场经济道路的活力，源于对既有经济体制的不断改革。而改革的关键问题，则在于处理好政府和市场的关系。2013年11月，党的十八届三中全会明确提出"使市场在资源配置中起决定性作用和更好发挥政府作用"[1]的论断。这一论断，一方面实现了市场地位的进一步提升。由"基础"到"决定"，看似简单的两字之差，实质上表明了党中央对市场体制的重视。首先，"决定性作用"这一创新论断，体现出党中央在引领我国市场经济体系建设上的重大突破。它表明我国的市场经济

---

[1]《〈中共中央关于全面深化改革若干重大问题的决定〉辅导读本》，人民出版社，2013，第69页。

建设迈入了一个新的阶段。党中央同时强调，要充分践行这一观念，就必须充分尊重市场在经济活动中的主体作用，尽可能地减少政府在资源配置中的直接干预行为，使市场真正做到"法无禁止即可为"，由市场实现资源配置效益与效率的有机结合。其次，这一论断要求更好发挥政府作用。党中央清楚地认识到，在资源配置的过程中，政府能够弥补市场的功能性缺失，起到不可替代的宏观调控和科学管理的作用。社会主义市场经济体制，一方面强调以市场激活经济发展的活力，另一方面仍然强调坚持发挥社会主义制度的优越性。科学有效的宏观调控，即是社会主义优越性的具体体现。它能保持宏观经济稳定，保障市场公平竞争，维护市场秩序，推动可持续发展，弥补市场失灵。此后，在党的十九大报告中，习近平进一步强调，经济体制改革必须坚决破除各方面体制机制弊端，激发全社会创新创业活力。必须毫不动摇巩固和发展公有制经济，毫不动摇鼓励、支持、引导非公有制经济发展。必须以完善产权制度和要素市场化配置为重点，在推动国有资本做强做优做大的同时，要积极支持民营企业发展，落实保护产权政策，激发各类市场主体活力。构建市场经济有效、微观主体有活力、宏观调控有度的经济体制。

3. 推动城乡区域协调发展

优化经济体系的空间布局，是现代化经济体系建设中的应有之意。党的十八大后，党中央坚持协调发展理念，优化区域发展格局，积极推动城乡区域协调发展。在党的十八届五中全会报告中，党中央更是从"三农"问题出发，就三个方面进一步提出要推动城乡协调发展，坚持工业反哺农业、城市支持农村，健全城乡发展一体化体制机制，推进城乡要素平等交换、合理配置和基本服务均等化的理念。特别是在党的十九大报告中，习近平总书记明确提出实施乡村振兴战略，将乡村的经济发展振兴作为我国城乡区域经济发展的重点加以对待。在党的十九大报告中，习近平总书记强调，实施乡村振兴战略，必须按照产业兴旺、生态宜居、乡风文明、治理有效、生活富裕的总要求，建立健全城乡融合发展体制机制和政策体系，促进农村的一二三产业融合发展，加快推进农业农村现代化。第一，发展特色县域经济。即把县域经济和特色经济结合起来，坚持资源开发与市场需求的统一，找准地方特色和市场对接的着力点，突出重点，依靠特色，培育产业链条，是资源特色经济产业化，实现以特色产业带动县域经济发展的整体发展。并以此为契机，加快培育中小城市和特色小城镇，促进农产品精深加工和农村服务业发展，拓展农民增收渠道，完善农民收入增长支持政策体系，增强农村发展内生动力。第二，推进以人为核心的新型城镇化。新型城镇化，是指坚持以人为本，以新型工业化为动力，以统筹兼顾为原则，推动城市现代化、城市集群化、城市生态化、农村城镇化，全面提升城镇化质量和水平，走科学发展、集约高效、功能完善、环境友好、社会和谐、个性鲜明、城乡一体、大中小城市和小城镇协调发展的城镇化建设路子。党中央提出，推进以人为核心的新型城镇化，就是要提高城市规划、建设、管理水平。深化户籍制度改革，促进有能力在城镇稳定就业和生活的农村转移人口举家进城落户，并与城镇居民有同等权利和义务。第三，促进城乡公共资源均衡配置，健全农村基础设施投入长效机制。党中央明确强调，要推动城乡区域协调发展，就必须促进城乡公共资源的均衡配置，健全农村基础设施投入的长效机制，把社会事业发展重点放在农村和接纳农业转移人口较多的城镇，推动城镇公共服务向农村延伸。提高社会主义新农村建设水平，开展农村人居环境整治行动，加大传统村落民居和历史文化名村名镇保护力度，建设美丽宜居乡村。最终通过这些方面的安排，解决好农村公共事业发展问题，有利于逐步实现城乡公共服务均等化，真正实现城乡的全面协调发展。

4. 不断提高开放型经济水平

党的十八大以后,习近平指出,我国的现代化建设要想在日益激烈的全球化竞争中谋求更大的发展,就必须实施更为主动的对外开放战略,并不断完善对外开放的体系,使得这一体系更为合理、多元,带动我国更多区域经济的发展。在这一思想的指引下,面对国际金融纷繁复杂的发展形势以及我国全面建成小康社会的历史重任,党中央在十八大后不断完善对外开放战略布局,形成对外开放新体制,并积极加快推进"一带一路"建设,促进中国的经济现代化发展深度融入世界经济体系。在完善对外开放战略布局方面,习近平总书记提出要发展更高水平的开放型经济,我国也适时抓住了全球产业重新布局的机遇,加强了内陆沿边地区口岸和基础设施建设,开辟跨境多式联运交通走廊,发展外向型产业集群,形成各有侧重的对外开放基地。与此同时,我国也加快了对外贸易的优化升级,从外贸大国向外贸强国迈进,并进一步完善投资布局,扩大开放领域,放宽准入限制,在"引进来"的同时,更加注重"走出去",积极参与全球经济合作和竞争。在形成对外开放新体制方面,党的十八大以后,我国进一步完善了法治化、国际化、便利化的营商环境,健全有利于合作共赢并同国际贸易投资相适应的体制机制。建立了便利跨境电子商务等新型贸易方式的体制,健全服务贸易促进体系,全面实施单一窗口和通关一体化,切实在体制层面形成了对外开放的新格局。在"一带一路"的加快推进方面,2013年9月和10月,习近平总书记在出访中亚和东南亚国家期间,提出了"一带一路"的重大倡议,得到国际社会高度关注。此后,我国率先在上海设立自由贸易试验区,并以此加快推进这一重大工程的建设。"一带一路"建设,陆上依托国际大通道,以沿线中心城市为支撑,以重点经贸产业园区为合作平台,共同打造新亚欧大陆桥、中蒙俄、中国—中亚—西亚、中国—中南半岛等国际经济合作走廊;海上以重点港口为节点,共同建设通畅安全高效的运输大通道。"一带一路"建设是沿线各国开放合作的宏大经济愿景，使各国朝着互利互惠、共同安全的目标相向而行。此外，我国还深化内地和港澳、大陆和台湾地区的合作发展，积极参与全球经济治理，积极承担国际责任和义务。在党的十九大报告中，习近平更是进一步强调要推动形成全面开放的新格局，"中国开放的大门不会关闭，只会越开越大"[1]。习近平强调，我国全面开放新格局的形成，要以"一带一路"建设为重点，坚持将"引进来"和"走出去"并重，加强创新能力开放合作，形成陆海内外联动、东西双向互济的开放格局。这些理论的提出与实践，旨在促进中外经贸往来的不断深入，促进市场间的高度融合，共同打造开放、包容、均衡、普惠的区域经济合作架构，从而使中国的对外开放迈入新格局。

（二）发展社会主义民主政治

2012年，党的十八大报告勾勒出我国的现代化建设事业面向21世纪中叶的全新宏伟蓝图。这一蓝图，进一步对中国共产党拓展特色政治道路，深化政治体制机制的改革，建设法治中国提出了详细要求。党的十八大报告指出："中国特色社会主义政治发展道路是团结亿万人民共同奋斗的正确道路。"[2]中国的民主政治事业，必须坚持这条路径，才能展现更为旺盛的生命力。在十八大以后，党中央坚定不移地对现行的政治体制进行与时俱进的改革。党中央明确指出，改革必须坚持以确保人民当家作主为根本出发点，在坚持并不断完善社会主义基本政治制度的前提下进行。在改革的内容上，必须注重对民主制度的不断健全和民主形式的不断丰富。在各

---

[1]习近平：《决胜全面建成小康社会　夺取新时代中国特色社会主义伟大胜利——在中国共产党第十九次全国代表大会上的报告》，人民出版社，2017，第34页。
[2]中共中央文献研究室编《十八大以来重要文献选编》（上），中央文献出版社，2014，第23页。

第六章 社会主义现代化发展步入新时代

个领域,实现有序政治参与范围自上而下的扩大,实现人民民主更为广泛、充分、健全的发展目标。与此同时,党中央还强调,拓展我国的民主政治事业,必须以特色政治发展道路为路径依赖,必须坚持正确的道路拓展方向,积极吸收各国政治文明发展的有益成果,推动我国政治制度优越性的进一步发挥。2017年,党的十九大报告在此基础上进一步提出了"健全人民当家作主制度体系,发展社会主义民主政治"的民主政治发展目标。报告强调,这一目标的实现,必须有赖于坚持中国特色社会主义政治发展道路。这一道路,是"近代以来中国人民长期奋斗历史逻辑、理论逻辑、实践逻辑的必然结果,是坚持党的本质属性、践行党的根本宗旨的必然要求"①。

习近平强调,要推动中国特色社会主义政治发展道路不断拓展,就必须坚持党的领导、人民当家作主和依法治国的有机统一,全力推进法治中国建设,"坚持法治国家、法治政府、法治社会一体建设"②,不断开创依法治国新局面。中国共产党的领导,是我国社会主义现代化建设的最大优势。而要坚持党的领导,不断加强党的建设就是极为重要的一环。进入新时代,中国共产党所面临的执政环境是复杂的,所面临的执政考验、改革开放考验、市场经济考验、外部环境考验具有长期性和复杂性。坚持党的领导,需要将党的建设这一新的伟大工程一以贯之进行推进。在新时代,党的建设的总要求是:"坚持和加强党的全面领导,坚持党要管党、全面从严治党,以加强党的长期执政能力建设、先进性和纯洁性建设为主线,以党的政治建设为统领,以坚定理想信念宗旨为根基,以调动全党积极性、主动性、创造性为着力点,全面推进党的政治建设、思想建设、组

---

① 习近平:《决胜全面建成小康社会 夺取新时代中国特色社会主义伟大胜利——在中国共产党第十九次全国代表大会上的报告》,人民出版社,2017,第36页。
② 习近平:《习近平谈治国理政》,外文出版社,2014,第144页。

织建设、作风建设、纪律建设，把制度建设贯穿其中，深入推进反腐败斗争，不断提高党的建设质量，把党建设成为始终走在时代前列、人民衷心拥护、勇于自我革命、经得起各种风浪考验、朝气蓬勃的马克思主义执政党。"①这一总体要求，将新时代党的建设的目的、方针、主线、总体布局和目标，紧密联系，相互作用和促进，共同构成了新时代党的建设科学有机的整体。党的十九大报告首次提出将党的政治建设纳入党的建设总体布局，并强调"以党的政治建设为统领""把党的政治建设摆在首位"，凸显党的政治建设的极端重要性，这是党的建设理论和实践的重大创新。而自党的十八大以来，中国共产党在全面从严治党实践中，加强了党的思想建设、组织建设，持之以恒正风肃纪，将制度建设贯穿于党的各项建设之中，深化标本兼治，夺取了反腐败斗争的压倒性胜利，成功营造出风清气正的政治生态。

与此同时他还提出，社会主义基本政治制度是我国发展政治文明的立足点，它决定了我国的民主政治进程能否稳定、长期且高效。而要不断地完善这一基本政治制度，实现民主政治的发展目标，党中央就必须保证权力的正确行使，并建立与这一目标相对应的权力运行体系，"把权力关进制度的笼子里"②。既实现对权力的科学、坚决运用，同时又使权力的运行在高度的监督制约下"不得越雷池一步"。此外，他还提出，作为政治体制改革的重要内容，行政体制改革必须得到大力推动，以使上层建筑更好地适应经济基础。为此，在党的十九大报告中他提出了要深化机构和行政体制改革，转变政府职能，深化简政放权，创新监管方式，增强政府公

---

① 习近平：《决胜全面建成小康社会 夺取新时代中国特色社会主义伟大胜利——在中国共产党第十九次全国代表大会上的报告》，人民出版社，2017，第61页。
② 中共中央宣传部编《习近平总书记系列重要讲话读本》，学习出版社、人民出版社，2014，第85页。

信力和执行力,建设人民满意的服务型政府。改革开放的深入发展,要求我国进一步建立起职能科学、结构优化、廉洁高效、人民满意的服务型政府,深入推进政企分开、政资分开、政社分开。总而言之,中国特色社会主义政治发展道路在不断推进我国民主政治建设的同时,也在政治层面拓展了社会主义现代化道路,丰富了中国特色社会主义理论体系,拓展了社会主义现代化道路的宽度,真正做到了用制度体系保证人民当家作主。

(三)推动社会主义文化繁荣兴盛

文化是一个民族的血脉,反映出这个民族的灵魂。社会主义先进文化的强势发展,能够有力地凝聚人心,汇集智慧,实现我国现代化事业的不断发展,最终实现中华民族的伟大复兴。进入现代化建设新时期以来,以习近平为核心的党中央,从实现民族伟大复兴中国梦的全新高度出发,对于文化建设作出了全面深化改革的战略部署。

第一,以高度的文化自觉与文化自信推进我国文化强国战略的实施。文化是一个国家、一个民族的灵魂,是人民的精神家园,也是政党的精神旗帜。实现中华民族的伟大复兴,迫切要求我国实现从文化大国到文化强国的转变。文化的自强,并非一蹴而就,而是与文化的自觉、自信互为条件,三者形成有机统一的整体。没有文化的自觉与自信,社会主义先进文化就难以自强。而要做到文化的自觉与自信,我国就必须坚持以社会主义核心价值体系引领先进文化的发展,不断以更多更好的文艺作品满足不同阶层人民群众所需。党的十九大报告强调,建设社会主义文化强国,必须大力发展文化事业和文化产业,满足广大人民群众过上美好生活的文化期待,在满足人民群众基本文化需求的基础上,提升国民素质。与此同时,党中央还强调,提升国家文化软实力同样是建设社会主义文化强国必不可缺的一环。文化软实力,凝聚了一个国家的文化生命力,以及由此产生的吸引力和影响力。要做到提升国家文化软实力,必须弘扬中华文化,讲好中国故事，使当代中国价值观念走向世界，实现文化软实力"形于中"而"发于外"。

第二，以社会主义核心价值观的培育和践行推进文化强国战略的实施。核心价值观是一个民族赖以维系的精神纽带，是一个国家共同的思想道德基础。社会主义核心价值观，是当代中国精神的集中体现，凝聚了全体人民共同的价值追求。能否构建具有强大感召力的核心价值观，关系我国的和谐稳定与长治久安。培育和践行社会主义核心价值观，要求我国将其融入社会生活的方方面面，让广大群众在日常生活实践中感知和领悟，从而培育文明新风尚。培育和践行社会主义核心价值观，要求我国坚持全民行动、干部带头，从家庭做起、从娃娃抓起，使社会主义核心价值观成为全民共同的价值追求，成为人民自觉遵循的行为准则。培育和践行社会主义核心价值观，要求必须立足中华优秀传统文化和革命文化，并结合时代要求，实现这些优秀文化的集成创新，让中华文化展现出永久魅力和时代风采。此外，习近平还强调，培育和践行社会主义核心价值观，还必须发扬中国人民在长期奋斗中培育、继承、发展起来的伟大民族精神，即伟大创造精神、伟大奋斗精神、伟大团结精神和伟大梦想精神。

第三，以社会主义文化发展新形态的构建推进文化强国战略的实施。经济基础决定上层建筑，文化的发展源于经济的发展；但同时，文化的发展又具有其独立性，并不断地反作用于经济基础。在社会文化系统中，文化价值观居于核心地位，引领着整个文化事业的布局和发展。在我国，社会主义核心价值观对特色文化事业的发展起着决定性作用。所以，在社会主义核心价值观的指导下，构建特色文化发展的新形态，是实现文化强国战略的必由之路。这一新形态的构建，必须继承中华优秀传统文化的精华，并积极吸收世界其他国家和民族在文化建设上的有益经验，从而创造出具有时代特色的中国特色社会主义的新文化。

第四，以意识形态的牢牢掌控推进文化强国战略的实施。意识形态关乎旗帜、道路，关乎我国的国家政治安全，更决定了文化前进方向和道路。社会主义文化强国的建成，必须要以具有强大凝聚力的社会主义意识形态为依托，在理想信念、价值理念、道德观念上团结全体人民，巩固马克思主义在意识形态领域的指导地位。意识形态工作领导权的掌握，要求党中央用马克思主义的科学理论武装人民大众的头脑，推进马克思主义中国化时代化大众化，实现马克思主义与中国实际相结合，与时俱进地坚持和发展马克思主义。意识形态工作领导权的掌握，要求党中央坚持正确的舆论导向，以正确的舆论引导人，提高新闻舆论的传播力、引导力、影响力、公信力，让主旋律更加响亮、正能量更加强劲，文化自信得到充分彰显。意识形态工作领导权的掌握，要求我国坚持以马克思主义为指导，加快构建中国特色哲学社会科学，在哲学社会科学的建设上体现出中国特色、中国风格、中国气派，切实发挥哲学社会科学资政育人的功能，为党和人民述学立论。党的十九大报告强调，建设中国特色社会主义文化，必须建设具有强大凝聚力、引领力的社会主义意识形态，使全体人民在理想信念、价值理念、道德观念上紧紧团结在一起，巩固马克思主义在意识形态领域的指导地位，牢牢掌握意识形态工作领导权。

第五，以加大文化体制改革，推动文化事业和文化产业发展这一关键举措推进文化强国战略的实施。作为一个国家的"软实力"，文化在国家竞争中的重要作用不言而喻。因此，遵循文化发展规律，深化文化体制机制改革，进一步解放和发展文化生产力，切实发挥先进文化在中国梦实现过程中的重要作用，推动文化事业和文化产业的发展与繁荣，以满足人民群众过上美好生活的需要，成为党中央在文化竞争日益激烈的今天亟待解决的课题。而要在社会主义市场经济条件下发展社会主义先进文化，就必须更新文化发展观念，推进文化体制机制的不断创新；就必须积极以市场为主体，鼓励文化产业投资主体实现多元化，构建技术先进、覆盖广泛的现代文化传播体系，积极参与国际文化竞争，拓展社会主义先进文化走向世界的渠道；就必须优化文化产业格局，加快文化产业发展，培育消费热点，拓展消费领域，深入实施文化惠民工程，丰富群众性文化活动，向人民群众提供更多价低质优的文化产品和服务。在这一系列思想的指导下，党的十八大以后特别是十九大以来，党中央从推进文化强国建设，奋力实现民族伟大复兴中国梦的战略高度出发，进一步深化了对文化体制的改革，取得了突出成就。

（四）坚持在发展中保障和改善民生

民生是人民幸福之基、社会和谐之本，"人民对美好生活的向往，就是我们的奋斗目标"[①]。带领人民群众创造幸福生活，要顺应人民群众对美好生活的向往，坚持以人民为中心的发展思想，以保障和改善民生为重点，发展各项社会事业。党的十八大以来，中国共产党注重解决人民群众最关心最直接最现实的利益问题，抓住最需要关心的人群，持续大力推进我国和谐社会建设，将提升人民生活水平和增强党中央对于社会治理的能力作为两项基本的任务。在不断的实践探索中，我国的特色社会建设道路得到进一步拓展。

1. 实现经济发展和民生改善的良性循环

党的十八大以后，习近平从贯彻落实科学发展观的角度出发，多次强调，民生工作是决定人民群众的生活是否幸福、社会发展是否和谐的关键因素。切实推进民生工程，让广大人民群众过上有尊严、富足的生活是党中央领导我国社会建设的根本出发点，同样也是检验中国共产党民生工作成效的标尺。"消除贫困、改善民生、实现共同富裕，是社会主义的本质

---

① 中共中央宣传部编《习近平总书记系列重要讲话读本》，学习出版社、人民出版社，2014，第108页。

第六章 社会主义现代化发展步入新时代

要求"①。习近平的话表明,以人为本不断加强我国民生事业工作力度,着力提升广大人民群众生活幸福满意度,是党中央推动中国特色社会主义道路不断向前推进的根本目的。同时也表明,以生产力水平的大幅度提升来不断满足人民群众在物质生活和精神生活上的需求,是我国推动社会主义现代化建设事业不断向前迈进的目的。因此,要实现不断改善民生的目的,我们就必须正视经济和民生的相互关系,实现二者的有机结合和良性循环。一方面,我们要认识到,民生建设水平的提升依赖于经济发展的速度和效率,离开经济的又好又快发展,民生事业的改善提升无从谈起。另一方面,经济建设步伐的加快,很大程度上有赖于我国民生事业积极进步对内需市场的大力拉动。在实践方面,随着我国综合国力的增强,党中央在以下几个方面施力,使我国的民生事业在新时期新阶段再上新台阶。第一,教育事业方面。党中央明确提出,作为实现中华民族伟大复兴的基础工程,教育事业必须被置于社会建设的优先位置。必须加快教育的现代化发展,办好人民满意的教育,加快建设学习型社会,大力提高国民素质。第二,提高就业质量和人民收入水平。党中央强调,就业是最大的民生。新时期新阶段,党中央要坚持就业优先战略和积极就业政策,实现更高质量和更充分就业。与此同时,还要坚持按劳分配原则,完善按要素分配的体制机制,促进收入分配更合理、更有序。坚持在经济增长的同时实现居民收入同步增长、在劳动生产率提高的同时实现劳动报酬同步提高。第三,社会保障体系建设方面。党中央提出要按照兜底线、织密网、建机制的要求,全面建成覆盖全民、城乡统筹、权责清晰、保障适度、可持续的多层次社会保障体系。第四,脱贫攻坚方面。党中央发出了让贫困人口和贫困地区同全国一道进入全面小康社会的庄严承诺。提出以全党全国全社

---

① 习近平:《习近平谈治国理政》,外文出版社,2014,第189页。

会的力量，精准扶贫、精准脱贫，做到脱真贫、真脱贫。第五，国民健康方面。党中央在十九大报告中明确提出了实施健康中国战略。强调要完善国民健康政策，为人民群众提供全方位全周期的健康服务。

2. 创新社会治理

作为社会建设的重要组成部分，社会治理从社会层面反映出国家治理能力水平的高低。十一届三中全会后，中国共产党逐渐提升了对社会管理的重视程度，在不断的实践中积累了弥足珍贵的经验，对社会管理的认识也逐渐清晰。党的十八大以来，随着我国改革开放现代化建设进入攻坚克难阶段，我国的社会建设也进入了风险高发期。党中央也由此将维护社会稳定提升至维护国家安全的高度加以重视。党中央明确提出，在社会建设进入高风险期的背景下，社会管理肯定将会面对纷至沓来的新矛盾新问题。要解决这些社会管理领域方面的问题，就必须深入认识新时代社会治理规律，创新治理理念思路、体制机制、方法手段，移除阻碍社会和谐稳定发展的障碍。而要移除这些阻碍社会发展的障碍，则必须依靠改革的不断深化来实现。而改革的深化，在社会建设层面上，则以从传统社会管理向现代化的社会治理的全面转变表现出来。习近平强调："治理和管理一字之差，体现的是系统治理、依法治理、源头治理、综合施策。"[①]这番话表明，随着现代化建设进程的加快，我国必须摒弃以往在社会治理上出现问题才有对策的发展思路，而应该积极从社会建设的顶层战略上加以设计。以管理系统的规范、党中央领导力度和政府主导功能的加强来增强社会管理的原则性。以管理权限的下放、社会各方面的积极参与来增加社会治理的灵活性。两方面共同着力，实现政府管理和社会自治的良性互动。既不以僵化的条例约束社会的活力，也不以松散的管理使社会成为一团乱

---

① 中共中央宣传部编《习近平总书记系列重要讲话读本》，学习出版社、人民出版社，2014，第116页。

麻,从而切实创新社会建设思路,全面推进社会事业的不断发展。在实践上,党的十八大后特别是十九大以来,党中央带领人民群众,从以下五方面加强和创新了社会治理:第一,创新社会治理体制。党中央坚持完善党委领导、政府负责、社会协同、公众参与、法治保障的社会治理体制,将社会治理的社会化、法制化、智能化和专业化水平提升到新的高度,使我国的社会治理进一步精细化,打造出共建共治共享的社会治理格局。第二,改进社会治理方式。党中央在社会治理中,积极发挥政府的主导作用,同时鼓励和支持社会各方面参与。加强了法律对社会治理的保障,并运用法治思维和法治方式化解社会矛盾,努力实现法安天下、德润人心。第三,加强预防和化解社会矛盾机制建设。面对社会治理在改革深化时期所出现的新问题、新矛盾,党中央在新时期坚持正确处理人民内部矛盾特别是涉及广大人民群众切身利益的矛盾,持续健全重大决策社会稳定风险评估机制,切实排除、化解、处置各类矛盾风险。第四,加强社会心理服务体系建设。党中央强调,人是社会的主体,更是决定社会是否和谐稳定的决定性因素。新时期新阶段,党中央加强和改进思想政治工作,更为注重对人民群众的人文关怀和心理疏导,着力促进公民道德素质的整体提升。第五,加强社区治理体系建设。党的十八大以后,党中央越发注重基层特别是城乡社区在社会治理中的重要作用,强调社区是党和政府联系、服务群众的"最后一公里",尽可能地将资源、服务和管理放到社区,使群众得到更为精准高效的服务和管理。

3. 坚持总体国家安全观

党的十八大以来,中国共产党积极贯彻创新社会治理的思想,准确把握国家安全形势变化的新特点和新趋势,为适应国家安全面临的新形势和新任务,明确提出了总体国家安全观。总体国家安全观,以坚持国家利益至上,以人民安全为宗旨,以政治安全为根本,以经济安全为基础,以军事、文化、社会安全为保障,以促进国际安全为依托,以中国特色国家安全道路为路径,切实维护各领域国家安全,构建国家安全体系。2013年,党的十八届三中全会决定成立国家安全委员会。在2014年4月举行的中央国家安全委员会第一次会议上,习近平明确指出:国家安全委员会,是"推进国家治理体系和治理能力现代化、实现国家长治久安的迫切要求,是全面建成小康社会、实现中华民族伟大复兴中国梦的重要保障"[1]。国家安全委员会的成立,彰显党中央在社会发展安全理念认识上的新突破,表明我国的社会发展安全已经由内部安全拓展到外部安全,已经由国民安全扩展到国土安全。社会建设安全范围的扩宽,标志着党中央开始转变社会发展思路,开始力求走出一条对内求发展、求变革、求稳定;对外求和平、求合作的社会发展道路,从而成功地拓展了我国特色社会主义道路。此后,在实践上,党中央坚持以总体国家安全观为指导,审时度势,与时俱进,积极完善国家安全体系,健全公共安全体系,推进平安中国建设,加强国家安全能力建设和国家安全教育,坚决维护国家主权、安全、发展利益。

（五）建设美丽中国

一个国家生态环境的好坏,决定着这个国家人民群众生活幸福指数的高低。在实现经济高效发展的同时,切实保护并逐渐改善我国的生态环境,是党中央带领全国人民努力实现民族伟大复兴中国梦的重要内容。在党的十八大报告中,党中央在环境保护建设的理念上实现重大突破,进一步扩展了社会主义现代化道路的总体布局,使生态文明建设成为全新"五位一体"布局中的重要一环。建设生态文明,是中华民族永续发展的千年大计,关系人民福祉,关乎民族未来。十八大以后,习近平在强调生态文明建设对我国现代化发展的极端重要性时指出:"我们既要绿水青山,

---

[1] 习近平:《习近平谈治国理政》,外文出版社,2014,第200页。

也要金山银山。宁要绿水青山，不要金山银山，而且绿水青山就是金山银山。"①这番话，彰显出党中央对生态文明建设认识的不断提高。党的十八大以后，以习近平为核心的党中央，立足于我国自然生态环境现状、经济发展水平、文化建设状况、社会政治条件以及人口素质等基本国情，走出了一条符合我国发展所需的生态文明建设道路。

2015年，党中央在十八届五中全会报告中提出了全新的五大发展理念。在此理念中，中国共产党首次将"绿色发展"纳入现代化发展规划中。"绿色发展"的理念，彻底颠覆了以往单纯以经济发展速度衡量现代化建设事业成败的准则，而是在衡量改革成功与否的准则上加入了生态文明建设实现度的高低。这一创新的发展思路，摒弃了传统的高能耗社会生产模式，转而倡导"科技含量高、资源消耗低、环境污染少"的产业结构和生产方式，从而贯彻生产全过程贯彻"绿色化"的要求。从狭义看，绿色发展意味着从保护和恢复我国生态环境的角度出发，淘汰能源高耗产业，积极发展绿色产业。以低碳经济的全面铺开和深入发展实现经济和生态的和谐发展。而从广义看，绿色发展对我国的人口、资源消耗、能源结构、环境治理、生态安全等方面提出了更高的要求。第一，绿色发展要求我国不放松对人口工作的力度，继续提升人力资本实力、优化人口区域分布，从而提升整体经济发展的效益。第二，绿色发展要求我国坚持资源节约的基本国策，在全社会、全领域、全过程都加强资源节约，加快资源节约型社会的建设步伐。第三，绿色发展要求我国的现代化发展坚持保护优先、自然恢复为主，实行最为严格的生态环境保护制度。第四，绿色发展要求我国着力降低煤炭依赖，积极节能减排，实现资源再利用和低碳发展的目标。注重经济发展与生态保护的和谐共进，坚持在保护中发展、

---

① 中共中央宣传部编《习近平总书记系列重要讲话读本》，学习出版社、人民出版社，2014，第120页。

在发展中保护,实现经济发展和生态保护的有机统一。习近平对此总结指出,我国在深化改革的征程中,必须以绿色发展这一创新理念引领生态文明建设,深化生态文明体制改革,着力解决突出环境问题,加大生态系统保护力度,改革生态环境监管体制,切实推进绿色发展,使我们的国家天更蓝、山更绿、水更清、环境更优美。在这一思想的指导下,我国加大了生态文明建设的力度,以高度的责任心参与全球应对气候变化事业,并在2015年11月举行的巴黎气候大会上承担了较以往更为重要的角色,提出了更为主动的节能减排计划,积极推动低碳经济进程,在全球作出表率。

三、以源源不断的现代化建设新成就实现民族伟大复兴

(一)新时代以来极不平凡的现代化建设成就

党的十八大以来,我国的社会主义现代化建设进入新时代。面对纷繁复杂的国际局势,面对我国深化改革、经济发展进入新常态等一系列深刻变化,以习近平为核心的党中央坚持稳中求进的工作总基调,迎难而上,开拓进取,取得了改革开放和社会主义现代化建设的历史性成就。

经济方面,我国的经济现代化建设自党的十八大以来坚持贯彻新发展理念,转变经济发展方式,使经济发展的质量和效益不断获得提升。新时期以来,我国的经济发展保持高速增长,在世界主要国家中名列前茅。国内生产总值由54万亿元增加到82.7万亿元,稳居世界第二,年均增长7.1%。中国的经济总量在世界经济的总量中所占比例由11.4%提升至15%左右,中国对世界经济的增长贡献率超过30%。[①]新世纪新阶段,我国坚

[①] 参见李克强:《政府工作报告——2018年3月5日在第十三届全国人民代表大会第一次会议上》,人民出版社,2018,第2页。

决贯彻落实并深入推进供给侧结构性改革,"三去一降一补"成效突出,供给结构正在发生深刻变化,服务业主导作用增强,工农业转型提升步伐加快,产业结构优化升级。据统计,经过供给侧结构性改革后,我国的消费贡献率由54.9%提高到58.8%,服务业比重从45.3%上升到51.6%,成为经济增长主动力。高新技术制造业年均增长11.7%,成为经济增长不可忽视的一极。农业现代化发展稳步推进,粮食生产能力达到1.2万亿斤,城镇化率从52.6%提升到58.5%。[①]区域发展协调性增强,相继解决许多区域发展中长期存在的突出难题,"一带一路"建设、京津冀协同发展、长江经济带发展成效显著。党的十八大以来,我国大力实施创新驱动发展战略。在这一战略指引下,我国每年的研发投入实现年均增长11%,跃居世界第二位。在持续不断的高投入下,我国在载人航天、深海探测、射电望远镜、暗物质粒子探测、量子通信、大飞机等方面不断涌现出重大创新成果,"天眼"探空、神舟飞天、墨子"传信"、高铁奔驰、北斗组网、超算"发威"、大飞机首飞。此外,高铁网络、电子商务、移动支付、共享经济等引领世界潮流。"互联网+"广泛融入各行各业。大众创业、万众创新蓬勃发展,日均新设企业由5000多户增加到1.6万多户。快速崛起的新动能,正在重塑经济增长格局,深刻改变广大人民群众的生产生活方式,成为中国创新发展的新标志。在对外开放方面,党的十八大后,我国的开放型经济新体制逐步健全,对外贸易、对外投资、外汇储备稳居世界前列。经济现代化建设的诸多成就,离不开党中央对经济发展体制的全面深化改革。新时期以来,我国坚决破除妨碍科学发展的体制机制弊端,全面发力、多点突破、纵深推进,着力增强改革系统性、整体性、协同性,夯实拓展改革的广度和深度。

[①] 参见李克强:《政府工作报告——2018年3月5日在第十三届全国人民代表大会第一次会议上》,人民出版社,2018,第2页。

政治方面，新时期以来，我国社会主义政治建设从"五位一体"的总体布局出发，在以习近平总书记为核心的党中央的领导下，积极稳妥推进政治体制改革，形成了当代中国政治建设的基本方略，并在以下几方面取得突出成绩：第一，积极发展社会主义民主政治，推进全面依法治国，全面加强党的领导、人民当家作主和依法治国有机统一的制度建设。社会主义民主不断发展，党内民主更为广泛，社会主义协商民主全面展开，爱国统一战线巩固发展，民族宗教工作创新进一步推进。第二，积极推进法治中国建设。新时期以来，全国人大常委会共制定修订法律95部，制定修订行政法规195部，修改废止一大批部门规章。科学立法、严格执法、公正司法、全民守法深入推进，法治国家、法治政府、法治社会建设相互促进，中国特色社会主义法治体系日益完善，全社会法治观念明显增强。第三，权力制约和监督体制改革取得成效。国家监察体制改革试点取得实效，行政体制改革、司法体制改革、权力运行制约和监督体系建设有效实施。权力清单制度和责任清单制度有效实行，权力运行过程和结果得以公开，真正做到了把权力关进制度的笼子里，让权力在阳光下运行。

思想文化方面，新时期以来，党中央加强了对意识形态工作的领导，党的理论创新全面推进，马克思主义在意识形态领域的指导地位更加鲜明，社会主义核心价值观和中华优秀传统文化广泛弘扬，群众性精神文明创建活动扎实开展，中国特色社会主义和中国梦深入人心。公共文化服务水平不断提高，在实践层面，第一，我国自新时期以来积极补齐文化建设中的短板，切实使现代公共文化服务体系建设步入发展快车道。各地坚持政府主导、社会参与、重心下移、共享共建、补齐短板、提高效能，打通了公共文化服务的"最后一公里"。第二，我国进一步健全了文化市场体系，提高文化产业发展质量和效益，使文化产业蓬勃发展，成为国民经济的支柱型产业。第三，文化交流、文化传播和文化贸易事业得到加强，讲好中国故事,传播中国声音,中国文化走出去的力度得到空前加大,文化自信得到彰显,国家文化软实力和中华文化影响力大幅提升,全党全社会思想上的团结统一更加巩固。

社会建设方面,新时期以来,党中央深入贯彻以人民为中心的发展思想,一大批惠民举措落地实施,人民获得感显著增强。其中,就业数量和质量不断创造新高。党的十八大以来,我国不断创新宏观调控思路和方式,全面深化改革,激发了经济发展内生动力和就业创业活力,就业规模不断扩大、就业结构持续优化,创业带动就业能力显著增强,劳动者素质明显提高,就业质量进一步提升。城乡居民收入普遍增加。这一时期,党中央努力推动居民收入增长和经济增长同步、劳动报酬提高和劳动生产率提高同步,不断健全体制机制和具体政策,调整国民收入分配格局,持续增加城乡居民收入,不断缩小收入差距。国民健康水平稳步提高。新时期新阶段,我国将健康中国建设上升为国家战略,加大国家医疗保障体系建设,使我国国民主要健康指标得到提升,实现了健康水平与经济发展水平的同步提升。社会治理体系更加完善,社会大局保持稳定,国家安全全面加强。特别值得强调的是,这一时期我国的脱贫攻坚战取得决定性进展,贫困人口减少6800多万,年均减贫人数1300万人以上,易地扶贫搬迁830万人,贫困发生率由10.2%下降到3.1%。[①]

生态建设上,我国生态文明建设成效显著。在这一时期,我国大力推进生态文明建设,全党落实贯彻绿色发展理念,忽视生态环境保护的状况明显改变。针对大气、水、土壤污染,制定相关防治措施并取得扎实成效。生态文明制度体系加快形成,主体功能区制度逐步健全,国家公园体制试点积极推进。全面节约资源有效推进,能源资源消耗强度大幅下降。

---

① 参见《政府工作报告——2018年3月5日在第十三届全国人民代表大会第一次会议上》(人民出版社2018年版)第3页。

重大生态保护和修复工程进展顺利，森林覆盖率持续提高。生态环境治理明显加强，环境状况得到改善，绿色发展呈现可喜局面。

（二）齐心协力走向中华民族伟大复兴的光明前景

实现中华民族伟大复兴是近代以来中华民族最伟大的梦想。中国共产党成立后，就肩负着带领中华民族实现伟大复兴的历史使命，团结带领人民进行了艰辛的奋斗，谱写了中华民族实现社会主义现代化的壮丽史诗。

中国共产党成立以来90多年的历史，就是带领全国人民找到一条实现国富民强的现代化道路的历史。在这一过程中，中国共产党团结带领人民找到了中国特色革命道路。这条道路，以农村包围城市、武装夺取政权为特征，是适合新民主主义革命的正确革命道路。在进行了长达28年的浴血奋战后，中国共产党带领全国人民完成了新民主主义革命，并于1949年建立了中华人民共和国，实现了中国从几千年封建专制政治制度向人民民主政治制度的伟大飞跃。此后，在短短的数年后，党中央又团结带领人民完成了变生产资料私有制为公有制的社会主义革命，确立社会主义基本制度，推进社会主义建设，完成了中华民族有史以来最为广泛而深刻的社会变革，为当代中国的现代化建设奠定了根本政治前提和制度基础，实现了中华民族由近代不断衰落到根本扭转命运、持续走向繁荣富强的伟大飞跃。1978年，党中央又吹响了改革开放的号角，团结带领人民进行了一场新的伟大革命，积极破除阻碍国家和民族发展的一切思想和体制障碍，开辟了中国特色社会主义道路，使中国在现代化建设中奋勇直追，大踏步赶上时代的发展。

在现代化建设的历程中，中国共产党强调，人民是历史的创造者，是真正的英雄。波澜壮阔的中华民族发展史是中国人民书写的，博大精深的中华文明是中国人民创造的，历久弥新的中华民族精神是中国人民培育的，中华民族迎来的从站起来、富起来到强起来的伟大飞跃是中国人民奋斗出来的。

在现代化建设的历程中，中国共产党强调，中国特色社会主义是改革开放以来我国现代化建设所依赖的理论源泉。这是党和人民历尽千辛万苦、付出巨大代价取得的根本成就。中国特色社会主义道路是实现社会主义现代化、创造人民美好生活的必由之路，中国特色社会主义理论体系是指导党和人民实现中华民族伟大复兴的正确理论，中国特色社会主义制度是当代中国发展进步的根本制度保障，中国特色社会主义文化是激励全党全国各族人民奋勇前进的强大精神力量。

在现代化建设的历程中，中国共产党强调，我国的社会主义现代化强国目标和中国梦是紧紧相连的。中国梦是历史的、现实的，也是未来的。今天，我们比历史上任何时期都更接近、更有信心和能力实现中华民族伟大复兴的目标。作为社会主义建设者、各条战线的生力军，我们要牢记中国近现代的历史及其基本经验，继承先辈们的优良传统，自觉地承担起时代赋予我们的历史使命，在实现中国梦的生动实践中放飞梦想。

结　论

纵观中华人民共和国成立至今近70年的历史，我们能够清楚地认识到中国社会主义现代化的来之不易。可以说，中国社会主义现代化的发展历程，继承了自近代以来中华儿女实现中华民族伟大复兴的光荣梦想，见证了中华民族从沉沦到崛起再到伟大复兴的光辉历程。

从1840年鸦片战争爆发到1921年中国共产党成立，中国社会在半殖民地半封建社会状态下陷入了愈发深重的民族危机和社会危机中。为挽救民族命运，无数仁人志士投身于反抗斗争、寻求国家出路的伟大事业中。在对国家出路的探索中，这些仁人志士认识到，救国的关键，在于使国家进入近代化和现代化的发展轨道中，最终实现国家的近代化和现代化，于是，诸如洋务运动、戊戌变法、辛亥革命的一系列实践先后实施，但这些实践都没能实现国富民强的发展目标。于是，带领华夏儿女拯救中华民族于危难，让中国真正走上实现民族复兴现代化发展道路的任务，就历史性地落在中国共产党的肩上。中国共产党自诞生之日起，就强调把实现社会主义作为解决近代中国社会基本矛盾、对中国社会进行彻底改造，从而使中国走上现代化发展之路的唯一路径。以毛泽东为主要代表的中国共产党人在新民主主义革命的实践中所提出的关于新民主主义革命和社会的理论，为中国社会最终实现近代化乃至现代化的变革指明了一条现实可行的道路。1949年10月1日，中华人民共和国成立，标志着新民主主义革命取得伟大胜利。这从根本上改变了中国的社会制度，建立了全新的生产关系，为中国向着社会主义方向和国家现代化目标迈进创造了前提。中华人民共和国成立后，中国共产党人从国家安全需求出发，选择了以重工业为优先的现代化发展战略，选择了以苏联模式为参照的社会主义现代化发展路径，并同时创造性地提出了党在过渡时期的总路线，进行社会主义革命，并于1956年完成三大改造，建立了社会主义的根本制度，从而在中国这样一个落后的农业大国里，成功实现了从半殖民地半封建社会经过新民主主义社会到社会主义社会的伟大历史变革，并为社会主义现代化发展奠定了坚实的制度基础和经济基础。从1956年开始，中国共产党带领全国人民开始全面建设社会主义。在党的八大期间，面对过于追求重工业高速发展而使我国经济结构失衡的问题，以毛泽东为核心的党的第一代中央领导集体明确提出"以苏为鉴"，并对如何走出一条更加符合中国国情的社会主义现代化建设道路进行了有益的探索。但令人遗憾的是，由于1957年以后党的指导思想不断向"左"的方向发展，毛泽东提出的"以苏为鉴"的目的并未根本达到，此后的社会主义现代化建设在很长一段时期内历经了曲折。尽管经历了这些曲折，但改革开放40年的历史表明，我国的社会主义现代化建设取得了伟大的成就，人民当家作主的新型政权的建立和巩固，独立的比较完整的工业体系和国民经济体系的建立，为此后我国社会主义现代化事业的腾飞奠定了最为坚实的基础。从1978年党的十一届三中全会到今天的40年，是中国社会主义现代化建设所经历的又一次伟大历史变革的时期。这场伟大的历史变革涉及政治、经济、文化、社会、生态和其他有关社会主义现代化建设的各个领域，其全面性和根本性让中国的社会主义现代化建设进入了高速发展的道路，是中国的"第二次革命"，为中国在21世纪的腾飞并向着实现中华民族伟大复兴中国梦和社会主义现代化强国目标的实现奠定了坚实的基础。经过坚持不懈的努力，我国社会生产力快速发展，经济总量跃升到世界第二位，综合国力大幅度提升，人民生活明显改善，国际地位和影响力显著提高。伟大的时代孕育伟大的思想，伟大的思想照亮现代化发展的时代航向。党的十八大以来，以习近平为核心的党中央以巨大的政治勇气和强烈的责任担当，带领全国各族人民书写了实现中华民族伟大复兴的新篇章，我国的社会主义现代化建设接续前进，我国的社会主义现代化建设事业取得了全方位的、开创性的历史性成就，发生了深层次的、根本性的历史性变革，中国社会主义现代化发展由此步入新时代。

回顾中国社会主义现代化的发展历程，我们可以清楚地看到，中国共产党的领导是社会主义现代化得以成功的根本保证。作为这一事业的开辟者，中国共产党自成立之日起就肩负着中华民族先锋队的重担，将人民利益作为一切工作的出发点，带领全国人民探索、开辟并不断拓展社会主义现代化事业，给中华民族带来了翻天覆地的巨变。而在中国进行社会主义现代化发展的伟大征程中，"一个中心、两个基本点"的基本路线是这一伟大事业的生命线，"五位一体"则是社会主义现代化事业的总体布局，"建成富强民主文明和谐美丽的社会主义现代化强国"则是这一伟大事业的发展目标。社会主义现代化，是一项中国共产党人带领全国人民从中国具体国情出发，最终实现中华民族伟大复兴的光辉事业。在不懈的奋斗中，中国共产党始终以人民的根本利益为出发点，坚持"一切为了人民，一切依靠人民"，始终维护人民群众的根本利益，并将此作为一切工作的中心。纵观社会主义现代化的发展历程，可以看出这一事业既强调"社会主义"，同时也强调"中国特色"，具有民族性特征。与此同时，这一事业不是一项因循守旧、故步自封、僵化封闭的事业，而是紧追时代步伐、不断开拓创新、对外开放，获得强大的生命力的事业。这项事业，实现了对传统社会主义模式的突破与扬弃，实现了对资本主义发展模式的借鉴与超越。

今天,站在新的历史起点上,中华民族在社会主义现代化的发展征程中离民族的伟大复兴又近了一步。纵观社会主义现代化的发展历程,我们可以看到,社会主义现代化事业的繁荣并非改革开放后一蹴而就,而是自1949年以来一步一步艰辛开拓的局面。

首先,改革开放40年,是中国共产党艰辛探索中国社会主义现代化建设的40年。在一个人口众多、基础薄弱的国家实现社会主义工业化乃至现代化的建设目标,是一件亘古未有的大事。在缺乏经验的情况下,中国共产党曾一度"以苏为师"。但随着实践经验的不断积累,以及苏联模式弊端的不断显露,党中央明确提出了"以苏为鉴",实现马列主义与中国国情的第二次结合的号召。然而探索的历程却历经曲折,"第二次结合"的历史任务也令人遗憾地没有在改革开放前的历史时期完成。但是在这30年中所形成的一系列基本制度,为社会主义现代化事业的最终开辟与不断拓展奠定了根本的制度基础;所积累的理论性成果,为现代化事业的顺利发展提供了重要的理论准备;独立的比较完整的工业体系和国民经济体系,为此后现代化事业的腾飞奠定了坚实的物质基础;探索过程中正反两方面的宝贵经验教训也为此后的发展提供了可贵的借鉴。

其次,改革开放后我国社会主义现代化事业的最终开辟与不断拓展,是在继承改革开放前的探索成果的基础上,对既有但已不符合国情发展需要的陈旧体制机制进行大胆的改革,并与时俱进地进行创新后取得的。社会主义现代化事业并非于1978年以后另起炉灶一蹴而就,而是在对之前30年探索中国式社会主义建设道路成就的坚持,对其曲折失误之处的改革,在时代新趋势的发展中而来。尚在改革开放之初,邓小平就明确指出:"现在我们还是把毛泽东同志已经提出、但是没有做的事情做起来,把他反对错了的改正过来,把他没有做好的事情做好。今后相当长的时期,还是做这件事。"①这段话深刻地揭示出两个历史时期中我国进行社会主义现代化建设的区别和联系。毫无疑问,社会主义现代化事业的最终开辟与拓展,是历届党的中央领导集体先后在两个历史时期里共同努力的宝贵成果。这一伟大的事业,既坚持了社会主义基本原则,又富有中国特色,从理论和实践两个层面回答了在中国如何进行社会主义现代化,最终实现中华民族伟大复兴。纵观中华人民共和国成立以来70年的历史,我们能够清楚地认识到,中国社会主义现代化事业的来之不易。回溯其发展历程,我们就能够发现,社会主义现代化事业之所以能不断拓展,就在于其既能坚持科学社会主义基本原则,又能随着时代的发展不断发扬中国特色,从而弘扬民族精神,凝聚中国力量。回顾这一发展历程,我们就能明白今天繁荣局面的来之不易,更能理解在改革事业不断深化发展的今天,坚持社会主义现代化的重要意义。

---

①邓小平:《邓小平文选》(第二卷),人民出版社,1994,第300页。

参考文献

[1] 马克思恩格斯选集：第1—4卷［M］. 北京：人民出版社，1995.

[2] 列宁选集：第1—4卷［M］. 北京：人民出版社，1995.

[3] 毛泽东文集：第1—8卷［M］. 北京：人民出版社，1996.

[4] 毛泽东选集：第1—4卷［M］. 北京：人民出版社，1991.

[5] 建国以来毛泽东文稿：第1—13册［M］. 北京：中央文献出版社，1987—1998.

[6] 毛泽东书信选集［M］. 北京：人民出版社，1983.

[7] 毛泽东思想年编（1921—1975）［M］. 北京：中央文献出版社，2011.

[8] 毛泽东年谱（1893—1949）：上，中，下［M］. 北京：人民出版社，1993.

[9] 毛泽东年谱（1949—1976）：第1—6卷［M］. 北京：中央文献出版社，2013.

[10] 邓小平文选：第1—3卷［M］. 北京：人民出版社，1993—1994.

[11] 邓小平年谱（1975—1997）：上，下［M］. 北京：中央文献出版社，2004.

[12] 邓小平思想年编（1975—1997）［M］. 北京：中央文献出版社，2011.

[13] 邓小平文集（1949—1974）：上，中，下［M］. 北京：人民

出版社，2014.

［14］江泽民文选：第1—3卷［M］．北京：人民出版社，2006.

［15］江泽民论有中国特色社会主义（专题摘编）［M］．北京：中央文献出版社，2002.

［16］江泽民思想年编（1989—2008）［M］．北京：中央文献出版社，2010.

［17］建国以来重要文献选编：第1—20册［M］．北京：中央文献出版社，1992—1998.

［18］十一届三中全会以来重要文献选读：上，下［M］．北京：人民出版社，1987.

［19］十一届三中全会以来党和国家重要文献选编［M］．北京：中共中央党校出版社，2008.

［20］十二大以来重要文献选编：上，中，下［M］．北京：人民出版社，1986—1988.

［21］十三大以来重要文献选编：上，中，下［M］．北京：人民出版社，1991—1993.

［22］十四大以来重要文献选编：上，中，下［M］．北京：人民出版社，1996—1999.

［23］十五大以来重要文献选编：上，中，下［M］．北京：人民出版社，2000—2003.

［24］十六大以来重要文献选编：上，中，下［M］．北京：中央文献出版社，2005—2008.

［25］十七大以来重要文献选编：上，中，下［M］．北京：中央文献出版社，2009—2013.

［26］十八大以来重要文献选编：上［M］．北京：中央文献出版

社，2014.

［27］改革开放以来历届三中全会文件汇编［M］．北京：人民出版社，2013.

［28］两个历史问题的决议及十一届三中全会以来党对历史的回顾（简明注释本）［M］．北京：中共党史出版社，2013.

［29］中国共产党历史大事记（1921年7月—2011年6月）［M］．北京：人民出版社，2011.

［30］中国共产党的七十年［M］．北京：中共党史出版社，1991.

［31］中国共产党历史：第二卷（1949—1978）［M］．北京：中共党史出版社，2011.

［32］周恩来选集：上，下［M］．北京：人民出版社，1984.

［33］陈云文选：第一卷［M］．北京：人民出版社，1995.

［34］刘少奇选集：上，下［M］．北京：人民出版社，1981.

［35］习近平谈治国理政［M］．北京：外文出版社，2014.

［36］习近平总书记系列重要讲话读本［M］．北京：学习出版社，人民出版社，2014.

［37］习近平关于实现中华民族伟大复兴的中国梦论述摘编［G］．北京：中央文献出版社，2013.

［38］习近平关于全面深化改革论述摘编［G］．北京：中央文献出版社，2014.

［39］金冲及．毛泽东传［M］．北京：中央文献出版社，1996.

［40］逄先知，金冲及．毛泽东传［M］．北京：中央文献出版社，2003.

［41］龚育之．龚育之论中共党史［M］．长沙：湖南人民出版社，1999.

［42］龚育之，逄先知，石仲泉．毛泽东的读书生活［M］．北京：中央文献出版社，2003.

[43] 龚育之. 从毛泽东到邓小平 [M]. 北京：中共党史出版社，2002.

[44] 金冲及. 20世纪中国史纲：第1—4卷 [M]. 北京：社会科学文献出版社，2009.

[45] 金冲及. 一本书的历史——胡乔木、胡绳谈《中国共产党的七十年》[M]. 北京：中央文献出版社，2014.

[46] 李君如. 毛泽东与当代中国 [M]. 福州：福建人民出版社，1997.

[47] 沙健孙. 毛泽东与新中国建设 [M]. 北京：中国社会科学出版社，2009.

[48] 梁柱. 穿越历史的伟大起步——毛泽东社会主义时期的两大探索 [M]. 北京：高等教育出版社，2014.

[49] 梁柱. 毛泽东与中国社会主义事业 [M]. 北京：中国社会科学出版社，2009.

[50] 李捷. 毛泽东对新中国的历史贡献 [M]. 北京：社会科学文献出版社，2013.

[51] 张静如. 中共党史专题研究 [M]. 北京：北京师范大学出版社，2011.

[52] 林蕴晖，范守信，张弓. 凯歌行进的时期：1949—1976年的中国 [M]. 北京：人民出版社，2009.

[53] 丛进. 曲折发展的岁月：1949—1976年的中国 [M]. 北京：人民出版社，2009.

[54] 王年一. 大动乱的年代：1949—1976年的中国 [M]. 北京：人民出版社，2009.

[55] 萧延中. 巨人的诞生——"毛泽东现象"的意识起源 [M]. 南昌：江西人民出版社，2005.

［56］汪东兴. 汪东兴日记［M］. 北京：当代中国出版社，2010.

［57］吴冷西. 十年论战：1956—1966中苏关系回忆录［M］. 北京：中央文献出版社，2014.

［58］吴冷西. 忆毛主席——我亲身经历的若干重大历史事件片断［M］. 北京：新华出版社，1995.

［59］周其仁. 改革的逻辑［M］. 北京：中信出版社，2013.

［60］厉以宁. 中国经济双重转型之路［M］. 北京：中国人民大学出版社，2013.

［61］厉以宁，孟晓苏，李源潮，李克强. 走向繁荣的战略选择［M］. 北京：经济日报出版社，2013.

［62］厉以宁，林毅夫，周其仁，等. 读懂中国改革［M］. 北京：中信出版社，2014.

［63］郑德荣，等. 中国特色社会主义道路基本问题研究［M］. 北京：人民出版社，2012.

［64］郑德荣. 国情·道路·现代化［M］. 长春：吉林文史出版社，2001.

［65］田克勤，等. 中国共产党与二十世纪中国社会的变革［M］. 北京：中共党史出版社，2004.

［66］田克勤，李彩华，孙堂厚. 中国化马克思主义通论［M］. 北京：人民出版社，2013.

［67］林毅夫. 解读中国经济［M］. 北京：北京大学出版社，2012.

［68］吴晓波. 历代经济变革得失［M］. 杭州：浙江大学出版社，2013.

［69］《中共中央关于全面深化改革若干重大问题的决定》辅导读本［M］. 北京：人民出版社，2013.

［70］郑德荣，王占仁. 毛泽东思想纵横观［M］. 北京：人民出版社，2014.

［71］林毅夫. 中国经济专题［M］. 北京：北京大学出版社，2008.

［72］罗平汉. 党史细节——中国共产党90年若干重大事件探源［M］. 北京：人民出版社，2011.

［73］沈志华. 处在十字路口的选择：1956—1957年的中国［M］. 广州：广东人民出版社，2013.

［76］罗平汉. "大跃进"的发动［M］. 北京：人民出版社，2009.

［77］武力. 中华人民共和国经济史：上，下［M］. 北京：中国经济出版社，1999.

［78］萧冬连，等. 求索中国："文革"前十年史：上，下［M］. 北京：中共党史出版社，2011.

［79］苏维民. 杨尚昆谈新中国若干历史问题［M］. 成都：四川人民出版社，2010.

［80］郭德宏，李玲玉. 毛泽东思想基本问题专题讲义［M］. 北京：中共中央党校出版社，2000.

［81］程中原. 中国道路的奠基与开创——从毛泽东到邓小平［M］. 北京：当代中国出版社，2014.

［82］张勇. 毛泽东执政思想研究［M］. 北京：中央文献出版社，2008.

［83］程中原. 转折年代——邓小平在1975—1982［M］. 北京：当代中国出版社，2014.

［84］张素华，边彦军，吴晓梅. 说不尽的毛泽东：上，下［M］. 北京：中央文献出版社，2013.

［85］曾敏. 中国共产党强国战略的历史演进：文化卷［M］. 西安：陕西人民教育出版社，2015.